AI 시대의 본질 키움

자녀교육 고수 7인의 육아 솔루션

AI 시대의
본질 키움

임소연, 신혜경, 조경아, 김보라, 안선희, 신민희, 박비주

W미디어

AI 시대에도 흔들리지 않는
육아의 힘 '본질 키움'

새 학기가 되고 학년이 올라가면 아이들 학원 소문을 듣고 상담하고 결제하느라 정신없는 우리의 일상이다. 옆집 아이는 벌써 영어 원서를 읽는다는데, 앞집 아이는 코딩 학원 2년 차 대회도 나가고 시대적 경쟁력을 갖추는데 우리 애는 그렇지 않은 것 같아 조바심이 난다.

하지만 AI 시대에 진짜 필요한 건 따로 있다. '카더라' 교육에 갇힌 아이들이 오히려 AI에 일자리를 뺏길 수도 있다는 사실을 알고 있어야 한다. 세상이 얼마나 빠르게 변하는지 AI는 그림도 그리고, 작곡도 하고, 심지어 미술 대회에서 상도 받는다. 그런데 우리 아이는 여전히 카더라 교육에 몰두하고 있다. 이쯤이면 우리 아이가 무엇을 하고 있는가, 내가 어떤 방향의 육아로 흘러가고 있는 것인가를 체크해 봐야 한다.

AI 시대에 살아남는 아이는 따로 있다. AI 전문가들이 말하는 스스로 배우고 생각하는 아이, 궁금한 건 못 참고 끊임없이 질문하고 탐구하는 아이, 상상력 엔진이 가동되는 아이디어 뱅크 같은 아이들이다. 틀에 박힌 생각은 NO! 세상을 뒤집는 아이디어로 세상을 놀라게 할 아이를 AI는 절대 따라올 수 없다. 좌절? NO! 도전? YES! 마음 따뜻한 소통왕으로 주변 사람의 마음을 헤아리고 함께 협력하는 아이는 AI 시대에도 인간적인 리더십을 발휘할 것이다.

이런 아이로 키우고 싶다면 이 책을 줄 긋고 읽으며 실행해야 한다. 어떻게 키우냐고? 바로 '본질 키움'이 답이다. 아이의 눈빛을 읽고 아이가 무엇에 관심이 있고 무엇을 좋아하는지 아이의 마음속 이야기에 귀 기울여 줘야 한다. 세상을 놀이터 삼아 뛰어놀게 해줘야 한다. 자연 속에서 뛰어놀고, 미술관에서 그림을 감상하고, 다양한 경험을 통해 아이의 세상을 넓혀줘야 한다. 따뜻한 품으로 안아줘야 한다.

부모의 사랑만큼 아이를 쑥쑥 키우는 영양제는 없다. 칭찬과 격려로 아이의 자존감을 키워줘야 한다. 아이를 통해 배우고 성장하는 부모가 되어야 한다. 아이와 함께 성장하는 기쁨을 느껴야 아이에게 훌륭한 스승으로 남게 된다. 카데라 교육을 하고 있어도 아직 늦지 않았다. 지금부터라도 본질 키움으로 아이의 잠재력을 깨워줘야 한다. AI 시대, 엄마의 선택이 아이의 미래를 바꾼다.

아이의 웃음소리에 세상이 환해지고, 작은 손짓 하나에도 가슴 벅차게 감동하는 엄마 아빠들이다. 하지만 육아의 현실은 어떠한가? 혹시 밤샘 수유와 끝없는 집안일에 지쳐 몸도 마음도 만신창이가 되어가고 있지는 않은가? 육아 정보는 넘쳐나는데 정작 내 아이에게 맞는 방법은 무엇인지 혼란스럽지는 않은가? 아이의 떼쓰는 모습에 자신도 모르게 화를 내고 난 뒤에 홀로 후회하며 자책하고 있지는 않은가?

이 책을 집필한 일곱 엄마 모두가 그랬다. 몸소 겪었기에 육아의 기쁨과 행복 뒤에 감춰진 고통과 좌절, 불안감을 너무나도 잘 알고 있다. 아이를 사랑하는 마음은 깊지만, 현실의 벽에 부딪혀 힘겨워하는 것은 당신 혼자가 아니다. 이 순간에도 수많은 엄마 아빠들이 같은 고민을 안고 사투를 벌이고 있을 것이다. 하지만 걱정하지 마라. 이 험난한 육아의 정글에서 당신을 든든하게 지켜줄 힘은 바로 '본질 키움'이다. 아이의 본성을 존중하고, 진정한 유대감을 바탕으로 아이의 마음을 채워주는 육아이다.

AI가 세상을 바꾸고, 스마트폰이 아이들의 손에 쥐어진 시대. 넘쳐나는 정보와 자극 속에서 우리가 놓치고 있는 것이 있다면 바로 아이의 눈을 바라보며 마음을 읽고, 진심으로 소통하는 것이다. 아이의 작은 신호에도 귀 기울이고 공감하며 함께 성장하는 것, 그것이 바로 본질 키움의 핵심이다.

이 책에는 일곱 빛깔 엄마가 깨달은 본질 키움의 공감과 지혜를 담았다. 아이와의 소통과 놀이, 마음 읽기, 그리고 부모의 자기 성찰까지를 아울러 본질 키움의 모든 것을 쉽고 구체적으로 제시하고 있다. 옆에서 따뜻하게 이야기하듯이 당신의 고민에 공감하고, 진솔한 경험을 바탕으로 실질적인 조언을 건네줄 것이다.

육아는 아이만 성장하는 것이 아니라 부모도 함께 성장하는 여정이다. 책을 읽으며 자신의 육아 방식을 되돌아보고, 아이의 행동에 대해 새로운 시각으로 바라보는 연습을 통해 성숙한 부모로 거듭날 수 있다. 아이의 잠재력을 깨우는 열쇠 역할은 부모다. 아이들은 부모를 통해 세상을 배우고 성장한다. 아이들 손에 쥐여준 스마트폰과 장난감이 아니라 양육자가 아이에게 얼마나 큰 영향을 미치는지 알려줄 것이다. 일상 속에서 쉽게 따라 할 수 있는 놀이 방법을 통해 아이의 창의력과 사회성을 키워주자.

책을 읽고 나면 AI 시대를 살아갈 아이의 마음을 깊이 이해하게 되고, 진정한 소통의 기쁨을 느낄 수 있을 것이다. 아이의 행동 이면에 숨겨진 욕구를 파악하고 현명하게 대처할 수 있을 것이다. 일상 속에서 아이와 즐겁게 놀이하며 아이의 잠재력을 키워줄 수 있다. 책을 통해 아이의 감성을 풍부하게 만들고, 더 넓은 세상을 보여줄 수 있을 것이다. 그리고 무엇보다 육아에 지친 자신을 돌보고, 더욱 단단한 부모로 성장할 수 있을 것이다.

육아는 쉽지 않지만 그만큼 값진 여정이다. 아이의 작은 손을 잡고 함께 걸어가는 길이 때로는 힘들고 지칠 때도 있겠지만, 결코 혼자가 아니다. 이 책이 당신의 육아에 따뜻한 위로와 든든한 길잡이가 되어줄 것이다.

차례

머리말   AI 시대에도 흔들리지 않는 육아의 힘 '본질 키움'   4

익숙하지 않은 것에 달려드는 용기 임소연

불안한 엄마는 불편한 걸 먼저 하세요 · 13

아는 만큼 들린다 · 18

아프니까 청춘이다? 넘어지니까 아이다 · 22

고요할수록 빛을 찾는 아이의 창의성 · 27

결국 내 품 안의 아이 · 32

육아라는 시간의 가치 · 36

우리 가족 함께 자라는 본질 키움 · 41

Don't anything, Nothing happen. · 46

아이와 나, 본질에서 만나다 신혜경

본질 키움, 아이의 가치를 발견하는 과정 • 48

말의 마법, 아이에게 전하는 사랑의 언어 • 56

실수는 성장의 기회, 다시 일어서면 돼 • 62

아이의 숨겨진 빛, 마음 씨앗을 키우다 • 69

자신을 찾아가는 여정, 엄마로서의 성장과 발견 • 77

매일의 작은 성공을 축하하며 • 81

소통의 힘, 함께 커가는 기쁨 • 89

세상의 중심에서 찬란하게 빛나길 • 96

부모와 아이가 함께 성장하는 매일 공감 육아 조경아

엄마와 아이가 함께 그리는 성장지도 • 98

아이와 함께 걸어가는 소통의 다리 • 104

자기 주도적 아이, 미래를 향한 날갯짓 • 107

아이의 잠재력을 깨우는 무한 성장 그래프 • 110

따뜻한 사랑으로 널 끌어 안아본다 • 114

성장의 밑거름, 우리가 지켜야 할 것들 • 117

나에서 우리가 함께 만들어가는 행복 집합체 • 122

오늘, 바로, 지금! 변화는 지금부터 • 127

요즘 엄마, 요즘 육아 김보라

불안한 육아의 세계에 뛰어들다 · 129

내 아이와의 소통, 작은 비밀이 큰 힘이 된다 · 131

훈육, 왜 이렇게 힘든 걸까? 나만 힘든가요? · 134

조급함을 버리고 여유롭게 성장하기 · 142

비교의 덫에서 벗어나기 : 나만의 길 찾기 · 145

꿈꾸는 대로, 원하는 삶을 만들어라 · 148

갈팡질팡 육아, 불안해하지 않아도 돼 안선희

갈팡질팡 육아. 유연하게 육아하기 · 151

아이와의 진정한 소통을 위한 첫걸음 · 153

자율성은 평생의 재산 · 156

아이의 잠재력을 꽃피워주자 · 158

사랑의 힘 · 160

가치중심의 교육과 생활 습관 · 163

모든 가족이 함께하는 본질 키움 · 166

육아, 사랑으로 보듬다 · 168

엄마 노릇의 본질, 알고 계시나요? 신민희

혼돈의 쌍둥이 육아, 엄마의 불안 다루기 • 171

답답한 육아, 소통으로 정답 찾기 • 175

끌려가는 육아? 끌어가는 육아 • 178

아이의 잠재력은 참견이 아닌 발견 • 182

갈아 넣는 육아? 각자의 인생 구분하기 • 186

전공자가 들려주는 교육 이야기 • 189

가족으로부터 시작하는 본질 키움 • 193

믿음 속에 크는 아이들 • 196

그토록 바라고 원하던 것은 본질 키움이었다 박비주

흔들리는 육아 가치관, 불안한 엄마에게 필요한 것 • 200

아이 마음은 깊고 푸른 바닷속이다 • 204

내 아이는 컬러다. 있는 그대로 색을 인정하기 • 214

워킹맘, 내 인생 있는 그대로 즐기기 • 236

인생관의 가치를 가르쳐 주는 단어, 안전을 가르치자 • 243

나를 알고 너를 안아주다, 온 가족 본질 키움 • 246

본질이 피어나다 • 252

익숙하지 않은 것에 달려드는 용기

임소연

불안한 엄마는 불편한 걸 먼저 하세요

임신, 출산, 육아는 배움이 아닌 경험

임신과 출산, 그리고 육아는 책에서 배울 수 있는 일반적인 지식의 영역을 넘어서는 근본적인 경험이다. 특히 분만 과정은 이러한 경험적 학습의 첫걸음을 의미한다. 그만큼 출산 과정 자체가 엄마라는 긴 여정의 출발선임을 알고 있기에, 어쩌면 많은 엄마들이 출산의 고통을 더욱 두려워하는 것이 아닐까.

자연분만, 그중에서도 자연주의를 지향하는 르봐이예 분만법은 이 고통을 어떻게 인지하고 받아들여야 하는지 알려준다. 산모의 자연스러운 분만 능력을 최대화하고, 아이의 스트레스를 최소화하는 분만법으로 태어날 때 울지 않는 것을 첫 번째 목표로 한다. 의료적 개입을 최소화하는 이 분만 방법으로 나는 실제로 울음소리가 없는 첫 분만을 성공적으로 경험했다. 분만 과정부터 엄마와 아빠는 육아 공동체로 성장을 준비한다.

아빠와 똑 닮은 작은 눈을 힘차게 뜨고 있던 아이를 가슴에 안던 순간 나의 첫 출산은 성스럽고 감사한 경험으로 나에게 남겨졌다. 하지만 예상치 못한 난산을 겪은 두 번째 출산에서 그동안 습득한 지식을 넘어서는 교훈을 얻었다. 무통 천국이라 불리는 마취 주사는 신경에 직접 약물을 주입해 하반신의 통증을 차단하는 방식이다. 하지만 나에게는 한쪽 다리에만 효과가 있었고, 3일 넘게 내려오지 않던 둘째 아이와의 만남은 극한의 고통만 남겼다.

같은 출산, 다른 육아. 우린 '출산'이라는 공통점만 있을 뿐 모두의 에피소드는 다르다. 그렇게 우리는 엄마로서의 첫걸음을 뗐고, 이후의 육아를 겪으면서 출산은 상대적으로 쉽게 느낄 수 있다.

이처럼 경험을 통해 얻은 감정과 지혜는 정보를 넘어서는 배움이 있다. 아이를 키워내는데 가장 소중한 자산이 되는 것이다. 책을 통해 미리 배우고, 두려움을 가지기보다는 직접 부딪혀보는 용기가 필요하다.

우리 이제 육아의 두려움에 맞서보자. 불안함 속에서 용기를 찾고, 모든 경험에서 배움을 찾아내자. 진정한 성장은 편안함의 영역을 벗어났을 때 시작된다. 아이가 성장하면서 엄마도 성장한다. 여러분이 겪게 될 모든 순간을 응원한다.

우리는 모든 순간을 준비할 수는 없지만, 순간들이 우리를 준비시킬 수는 있다.

- 존 레논

세상에서 가장 피드백이 빠른 직업, 엄마

'엄마'는 어떤 직업일까? 이 직업은 무한한 사랑과 끊임없는 헌신을 요구하고, 동시에 세상에서 가장 빠른 피드백을 요구한다. 그러나 직접적인 보상은 없다.

나는 두 아이를 천 기저귀로 키우면서 불편함을 넘어서는 교훈을 얻었다. 삶아서 손빨래하고, 자주 교체해야 한다는 부담감으로 천 기저귀 사용을 망설이는 사람들이 많다. 하지만 요즘 시대의 편의성 앞에 이것은 고정관념일 뿐이다. 소용량의 아기 세탁기로 매일 세탁해서 바싹 말려 사용하면 아기 피부와 환경에 모두 긍정적인 선택이 된다.

아이에게 좋은 것만 주고 싶은 엄마의 마음에 유연함을 더해보자. 아기가 깨어있는 시간 동안은 천 기저귀를 사용하고, 외출이나 밤잠 시간에는 일회용 기저귀를 사용했다. 아이의 피부 건강과 엄마의 정신적 건강을 동시에 고려했던 선택이다. 흔히 알려진 기저귀 화학성분이 불편했기에 고가의 친환경 기저귀를 사용할 때도 한 달에 한 팩이면 충분했다. 조금의 불편함을 감수하면 이렇게 경제성은 덤으로 따라온다. 아이 엉덩이 연고를 찾을 일도 없었고, 두 아이 모두 두 돌 전에 귀여운 삼각팬티를 입어 주면서 내 육아 방식에 보답해 주었다.

70억원 자산가 너나위 김병철은 "하고 싶은 것보다 할 수 있는 것을 하라"라고 말한다. 천 기저귀 육아는 하나의 방법에 불과하다. 번거롭고 불편해서 망설여진다면 내가 할 수 있는 만큼만 먼저 해보자. 아기가 성장하면서 자는 시간도 줄어드니 천 기저귀를 사용하는 시간도 자연스럽게 늘어난다. 아기의 배변 상태를 더 자주 확인하면서 덤으로 유해 물질로부터 보호한다고 생각하면 아이와의 교감을 높이는 긍정적 방향으로 해석할 수 있다. 나는 번거롭고 불편한 천 기저귀 육아를 통해 빠른 피드백을 얻을 수 있었다. 아이의 성장과 발달에도 유의미한 깨달음을 얻을 수 있는 방식으로 남았다. 키움이란 아이의 상태를 확인하고 반응하는 과정이며, 이는 엄마로서의 직감과 결정을 더욱 빛나게 한다.

세상 모든 일에 지쳐서 도망가고 싶을 때가 있다. 그러나 세상에 나를 존재하게 만드는 단 하나의 이유, 우리는 엄마다. 그렇게 나는 육아의 본질에 한 걸음 더 가까워졌다.

하루 세 번 밥상머리 교육

"야 너는 육아가 체질인가 보다."

엄마 노릇이 재미있다는 나의 말에 친구는 이렇게 말했다. 그러나 자신감 넘치던 육아 체질론은 내 아이의 입이 짧다는 사실 앞에서 첫 시험대에 올랐다. 하루 세 번, 식사 때마다 아이는 화려한 식사 퍼포먼스를 펼쳤다. 음식을 얼굴에 바르는 것부터 시작해 식탁 위를 자유롭게 넘나드는 피날레로 절정을 찍었다.

이러한 반복되는 식사시간 전투를 종결지어야 했다. 우리 집은 모든 간식을 치우고 식사를 우선시하는 패턴을 만들었다. 그 과정에서 우리 가족의 식습관은 근본을 찾아갔다. 밥을 먼저 먹어야지만 후식이 주어지는 규칙은 아이에게 허기짐을 건강한 방법으로 채우는 중요한 가르침을 준다.

　편식의 문제는 단순히 식습관의 문제를 넘어 아이들의 인성 형성에도 영향을 미친다. 연구결과에 따르면, 편식이 교정되지 않은 아이들은 새로운 환경이나 상황에 적응하는 데 많은 어려움을 겪는다. 학교 급식 등의 단체생활에서 낯선 음식을 거부한다거나, 나아가 다양한 경험에 대한 저항 등을 예측할 수 있다. 새로운 환경의 변화나 도전을 기피하는 태도를 보이게 된다. 얼굴 모를 농부 아저씨의 노고나, 엄마의 식사 준비에 대한 노력은 어쩌면 아이들에게는 추상적인 접근일지 모른다.

　이 문제를 해결하기 위해서는 '음식은 반드시 맛있거나 맛이 없는 것은 아니다'는 이분법적 접근이 아닌, 각각의 식재료가 가진 독특한 맛과 역할을 이해하게 해야 한다. "엄마가 준비한 음식은 모두 우리가 먹을 수 있는 것들이야. 아직 그 맛을 좋아하지 않는 것뿐이지 못 먹는 건 아니야. 모든 음식을 좋아할 필요는 없어. 정말 입에 안 맞는 음식도 있겠지만, 그건 더 많은 맛있는 음식을 찾을 수 있는 기회야!"

　하루에 세 번이나 되는 식사시간은 단순히 먹는 행위를 넘어 중요한 의미를 지닌다. 그렇기에 이 시간은 가족 간의 소통과 교육의 중요한 시간이라고 말한다. 사회의 가장 작은 단위인 가정에서 시작되는 본질적인 키움이야말로 우리가 추구해야 할 방향이다. 나의 슬로 육아는 느리지만 아이의 본질을 깊이 이해하고, 모든 일상 속에서 배움을 찾으며, 그렇기에 속도보다 방향을 중요시한다. 우리 서두르지 말자. 차분히 관찰하자. 더욱 깊이 다가서자. 이것이 내가 너를 키운 방법, 그리고 세상이 나를 키운 방법이다.

아는 만큼 들린다

성격의 비밀을 푸는 열쇠

"나는 호기심이 많고 변화에 잘 적응한다", "여러 가지 일에 적극적으로 참여하고 그 열정을 다른 사람에게도 전파한다", "때때로 충동적이며 쉽게 지루해하고 새로운 자극을 찾는다." 이는 히포크라테스 기질 유형에 따른 나의 다혈 기질적 특징이다. 히포크라테스는 인간의 성격은 체액이 균형을 이루는 방식에 따라 나누어진다고 주장했다.

어린 시절, 나는 에너지가 넘치고 늘 새로운 것들이 궁금했다. 그러나 당시의 부모님들은 개인 기질의 차이를 이해하지 못했다. 나의 활동적인 성향과 자유로운 발상은 때때로 '산만하다'거나 '자기주장이 강하다'는 평가로 받아들여졌다. 부모님의 개인적 감정보다는 그 시대의 통념과 지식 수준에 따른 최선의 양육이었으리라.

두 아이를 출산한 후 난생처음 갖게 된 나의 직업은 '방송인'이다. 카메라 앞에서 내 생각과 감정을 전달하고 수많은 사람들이 모인 무대 위에서 내 목소리가 울려 퍼지는 것이 너무나도 행복한, 천상 무대 체질이었다는 것을 지난 30년 동안 나조차도 알지 못했다.

나의 성장기는 창의력과 활동성이 비교적 소홀히 다루어졌다. 안정되고 보수적인 삶의 태도를 가진 **점액질** 어머니, 지배적이고 통제적인 특성을 가진 **담즙질** 아버지, 그 사이에서 인정받으려는 욕구를 표현하지 못하는 **수줍음질**까지 나에게 있었기 때문이다.

사람마다 생긴 모습이 다르듯이 타고난 기질도 다르다. 전문가들은 개인의 기질은 모두 다르며, 이는 그들을 바라보는 방식에 영향을 미친다고 말한다. 태생적으로 활동적이고 호기심이 많은 아이들은 탐색하고 학습하는 기회를 제공하는 것이 필요한데, 조용하고 제한적인 부모의 환경에 놓이면 아이의 발달에는 부정적일 수 있다.

부모가 자신과 자녀의 기질을 이해하면 불필요한 갈등을 줄이고, 보다 건강한 관계를 유지할 수 있다. 이를 위해 부모가 본인의 기질을 먼저 파악하고, 그 지식을 바탕으로 자녀의 기질과 상호작용하는 방법을 학습해야 한다. "쟤 도대체 왜 저러지?"라는 질문은 부모와 아이를 어렵게 만든다. 여기서 반대로 '나는 왜 저 모습을 이해할 수 없을까?'라고 생각해 보면 어떨까.

조화로운 소통은 서로의 다름을 인정하고 존중하는 데서 비롯된다는 것을 우리는 알고 있다. 마음이 머무는 곳에 사랑이 자란다. 아이를 향한 올바른 존중은 긍정적이고 건설적인 사회 구성원으로 키우는데 결정적인 역할을 한다는 것을 잊지 말자.

꼭 말을 해야 아니?

최근 조회 수 250만을 돌파한 화제의 SNS 숏 폼이 있다. 신생아의 울음소리를 잘 못 이해한 아빠의 해프닝을 담은 영상인데, 육아 선배랍시고 남긴 나의 댓글이 3,000여 명의 공감을 이끌었다. 영상에서 아빠는 책에서 배운 대로 에[eh] 소리를 내며 우는 아이에게 "가슴이 답답하구나!"라고 공감해 주려 했으나, 내가 본 영상 속 아기는 배가 고파 화가 단단히 나서 네[Neh]라고 악을 쓰는 것처럼 보였다.

우리 일상은 끊임없는 소통으로 가득 차 있다. 특히 아이들은 말로 표현하지 못하는 수많은 이야기를 몸짓과 눈빛, 표정을 통해 우리에게 전달한다. 이는 언어 능력이 완전히 발달하지 않았거나 감정을 언어로 전환하는 과정이 복잡하기 때문이다.

이러한 완벽하지 않은 감정 표현을 부모조차 인식하지 못한다면 아이는 감정적으로 소외감을 느낀다. 장기적으로는 신뢰와 소통의 깊이를 악화시키게 되어 아이의 자존감에도 부정적 영향을 미친다. 유아기에 부모와의 신뢰 관계가 형성되지 않으면 아이는 타인과 긍정적인 관계를 맺는데도 어려움을 느끼게 된다. 비언어적 신호에 대한 부모의 무관심이나 오해는 아이의 적극성을 저해할 수 있다.

아이의 피곤한 기색에서 어떤 하루를 보냈을지 유추해 보자. 동생에게 화가 난 아이의 감정을 스스로 인식하고 표현할 수 있도록 기다려보자. 아이가 스스로 어떤 방식으로 내면세계를 받아들이는지 관찰해보자.

이렇게 아이를 지켜보는 시간은 부모의 또 다른 도전일 수 있다. 하지만 이 과정에서 우리는 아이와의 소통을 넘어 진정한 연결을 경험하게 될 것이다. 우리의 모든 기다림이 가치 있음을 반드시 깨닫게 될 것이다.

부모의 귀는 세 개다

열두 살 아들이 사춘기의 문턱에 발을 디디면서 우리 사이는 점점 멀어지듯 했다. 어느 날 귀가시간 문제로 크게 다툰 후 아들은 거친 폭언으로 감정을 표현했다. 그저 사춘기 소년의 성장통일까, 아니면 더 깊은 이유가 숨어 있을까?

미국의 한 심리학자는 이 시기의 아동들은 자신의 느낌을 적절하게 표현하는 것이 어렵고, 자아 정체성 형성 과정에서 갈등을 경험한다고 말했다. 이것은 감정 조절 능력이 완전히 발달하지 않았기 때문이다. 우리의 뇌는 좋은 기억은 보상체계를 활성화시키고, 나쁜 기억은 스트레스로 연결한다. 따라서 우리의 정신적 건강을 유지할 수 있게 나쁜 기억을 바르게 희석하는 방법을 찾아야 한다. 난 화가 잔뜩 난 아이를 다그치고 혼내는 대신 '감정 일기'를 제안했다.

"쉽지 않겠지만 엄마는 절대로 열어보지 않을게. 네가 왜 화가 난 건지, 어떤 게 기분 나쁜지, 너의 어떤 생각을 엄마가 몰라 준 건지 생각나는 대로 써봐. 대신 한 바닥을 채우는 거야. 그냥 자면 불쾌한 기분이 내일 아침까지 이어질 수도 있어. 엄마가 이제 잔소리 그만할 테니까 이것만 쓰고 자."

고맙게도 아들은 군소리 없이 응해주었고, 어느 날 우연히 보게 된 감정 일기에는 주어 없는 욕만 잔뜩 쓰여 있었다. 나는 웃음이 터져 나왔다. 아이의 감정을 솔직하게 표현해냈다는 사실에 안도감을 느꼈기 때문이다. 사실 이 방법은 나의 부정적인 감정을 덜어낼 때 사용하는 글쓰기 방법이다. 불쾌한 감정은 자동으로 희석되지 않기에, 일이 없어 불안할 때나 감정적으로 분노했을 때 내 진짜 감정을 내가 직접 찾아서 글로 표현하는 저널링journaling이 도움이 되었다.

감정을 다루는 것이 미숙할수록 좋다/싫다, 춥다/덥다 등으로 단순하게 구분하게 된다. 그러나 이러한 방법을 통해 부정적인 감정 표현 뒤에 숨은 진짜 내 마음을 파악한다면 본질적 메시지를 바르게 표현할 수 있다. 따라서 부모와 아이 사이의 긍정적인 소통과 관계가 더욱 탄탄해진다.

부모의 귀는 세 개여야 한다. 세상의 모든 소리를 듣는 귀, 불필요한 소음은 흘리는 귀, 누군가의 마음의 소리를 듣는 귀까지. 오늘도 귀 기울여 자녀와 함께 성장하는 부모들을 응원한다.

아프니까 청춘이다? 넘어지니까 아이다

엄마는 항상 내 뒤에 있었어?

아이에게 이 말을 듣는 순간 나의 지지가 아이에게 얼마나 큰 힘이 되었는지 깨달았다. 사실 나는 처음부터 그런 부모는 아니었다. 누구보다 생각이 많은 타입이라 걱정 또한 많기에 통제적 육아를 지향했지만, 아이들의 욕구와 내가 설정한 규칙이 자주 충돌하면서 나는 점차 한걸음 물러서기 시작했다.

아이들이 매사에 스스로 선택을 하게 내버려 두었던 것은 그들이 결정에 따른 결과를 스스로 학습하길 바라는 마음에서였다. 아이들이 좋은 결정을 내리면 당연히 스스로 성장하는 기회가 된다. 아이가 직접 부딪히다가 끝내 원하는 방향을 만나지 못하면 그때가 바로 부모가 영웅처럼 등장할 타이밍이다.

물론 먼발치에서 지켜보는 마음이 편하지만은 않다. 소중한 내 새끼가 몸과 마음이 다치지 않을까 당연히 염려스럽다. 그럴 때일수록 나는 더 먼 곳을 내다본다. 스스로 해낸 아이의 뿌듯해하는 표정과, 예상치 못한 변수에 상심한 아이의 모습을 동시에 상상하면서 나의 다음 행동을 미리 준비한다. 아이들은 세상 모든 것이 처음이기에 궁금하고 흥미롭다. 그러나 부모로서 우리는 그들이 어떤 선택을 할지 예측할 수 없다. 아이가 자신의 길을 스스로 찾아가게 하는 것, 그것이야말로 진정한 자율성을 존중하는 육아의 시작이다.

"영혼이 건강한 아이로 키워라"라고 말한 현실육아상담소 조선미 박사는 아이들의 내면적 강인함과 건강한 성장을 강조한다. 아이들의 마음을 직접 읽어 주기보다는 아이들의 불편한 감정 표현을 부정하지 말 것을 당부한다. 이것은 아이들이 스스로 결정을 내릴 수 있는 본질적인 힘을 길러주며, 스스로 문제를 해결해가는 경험이 강하고 건강한 정신력을 만든다고 주장한다.

우리에게 하루는 24시간으로 동일하다. 아이들이 자신의 시간을 어떻게 활용할지, 어떤 감정에 놓여 있는지 스스로 인지하고, 나아가 긍정적인 마인드를 가지는 힘을 키워주고자 한다. 이 시간을 어떻게 활용하는지는 각자의 선택에 달렸다. 이것이 바로 '아이를 믿고 놓아주는 키움'의 핵심이다. 자유롭게 세상을 탐험하면서도, 항상 그들을 지켜보고 응원하는 부모가 있다는 사실을 알게 함으로써 아이들은 더 큰 도전에 맞설 자신감이 생기는 것이다.

넘어지면 일어나면 된다. 한 번 더 넘어지지 않도록 굳건하게 일어서는 힘을 길러주자, 그럼에도 또 넘어질지도 모른다는 가능성도 함께 알려주자. 이것이 바로 우리가 아이에게 전하고자 하는 본질 키움이다.

프리랜서로 생존하는 엄마의 육아 방식 : 실패를 동력으로

텔레비전에 내가 나오니까 정말 좋았다. 서른셋의 나이에 두 아이의 엄마로서 방송국 오디션에 합격했을 때, 그것은 실력보다는 운이라고 생각했다. 비전공자이고 평범한 일반인이었기 때문이다. 프로그램의 특성상 매일 출연할 수는 없기에 6년 차가 된 지금도 일에 대한 갈증은 여전하다. 그럼에도 한 가지 분명한 사실은 내가 좋아하는 일을 할 수 있다는 것만으로도 큰 행복이라는 것이다.

평범한 월급쟁이의 삶과 다르게 프리랜서의 삶은 나를 더욱 강하게 만들었다. 매일이 불확실하고 각종 도전이 끊이지 않는 방송 생활은 기회를 포착하고 위기를 기회로 전환하는 능력을 키워주었다. 때로는 기대에 못 미친다는 평가를 받고 개편의 칼바람을 맞기도 하지만, 이러한 실패들은 나의 회복 탄력성을 키우는 중요한 과정이었다. 내가 멈추는 곳이 엔딩 포인트가 된다는 것을 깨닫게 된다.

화려한 방송의 이면에 숨어 있는 폐쇄적인 야생에서 버텨내면서 나는 아이들에게도 실패의 중요성을 강조한다. 육아에서 실패의 중요성을 이해하는 것은 자기 주도적 학습이나, 도전적인 상황에 대처하는 능력을 개발하는 데 필수적이다.

캐롤 드웩Carol Dweck의 성장 마인드셋 이론은 이러한 개념을 잘 설명한다. 그녀는 실패를 개인적 결함으로 받아들이지 않고, 성장과 배움의 기회로 본다. 그러한 태도가 아이들의 학습 능력과 동기를 크게 증진시킬 수 있다고 주장한다. 실패를 통해 아이들은 자신의 한계를 인식하고, 이를 극복하기 위해 노력함으로써 숨어 있는 능력을 발전시키게 되는 것이다.

엄마가 먼저 겪어온 좌절을 아이들은 겪지 않길 바라는 것은 보호 본능이다. 혹은 엄마가 경험한 성공의 보상 때문에 아이도 반드시 성공하길 바랄 수도 있다. 어쩌면 우리의 경험들이 아이 스스로 힘을 발견하는 것을 방해하는 것은 아닐까?

실패라는 단어에 너무 많은 부정적인 의미를 두지 말자. 아이가 새로운 도전을 회피하지 않도록 '학습의 한 과정'이나 '성장을 위한 단계'로 인식하자. 된다고 생각하는 사람은 된다. 안된다고 생각하는 사람 또한 그리된다. 엄마가 먼저 건강하게 회복해 보자. 아이들은 생각보다 잘 해낸다.

부모의 이런 모습, 자녀에게는 최악입니다

나는 남편과 싸웠을 때 아이들이 들을 수 있는 곳에서 공개적으로 대화하고 화해를 시도한다. 인간관계에는 필연적으로 갈등이 발생할 수 있고, 이를 건강하게 해결하는 능력을 가르치기 위함이다. 이런 접근은 아이들에게 여러 가지 중요한 교훈을 준다.

첫째, 아이들은 감정을 표현하는 방법과 상대방의 입장을 이해하는 방법을 배운다. 부모가 서로 의견을 존중하고 감정을 조절하면서 대화하는 모습을 보며, 아이들은 이를 자신의 인간관계에도 적용한다.

둘째, 아이들은 부모가 성격과 감정을 어떻게 표현하고 관리하는지 관찰함으로써 자신의 감정을 더 잘 이해하고 표현하는 법을 습득한다. 이 과정에서 아이들은 자신의 감정을 건강하게 다루는 법을 배우며, 정서적으로 성숙해진다.

부부가 아이들 앞에서 갈등을 해결하는 과정을 통해 아이들은 실제로 가족 구성원 간의 사랑과 지지가 어떤 형태로 표현되는지를 목격한다. 이러한 가족의 소통 방식을 통해 학교나 친구들 사이의 문제, 나아가 직장이나 개인적인 관계에서 마주치게 될 어려움을 유연하게 대처할 수 있는 기초를 마련해 준다.

물론 화가 머리끝까지 나 있는 상태에서 쉽지 않은 시도임은 분명하다. 남편은 이미 내 이야기를 들을 생각이 없어 보임에도 우리가 시도해야 하는 이유는 세월이 흘러도 절대불변의 진리 한 가지, 즉 부모는 아이의 거울이기 때문이다.

부부간의 갈등은 피할 수 없지만 '지는 게 이기는 거다', '오죽하면 그랬겠나'라는 우리 엄마의 입버릇 같은 말에는 상대방을 이해하고 먼저 화해하라는 메시지가 담겨있다. 최근 육아 콘텐츠에서도 빠짐없이 다루는 것이 바로 부부 사이에 관한 내용들이다.

아이들이 눈치 보지 않고 자신의 감정을 자유롭게 표현할 수 있는 집 문화를 만들어 주자. 아이의 생각과 감정을 자신감 있게 표현하고 자기 결정권을 존중받을 수 있도록 어른인 우리가 도와주자. 나의 불편한 감정을 앞세울 것인지, 내 분노를 희생해서 아이에게 보다 나은 환경을 제공할 것인지 고민해야 한다. 아이들을 위해 먼저 화해의 손길을 내밀어 보자. 서로의 작은 이해와 양보가 예상치 못한 큰 행복으로 돌아올 것이다.

고요할수록 빛을 찾는 아이의 창의성

어쩌면 그것이 잠재력이었을까?

우리는 종종 아이의 성장 과정에서 불안을 느낀다. 이러한 불안은 부모로서 자연스러운 감정이다. 그러나 이 불안감이 우리 아이의 성장을 제한할 수 있다는 사실을 인지하자. 아이들은 자신만의 속도로 성장한다. 이것을 실제로 받아들이기까지는 실로 많은 인내가 필요하다.

신생아 때부터 예민한 기질을 보였던 나의 조카는 모든 것을 아이에게 맞출 수밖에 없는 환경으로 만들게 했다. 늘 조용하고 표현을 잘하지 않는 아이였기에 언니네 부부는 항상 어렵고 조심스러워했다. 그러나 올해 학교에 입학하면서 누구보다 독립적인 성향을 발휘해 모두를 놀라게 했다. 불안감이 높았던 그때 좀 더 믿고 한 발 뒤로 물러났더라면 어땠을까. 어쩌면 아이는 스스로 해보길 원했던 건 아니었을까.

아이를 믿지 못해서 못 놓아주는 것이 아니다. 부모의 두려움과 과거의 경험이 아이들을 바라보는 시각을 제한하는 것이다. 아이의 실패나 상처를 두려워하며 아이의 도전을 제한하기도 한다. 이처럼 부모의 걱정이 자녀의 독립성을 억제할 가능성이 있다는 것을 기억하자.

아이의 잠재력을 조기에 인식하고 적극적으로 지원하는 것은 아이들이 자신만의 방식으로 세상과 소통하고, 각자의 강점을 발휘하는 기회가 된다. 부모가 아이의 독특한 잠재력을 발견하고 이것을 키워줄 때, 아이는 자신의 능력을 최대한으로 발휘하게 된다.

아이의 잠재력을 발견하지 못한 사례 중 하나로 범죄학자 데이비드

버커의 이야기가 있다. 그는 학교에서 문제아로 간주되었고, 자존감이 낮아지면서 사회적 관계에도 영향을 미쳤다. 사회적, 정서적 필요가 충족되지 않았기 때문에 발생한 문제로 학교와 가정에서 그의 잠재력을 제대로 인식하고 지원하지 못했기 때문이라고 말했다. 그는 이러한 자신의 경험을 바탕으로 어린이와 청소년의 사회적 문제를 이해하고, 이들이 자신의 잠재력을 발견할 수 있게 도왔다. 긍정적인 방향으로 성장할 수 있도록 범죄학자로서의 방향성을 설정하는 데 큰 영향을 미쳤다.

아이의 잠재력을 발견하고 발전시키기 위해 필요한 것은 부모의 끊임없는 관심과 지원이다. 아이들은 각자 발견하지 못한 무한한 가능성을 찾았을 때 비로소 자신의 본질을 꽃피우게 된다. 부모가 긍정 에너지를 보내주면 아이는 자신의 능력을 긍정적으로 인식하게 되고, 이는 자존감을 높이고 더 많은 도전을 시도하게 한다. 어른도 실수하고 실패한다. 비난보다는 이해를 통해 우리 아이가 교훈을 얻을 수 있도록 도와주자.

아이들의 세계를 관찰하는 것은 부모에게 최고의 교육이다.

- 펄 S. 벅(노벨문학상 수상자)

엄마, 선생님이랑 많이 친해?

어린이집에 처음 가는 순간부터 아이들의 사회생활은 시작된다. 가정과는 다른 새로운 환경에서 친구들과 상호작용을 통해 자신들의 성격과 능력을 발전시키는 중요한 시기이다. 이런 이유에서 교사는 아이의 사회적 참모습을 가장 잘 인지하는 중요한 인물이다.

나의 첫째 아이는 독립적이고 활발하며 도전적인 성격을 가지고 있다. 큰 목소리와 행동 때문에 학교에서 여린 친구들이 힘들어할 때도 있었다. 나는 이러한 문제를 충분히 예상했고, 그렇기에 지금도 선생님과 적극적으로 소통한다. 학부모 상담이나 학부모회 참석을 통해 아이의 학교생활에 대해 파악하고, 피드백을 받았다. 선생님을 통해 아이가 집에서 보여주지 않는 다양한 면모를 공유받을 수 있었고, 나 또한 아이의 성장 과정에 좀 더 적극적으로 참여할 수 있었다. 첫 입학 때의 걱정과 다르게 첫째 아이는 매년 학급반장을 거쳐 전교 학생부회장으로 6학년을 마무리했고, 선생님들에게는 장점이 더 큰 아이로 평가되었다.

이처럼 부모와 교사 간의 개방적이고 지속적인 소통은 아이의 장점을 발전시키는 데 중요한 역할을 한다. '현대 경영학의 아버지'라고 불리는 피터 드러커는 "장점을 키우는 것이 약점을 극복하는 것보다 훨씬 더 효과적"이라고 말한다. 교사의 관찰을 통해 아이의 긍정적인 측면이 부각되면 우리는 이를 바탕으로 집에서도 아이를 더욱 효과적으로 케어할 수 있다. 더불어 아이가 겪고 있는 어려움이나 개선이 필요한 부분에 대해서도 적절히 조치를 취할 수 있게 된다.

선생님과의 소통에서는 말하기보다 듣기가 더 중요하다. 인간은 본능적으로 자신의 약점을 숨기려는 심리를 가지고 있다. 내가 예상했던 아이의 단점을 해명하는 소통이 아닌, 현실로 받아들일 수 있는 용기 있는 소통이 필요한 것이다. 본능적 방어 기제는 결코 긍정적 결과로 이어지지 않는다. 아이의 성장과 발달을 지원하는 부모로서 아이를 객관적으로 바라보아야 할 필요성이 더욱 중요해진다. 약점을 숨기기보다는 이를 인정하고 극복하기 위한 노력이 아이들에게도 큰 가르침을 준다. 김종원 작가는 "분노한 지점이 나의 지적 수준이고, 반박한 지점에 나의 결핍이 있다"라고 말했다.

소중한 우리 아이들이 세상에서 더 밝고 긍정적으로 자랄 수 있도록 약점을 바라볼 수 있는 용기를 심어준다면, 아이들은 자신의 잠재력을 최대한 발휘해서 자신감 있게 삶의 도전을 맞이할 것이다.

나는 유료 육아를 선호하지 않는다

정확히 말하면, 비용을 들여 아이들과 함께하는 키즈 카페를 선호하지 않는다는 말이다. 안전이라는 울타리를 프레임 씌운 부모들의 방임처럼 보이기도 한다. 아이들은 안전사고 염려 없이 마음껏 뛰어놀지만, 화학물질로 범벅된 인테리어는 못내 불편하다. 제한된 공간에서 다양한 놀이 기구와 장난감이 제한된 경험만을 제공하는 것 같기도 하다.

데워진 냉동식품이나 설탕 가득한 어린이 음료에도 비용을 지불하고 싶지 않다. 아이들과 함께 꽃을 관찰하고 지렁이를 잡으며 놀이터에서 노는 아이의 모습을 관찰하는 게 좋았다. 날이 궂어 바깥 활동을 하지 못할 때는 목욕탕이나 영화를 보러 다녔던 경험을 바탕으로 돈이 덜 드는 '가심비 육아'를 소개한다.

우리나라는 동네마다 도보로 10분 이내에 근린공원이 조성되어 있다. 이러한 접근성 덕분에 매일 다른 공원을 방문하는 것만으로도 충분히 풍성한 놀잇감을 제공할 수 있다. 한 공원에서는 나뭇가지를 모아서 한글 만들기를 하고, 또 다른 공원에서는 모래 놀이터를 이용하는 등 아이들의 호기심과 탐험심을 자극한다. 특별한 장비나 비용을 들이지 않아도 주어진 환경에서 스스로 시간을 보내고, 그 과정에서 자신감과 독립성을 키워나갈 수 있도록 유도하는 것이다.

이러한 활동은 단순히 놀이의 즐거움을 넘어선다. 아이와 함께 걸으면서 이동하는 시간은 엄마에게 운동시간으로 긍정 해석할 수 있고, 아이들은 도로 교통안전을 자연스레 익히게 된다. 집 근처의 환경을 다양하게 활용하는 것은 아이들의 시야를 확장시킬 수 있는 가장 작은 습관이다.

서울대학교 아동심리학과 김정희 교수는 자연에서의 경험은 아이들의 창의성과 문제 해결 능력을 향상시키는데 필수적이라고 말한다. 이러한 원리에 기초한 숲 유치원은 식물과 동물을 가까이하며 자연에 대한 이해를 높여준다. 이 활동은 아이들의 신체, 인지, 정서 발달에 긍정적 영향을 미친다.

자연이나 동네 탐방의 놀이는 특정 제한 없이 아이들과 함께 시간을 보낼 수 있는 장점이 있다. 식비 절약을 위해 냉장고 파먹기를 하듯이 가까운 우리 동네를 먼저 파보자. 비용이 크게 들지 않으면서도 아이들에게 경험과 발견의 기회를 제공한다.

아이의 잠재력과 장점, 창의성을 강조하는 이유는 분명하다. 훗날 일상생활에서 크고 작은 위기에 유연하게 대응할 수 있는 본질적인 능력을 키우기 위함이다. 잠시 멈춰 서서 기본적이고 본질적인 육아 방식에 대해 다시 한번 생각해 보자.

결국 내 품 안의 아이

엄마 생존 법칙

엄마로 살아가기는 하나의 장기 프로젝트 관리와 같다. 아이의 교육, 인성 관리, 먹거리 관리까지 많은 엄마들이 자신의 정체성을 '엄마'로 한정 짓게 된다. 이러한 현상은 나의 욕구와 감정은 뒤로하고, 지나치게 자녀와 가족의 요구에 맞추어 살아가도록 이끈다. 과연 이러한 방식은 얼마나 오래 건강하게 유지될 수 있을까?

특히 우리 사회에서는 산업화에 따른 교육경쟁의 심화, 그리고 전통적인 '효' 문화의 영향에서 엄마로서의 역할이 강요되어 왔다. 그러다가 시대의 변화에 따라 여성의 경제적 독립과 직업적 성장이 중요하게 여겨지고 성 평등 의식이 개선되면서, 아빠의 육아 참여가 늘어나고 가족 구성원 개인의 행복이 존중받는 사회가 된 것이다.

그럼에도 불구하고 엄마에게 하루는 짧다. 두 시간 간격의 신생아 수유 시간을 시작으로, 오픈런으로 달려가야 하는 소아과, 방과 후 간식 챙겨주고 돌아서면 저녁 식사시간, 육아와 집안일만으로도 엄마의 하루는 한정 짓게 되는데, 과연 나 자신을 찾을 수 있을까?

심리상담가 장재열은 "중단하고 무작정 쉬는 것도 답이 아니고, 반대로 억지로 버티는 것도 답은 아니다. 오늘을 살되 그 안에서 회복이 일어나야 한다"라고 알려주면서 "나 스스로 해 나가는 것이 많을 때 주도적인 인생이 된다"라고 설명한다. '아주 쉬운 행위의 반복'을 강조하는 그는 이부자리 정리나 매시간 스트레칭 등 10분 이내의 매일 규칙을 정해놓고 일주일 단위로 실천해보길 제안한다.

규칙적인 루틴을 따를 때 우리는 소소한 성취감을 느낀다. 불확실하고 변화무쌍한 육아 생활에서 잠시나마 마음을 다른 곳으로 돌려 정신적 피로를 줄이고 스트레스 내성을 길러주는 것이다. 내가 스스로 삶을 잘 통제하고 있다는 느낌은 나에게 긍정 에너지를 만들어 준다.

아침 안개가 숲을 감싸듯이 작은 일상의 순간들로 마음의 평온을 채워보자. 숲이 감싸진 만큼 작은 일상들이 채워지면 그때 또 새로운 목표를 찾아보자.

엄마가 나만의 시간을 가진다는 것은 결코 이기적인 행동이 아니다. 하루 한 번만이라도 스스로 운용하는 시간을 만들어 보자. 그 시간이 더욱 풍성하고 긍정적인 키움으로 이어질 것이다. 내가 살아야 아이가 산다. 내가 웃어야 아이도 웃는다.

엄마가 행복해야 모두가 행복하다

행복은 정말로 찾을 수 있는 것일까, 아니면 단지 삶의 순간적인 느낌에 불과할까? 우리는 행복을 큰 사건의 결과로만 생각할 때가 있다. 하지만 실제로 행복은 더 작고 일상적인 순간, 그 과정에서 찾게 된다.

매일 철학하는 여자, 황미옥은 〈소크라테스만 철학입니까〉에서 말한다. 새벽의 고요함 속에서 나만의 시간을 찾는 것이 얼마나 소중하고 행복한지를. 새벽 5시, 세상이 아직 잠들어 있을 때 그녀는 책을 보고 글을 쓰며 끊임없이 생각한다. 이 시간을 통해 자신의 내면 깊숙이 들여다볼 수 있고, 삶의 목적과 목표를 찾는다. 그녀는 하루 중 변수가 없는 시간대를 찾아 '자유재량시간'을 가지기를 추천하는데, 나는 아이들이 잠든 밤 시간을 선택했다. '홈트' 콘텐츠를 따라 매일 한 시간씩 운동하면서 건강과 마음의 여유와 복근과 잃어버린 둔근까지 함께 찾은 것이다.

많은 사람들이 스마트폰과 함께 여가 시간을 보낸다. 이러한 활동들은 대부분 단기적인 자극에 의존하기 때문에 즉각적인 기쁨을 제공하지만, 빠르게 사라지는 경향이 있다. 반면, 학습이나 창작과 같은 정신적 참여가 높은 활동은 뇌의 다른 부분을 활성화하며 장기적인 기억과 만족감을 구축하는 데 도움을 주어 지속적인 행복과 개인의 성장을 돕게 된다.

아침을 맞이하는 것이 때로는 두려움으로 다가올 수 있다. 새로운 하루와 그 안의 수많은 책임과 기대에 대한 부담감 때문일 것이다. 그러나 이러한 두려움을 받아들이면서, 그 안에서 작은 기쁨을 찾아 나갈 때 우리는 더욱 행복해질 것이다. 아이와 나누어 쓴 나의 하루 중에서 숨어 있는 나의 행복을 찾으면 가족의 행복으로 이어갈 수 있다. 이것이 진정한 사랑의 본질이다.

나는 아이들에게 "엄마 기분 좋아 보여"라는 말을 들을 때 가장 행복하다.

가족끼리 선 넘지 말자

가족이란 가끔은 퍼즐을 맞추는 것 같다. 나와 남편, 큰 아이와 작은 아이의 퍼즐은 모두 다른 모양과 색깔을 가지고 있다. 나는 내면적으로 에너지가 충전되어야 하고, 남편은 에너지를 밖으로 발산해야 한다. 나는 오늘의 문제가 미래로 확산될까 늘 걱정이었고, 남편은 오늘의 문제를 잘 마무리하는 것이 중요했다.

함께한 지 10년이 훌쩍 넘어서 진행한 MBTI 검사를 통해서 INFJ인 나와 ESTP인 남편의 반복된 충돌 원인을 찾을 수 있었다. 이 검사는 단순한 심리 테스트를 넘어 서로에게 깊은 이해와 존중의 토대를 마련해주었다.

최근 인기 있는 이 MBTI 검사는 단순한 심리 테스트가 아니다. 약 80년 이상의 역사를 가지고 있으며, 전 세계적으로 개인 심리 상담 외에 조직 문화 개선, 진로 및 직업선택에도 활용하는 명확한 심리 상담 도구이다. 심리학자들은 기질과 성격 유형을 매우 유의미하게 다룬다. 앞서 언급한 기질이 선천적으로 타고난 성향이라면, 성격 유형은 경험과 환경의 영향으로 발달한다고 말한다. 특히 성격은 부모에게 받는 유전자의 영향만으로 결정되는 것이 아니라, 환경과 상호하는 복잡한 과정으로 형성되기에 나의 아이라도 이해하고 포용하지 못하는 부분이 생기는 것이다.

성격 유형의 이해는 아이들의 학습지도에도 중요하게 활용된다. 독립적으로 이론적 접근을 선호하는 INTP 성격의 아이는 개별적 학습 환경 조성이 필요한 반면, 다른 사람들과 긍정적 관계 유지가 필요한 ESFJ 성격의 아이에게는 토론이나 그룹수업이 유리할 수 있다. 이것을 이해한다면 우리는 아이에게 명확한 학습 환경을 제공해 학업 성취도를 높이게 된다.

이러한 MBTI를 고안해낸 칼 융은 "이해는 가족을 묶는 가장 강력한 실이다. 서로를 이해함으로써 더 큰 화합을 이루어낼 수 있다"라고 말했다. 즉, 이 MBTI 유형의 이해는 단순히 각 구성원을 분류하는 것이 아니

라. 각자 성격 유형에 맞는 의사소통 방식을 제시해서 가족 간의 건강한 경계를 설정하는 방법을 설명하는 것이다. 이처럼 가족 구성원 각자의 본질적인 성격을 이해하고 존중하는 것은 단순한 양육의 연속이 아니라, 가족 간의 깊은 이해를 바탕으로 한 공동체적 접근임을 보여준다. 그것이 바로 육아의 본질적 뿌리가 된다.

육아라는 시간의 가치

안 해서 못하는 거지, 못해서 안 하는 게 아니야

어릴 적 엄마의 말이 얼마나 나에게 울림을 주었는지 그때는 알지 못했다. 이 말 한마디가 나를 버티게 하는 힘이라는 것을 두 아이의 엄마가 되고 나서야 깨달았다. 작은 돌멩이가 호수에 던져져 커다란 물결을 일으키듯 긍정의 말은 큰 변화를 일으킨다.

원래 마른 체형이었던 나는 두 아이 출산 후 변화된 내 몸이 낯설고 힘들었다. 비싼 PT 대신 집에서 홈트레이닝 콘텐츠로 운동을 시작했다. 매일 한 시간씩 해낼 수 있는 감사함과, 조금씩 변화되는 내 몸이 '나도 되네? 내가 되네!'라는 강력한 자기 효능감을 심어주었다. 이 긍정적인 에너지는 육아에도 영향을 미쳤다. '하면 된다'는 믿음을 확인시켜주면서 아이들에게도 긍정 마인드가 어느새 스며들어 있다.

이처럼 긍정의 힘은 나만의 것이 아니라 우리 아이들에게도 똑같이 적용된다. 부모가 긍정적인 태도로 일관되게 아이를 대할 때, 그 작은 격려의 말들이 아이들의 내면에 큰 힘을 실어준다. "할 수 있어!"라고 말하는 것만으로도 아이들은 실패를 두려워하지 않고 도전을 즐기게 된다. 아이들이 성장하면서 마주칠 많은 도전들에 당당히 맞설 수 있는 용기를 부여하는 것이다.

오프라 윈프리는 "너는 무엇이든 할 수 있어"라는 어린 시절 부모님의 격려가 자신감을 키워줬다고 말한다. 애플의 공동창립자 스티브 잡스는 "너의 호기심을 따라가라"는 이야기를 끊임없이 들었고, 그것이 그의 기술과 디자인에 대한 열정의 바탕이 되었다.

긍정 심리학에서는 부모의 이러한 말과 태도가 아이들의 행복감, 회복 탄력성, 창의성 등을 증진시킨다고 말한다. 따라서 아이의 자존감, 사회성, 학습 능력 등은 덩달아 향상될 것이다. 반면, 부정적인 말과 비난 속에서 자란 아이들은 자신감이 부족하고 낮은 자존감을 가질 가능성이 높다.

"You can do it!"

나와 아이들이 가장 자주 쓰는 말이다. 나에게 외치는 것보다 서로에게 더욱 자주 외쳐주는 이 말은, 어쩌면 나의 불안함과 결핍을 충족하기 위한 언어가 아이들에게 긍정적인 에너지로 전달되면서 모두에게 시너지 효과를 주는 것이다.

부모가 긍정 마인드의 본보기를 보여주면 아이들은 이를 관찰하고 모방해 동일한 긍정적 행동을 내면화한다. 우리 아이들이 건강하고 행복한 성인으로 성장할 수 있는 기반을 마련해 주는 것이 부모의 역할임을 잊지 말자, 육아는 장기전이다.

모든 길은 Why로 통한다

오늘도 우리 집 둘째 아이는 습관적으로 "왜?", "왜~"라는 글자를 내뱉었다. 여기서 나는 다시 "엄마가 왜 그렇게 말했을까?"로 돌려준다. 아이의 '왜'라는 투정에 내가 친절하게 답변을 하면 자신의 행동에 대해 고민할 기회를 놓치게 되기 때문이다. 아이들의 자연스러운 호기심을 존중하는 몬테소리 교육에서도 아이가 스스로 질문하고 답을 찾아가는 과정을 중시한다.

이렇게 일상 속에서 부모가 아이에게 '왜'라는 질문을 던질 때, 우리는 아이들에게 깊은 생각을 통해 스스로 문제를 이해하고 해결할 수 있는 능력을 발전시킨다. 이런 방식으로 우리는 공감, 책임감, 정직함과 같은 가치들을 아이들에게 가르칠 수 있다. 그리고 이 모든 것이 아이가 성인이 되어 그들의 삶을 스스로 결정할 때 굳건한 기초가 되어줄 것이다.

아이를 키운다는 건 때로는 답변을 찾지 못할 때가 많다. 수많은 예측 불가한 상황에서 단순하고 직접적인 지시가 더 빠르고 효율적으로 느껴지는 이유다. 아이에게 생각의 여지를 주고, 문제의 본질을 탐구하게 만드는 도구가 바로 'Why'이다.

아이의 문제행동에서 "그냥!"이라는 답변이 나올 수밖에 없는 질문인 "왜 그랬어?"를 멈추자. 아이가 스스로 왜 그랬는지를 생각할 수 있도록 일상에서 간단한 유도 질문부터 시작해 보자. "물컵을 여기에 두면 어떻게 될까?", "퍼즐 자리가 여기가 아닌 것 같은데~"라고 아이들이 한 번 더 생각할 수 있게 질문을 변경해 보자.

아이들이 스스로 생각을 정리하고, 행동에 대해 더 깊이 생각할 수 있도록 부모가 도와줘야 한다. 나는 '이미 문제는 벌어졌으니 아이의 처세를 관찰해보자'는 마인드로 기다린다. 다양한 대답을 열린 마음으로 받아들임으로써 아이와의 소통을 강화하고, 궁극적으로는 그들의 사고력과 문제 해결 능력을 향상시킬 수 있다.

> 수많은 사람이 사과가 떨어지는 것을 봤지만 "왜?"라는 질문을 던진 사람은 뉴턴뿐이었다.
>
> — 버나드 바루크(미국의 정치가)

뉴턴의 작은 질문이 과학의 큰 발전을 가지고 온 것처럼 본질 키움에 있어서 '왜'라는 질문은 매우 중요하다. 뉴턴은 그것이 왜 궁금했을까? 여러분은 지금 왜 이 책을 읽고 있는가? 아마도 더 나은 부모가 되고자 하는 간절한 바람 때문일 것이다.

아이를 키우면서 마주하는 일상 속 작은 순간들에서 깊은 가치를 심어주고 싶은 욕구, 그리고 그 과정에서 나도 성장하길 원하는 마음이리라. 육아의 종착지는 아이의 경제적, 정신적 독립인 것처럼 아이가 스스로 삶의 의미를 찾을 수 있도록 매사의 본질로 이끌어주는 게 부모의 역할 아닐까.

내 선택, 내 결정, 이게 맞아?

긍정 육아를 통해 아이들이 자신감을 키우고, 'Why'의 중요성을 강조하며 스스로 세상을 탐구하도록 격려했다. 이 두 가지를 토대로 '이게 맞나?'라고 생각하는 비판적 사고의 중요성을 탐색해 보고자 한다. 아이들이 단순히 세상에 물음표를 던지는 것을 넘어 발견한 답변들에 대해 스스로 사고하고 판단할 수 있는 능력은 무엇일까?

많은 남자아이들은 초등학교에 입학하면 축구에 관심을 가진다. 우리 집 아이도 그랬다. 이때 우리는 '축구가 왜 좋은지', '앞으로 어떻게 도움이 될지'를 스스로 생각해 보도록 유인해야 한다. "내가 게임을 이끌어 가고 싶다"는 아이의 의견에 "그럼 정확한 규칙과 방법을 배워보자"라는 의견을 덧붙여 2년 동안 축구클럽에서 정확한 게임운용 방법을 익혔다. 더불어 축구가 나에게 어떤 가치를 주는지도 찾아야 했다.

이러한 사고방식은 아이들이 자신의 행동과 결정에 책임감을 가지고, 그것에 대해 깊이 고민하게 만든다. 내 선택이 어떤 결과를 가져올지, 나와 주변 사람에게 어떤 영향을 미칠지를 사려 깊게 판단하는 것, 이것이 바로 우리가 아이들에게 가르치고자 하는 본질 키움의 핵심이다.

"이게 맞나?"라는 질문은 지금 우리 상황을 의심하고, "이게 뭐지?"라는 질문은 더 깊이 이해하려는 욕구를 나타낸다. 쏟아지는 육아 정보의 세상에서 이 두 가지 질문은 우리의 방향성을 제안해 주는 유의미한 물음표가 된다. 눈에 보이지 않는 이 습관은 단순한 문제 해결을 넘어 부모와 아이들이 더욱 객관적으로 현명한 판단을 하게 되는 지적 기반이 될 것이다.

큰 부모는 작게 될 자식도 크게 키우고, 작은 부모는 크게 될 자식도 작게 키운다. 자식에게 물음표를 던지는 사람이 진짜 부모이다.

- 손웅정(축구선수 손흥민의 아버지)

우리가 아이를 키움에 있어 그들의 잠재력을 인식하고, 스스로 발전시키기 위해 본질적으로 키운다는 사실을 잊지 말자. 큰 부모가 되어 아이를 크게 키우는 길, 그것이 바로 우리 모두의 목표다. 아이들의 잠재력을 깨우고 그들이 스스로 성장할 수 있는 길을 열어주는 것, 이것이 진정한 육아의 본질적 가치이다.

우리 가족 함께 자라는 본질 키움

지혜도 유전이 되나요?

'사물의 이치나 상황을 제대로 깨닫고 그것에 현명하게 대처할 방도를 생각해 내는 정신적 능력'은 무엇일까? 대한민국 국민들이 326번째로 많이 쓰는 이름, '지혜'이다. 그토록 익숙한 단어이지만, 나는 얼마나 지혜로운 사람일까?

유대인의 전통법과 윤리를 담은 〈탈무드〉는 비판적 사고와 독립적 문제 해결 능력을 길러주기에, 아이들뿐만 아니라 성인들에게도 지혜로움을 찾을 수 있는 삶의 교과서이다. 탈무드에서는 이렇게 말한다. "사람이 배울 때까지 가르쳐라, 그리고 배우면서 가르쳐라."

이 말은 우리가 아이들과 함께 성장해야 함을 강조한다. 아이가 크는 만큼 부모도 지혜를 배우고 성장하는 과정을 멈추지 말라는 의미다. 육아는 매년 새로운 퀘스트를 깨야 하는 게임이기에 우리는 끊임없이 배우고 가르치며, 서로에게 영감을 줘야 한다.

인생에서 완벽한 순간을 배우려는 것은 어쩌면 우리의 실수일지도 모른다. 부모의 길도 마찬가지다. 감정에 치우친 결정이나 일관성 없는 규칙 설정, 혹은 문제가 발생했을 때 소통을 회피하고 해결책을 찾지 않는 행동을 하고 있다면 지금 그 결과를 보며 반드시 교훈을 찾아야 한다. '그 정도까지 생각해야 해?'라는 생각이 든다면 그 또한 이미 깊은 사랑과 책임감에서 비롯된 의문점이라는 것을 잊지 말자.

때로는 지쳐서 모든 것이 부담스럽게 느껴질 때도 있다. 모든 부모는 완벽할 수 없고, 실수도 한다. 하지만 그 실수에서 배우고 다시 일어서는 것이 진정한 지혜다. 내가 얼마나 고민하는지, 그리고 스스로 발전해 나가려 노력하는 모습을 아이들은 보고 배우고 있다.

단순히 지식의 전달이 아니라 '삶을 살아가는 방법, 진정한 가치를 알고 그것을 실천하는 힘, 그리고 우리가 일상에서 보여주는 모습'이 아이에게 첫 번째 학습의 장이 되는 이유이다. 우리 아이들은 우리가 조금 더 지혜로워질 때 세상으로 나아가는 힘을 얻게 된다는 것을 잊지 말자. 우리가 아이에게 안정적인 기반을 제공하고, 동시에 독립적으로 날아오를 수 있게 해야 한다는 본질 키움의 핵심을 담고 있다.

부모는 자녀에게 두 가지 선물을 줄 수 있다. 하나는 뿌리이고 다른 하나는 날개다.

- 〈탈무드〉

형아도 형아는 처음이라

"오늘 하루는 잘 넘어가나 싶었더니 또 싸우니!"

평온한 저녁 시간을 깨는 아이들의 다툼 소리가 어느새 일상이 된 것 같은데… 정말 이대로 괜찮은 걸까? 형제자매간의 끊임없는 갈등은 누구나 공감할 만한 문제다. 이런 다툼을 보며 부모는 아이들 사이에 더 많은 사랑과 이해를 줘야 할지, 솔로몬처럼 지혜로운 해결을 해줘야 할지 혼란스러울 것이다.

인간 진화론에 따르면 형제자매의 성향이 다른 이유는 본능적 생존 방법일 수 있다. 부모의 유전자가 재조합되면서 서로 다른 생태적 틈새를 찾아 각자의 생존 기회를 극대화하는 것이다. 성별에 따른 역할 분화 또한 그들이 적응적 특성을 발달시키는 데 영향을 미치며, 이 모든 것이 각자의 방식으로 성장하게 한다.

그들의 갈등 해결에 있어서 공감 능력과 효과적인 의사소통은 필수다. 말은 쉽지만 가끔은 어느 한쪽의 입장이 더 이해되기도 하고, 갈등 해결의 실패가 두렵기도 하다. 인간은 본능적으로 감정적으로 반응하게 되기 때문에 객관적 중재가 쉽지 않은 것이다.

워킹맘이면서 두 아들을 카이스트와 서울대에 보낸 엄마 유정임 작가는 이런 방법을 제시한다. 아이들이 다투지 않고 의견을 하나로 일치시키면 그게 무엇이든 들어주는 것이다. 상대의 이야기에 귀 기울이고 의견을 조율하는 방법으로, 타협과 협력이 오히려 더 많은 것을 얻게 한다는 사실을 배우게 하는 것이다.

"적을 두지 말라"라는 소크라테스의 말처럼 형제는 경쟁상대가 아니다. 가장 가까운 사람에게서 오히려 배울 점이 많다는 것을 아이들에게도 꼭 알려줘야 한다. 부모가 아이의 거울이라면, 형제는 아이들에게 중요한 스승이다. 서로의 다름을 통해 성장하고, 이를 통해 더 넓은 세상에서도 다양한 사람들과 조화롭게 살아가는 법을 배운다.

가족은 우리가 처음으로 접하는 사회의 가장 작은 집단이다. 갈등을 두려워하지 말자. 오히려 갈등을 겪을 때마다 이것이 더 깊이 이해하는 기회가 될 수 있다는 점을 잊지 말자.

안방이 없어졌다

우리 집에는 전통적인 '안방'이라는 개념이 없다. 한국에서 안방은 집의 가장 안쪽에 위치하는 큰 방을 칭한다. 보통 부부의 침실로 사용되고, 가장 사적이면서 중요한 공간이다.

그러나 우리 집은 다르다. 아이들이 어렸을 때는 아이들 침실 겸 놀이방으로, 지금은 가족이 함께 사용하는 서재로 활용 중이다. 단순히 공부하고 일하는 공간을 넘어 서로의 생각을 나누고 함께 이해하며 성장하는 소통의 장소로 자리 잡았다.

우리 가족은 SBS 스페셜 〈거실 공부〉에서 영감을 받아 가족 공유 공간을 만들기로 했다. 가족 서재와 같은 공유 공간이 아이들의 감정 지능을 키우는 데 도움을 준다는 내용이다. 실제로 이 공간에서 아이들은 서로의 관점을 이해하고 자신의 생각을 공유하면서 사회적 유대감을 키울 수 있었다. 과거 자녀의 방이 다소 폐쇄적인 '나만의 공간'이었다면, 요즘 아이들은 더 넓어진 집에서 TV 시청이나 스마트폰 사용으로 개인 시간을 보내므로 방에 대한 애착이 크지 않다.

가족 서재에서 나는 글을 쓰고, 큰 아이는 문제집을 푼다. 남편은 책을 읽고, 작은 아이는 웹 서핑을 한다. 일요일 저녁에는 금주의 식단, 간식, 할 일에 대해서 논의한다. 우리 가족이 가장 유의미한 시간을 보내는 공간이다. 각자의 시간을 같은 시간에 가질 수 있는 여유를 제공한다. 거실은 여전히 활기찬 우리 가족의 공간으로, 서로 일상을 나누고 휴식을 취하는 곳으로 만들었다. 거실의 서재화가 아닌 별도의 가족 서재를 마련함으로써 우리 집은 더욱 풍성한 감정과 활동으로 가득 차게 되었다.

틀에 박힌 안방과 작은방의 공간이 아닌 자유로운 공간구성을 시도해 보자. 이 모든 변화는 단순히 공간 재배치 이상의 의미를 가진다. 가족 각자가 자신의 공간에서 함께 성장해 나가는 것이다.

한편, 아이들의 사생활과 창의력을 위해 각방을 제공하는 것도 분명 필요하다. 자유롭게 방을 꾸미고 정리하는 행위는 아이들의 독립심을 길러줄 수 있다. 그러나 의도치 않게 가족과 어울리는 법을 배우지 못할 수도 있고, 외로워질 수도 있다. 너무 많은 프라이버시는 아이들의 상태를 제대로 파악하기 어렵게 할 수 있기에 균형 잡힌 접근이 중요하다.

아이들이 살아가면서 어떤 유혹이나 어려움에도 견딜 수 있도록 부모가 울타리가 되어주자. 든든한 울타리 안의 가족이라는 나무를 굳건히 지지해 주면, 아이들은 활짝 펼쳐진 나뭇가지로 봄바람에 흔들리며 세상의 따스함을 맞이하게 된다. 진정한 가족의 힘을 바탕으로 본질 키움에 한 걸음 더 다가가게 될 여러분을 응원한다.

Don't anything, Nothing happen.

나는 영어를 못한다. 나는 골프를 못한다. 정확하게 말하자면, 영어 공부를 안 했고 골프 연습을 안 했다. 반면, 나는 근력이 좋다. 음식 솜씨가 좋다. 정확하게 말하자면, 효율적으로 운동하기 위해 근육을 공부했고, 내 입에 맞을 때까지 요리를 했다. 결국 안 하는 것과 못하는 것은 내가 시도를 했냐 안 했냐의 차이다.

이 현상은 심리학에서 '관성의 법칙'으로 설명될 수 있다. 사람들은 새로운 도전이나 변화를 피하고 현재 상태를 유지하려는 경향이 있다. 이는 물리학의 관성과 유사하다. 일단 익숙한 행동 패턴이 생기면 그 상태에서 벗어나기 위해서는 에너지가 필요하기에 새로운 시도를 기피하게 되는 것이다. 안전하고 익숙한 현재 상황을 유지하려는 본능적 욕구다. 이러한 관성의 법칙을 이해하고 극복하기 위해서는 적극적인 메타인지와 의식적 노력이 필요하다.

어느 날 '아무것도 하지 않으면 아무 일도 일어나지 않는다'라는 문장에 마음이 끌려서 나는 왼쪽 팔에 작게 타투를 새겼다. 'No pain, No Gain'처럼 간결하게 'Don't anything, Nothing happen'이라고 표현했다. 몇 년 뒤 영어 공부를 시작하면서 말도 안 되는 표현임을 깨달았지만 나는 그 타투를 지우지 않았다. 이 짧은 문장에, 몰랐던 나와 알게 된 내가 함께 담겨있기 때문이다. 단순히 틀린 문장이 아니라, 내가 경험한 성장과 변화의 상징이 된 것이다.

세상은 우리가 단순히 바라보는 것만으로는 아무것도 변하지 않는다. 시도하지 않으면 발견할 수 없는 나만의 강점과 약점, 취향과 비非 취향을 아이들 스스로 찾게 하자. 넘어져 봐야 아픈 것을 아는 것처럼 모든 순간은 아이를 키우고, 가르치며, 사랑을 나누는 데 값진 시간이 된다. 이것이 어쩌면 본질 키움의 핵심이 아닐까?

나는 늘 아이들에게 말한다. "불편하고 어려운 상황에서 도망칠 수 있으면 뒤도 돌아보지 말고 있는 힘껏 도망쳐라. 그래서 사라진다면 지구 끝까지 도망가라"라고. 그러나 세상이 그렇지 아니하기에 가차 없이 부딪혀야 한다. 나보다 잘하는 사람들을 인정하고, 나보다 못하는 사람도 많다는 걸 잊지 말자. 우리는 각자의 속도로 성장한다. 스스로 감당할 수 있는 선에서 무엇이든 해보자. 두려움에 겁먹고 핑계 대는 비겁함보다는 자신 있고 당당하게 실패의 경험마저 담아갈 수 있는 달항아리 같은 사람이 되자.

나는 아직 육아 현재진행형의 초등학생 엄마인지라 앞으로 더 많은 예측불허의 경험을 하겠지만 두렵지 않다. 오히려 설레기까지 한다. 단순히 노력 없는 보상은 없기에 끊임없이 시도하라는 마음을 전한다. 오늘은 어제의 결과다.

"No Sweat, No Sweets."

아이와 나, 본질에서 만나다
신혜경

본질 키움, 아이의 가치를 발견하는 과정

첫 만남 그리고 책임의 시작

아이와의 첫 만남은 마음을 울리는 순간이었다. 가득 찬 기쁨과 사랑, 자긍심과 성취감이 내 마음을 가득 채웠다. 하지만 새로운 삶에 대한 책임감이 무겁게 느껴지기도 하고, 불안과 스트레스가 스며들기도 했다. 엄마가 되기 위한 준비 과정에서 정보를 찾고, 경험 많은 엄마들의 조언을 듣는 것은 마치 사랑하는 아이를 맞이하기 위한 따뜻한 준비 과정과도 같았다. 이 모든 것은 기대와 걱정이 함께하는 순간들로 이어졌다.

나는 출산 이틀 전까지도 아이가 역아逆兒라 하여 수술실에 누워 제왕절개를 했다. 하지만 아이는 정상아로 태어나 의료진도 당황했고, 하반신 마취로 정신이 깨어있어 다 들리는 나조차도 황당했다. 자연분만의 선불이냐, 제왕절개의 후불이냐는 생각의 선택도 할 수 없었던 나의 아기. 첫 만남부터 특별했다.

조리원 퇴소 후 집으로 돌아와 아이와 직접 시간을 보내면서 미리 배운 모든 조언이 항상 맞아떨어지지는 않음을 알게 되었다. 기대했던 방법들이 효과를 보이지 않을 때 당혹감과 불안, 걱정이 가득 차올랐다. 예상보다 아이의 낮잠 시간이 짧아 깨어있는 시간이 많았고, 주변 친구들의 아이들이 빠르게 발달하는 모습에 내 아이가 느린 것은 아닌지 조급한 마음이 들기도 했다. 기침 감기로 인해 거친 숨소리나 호흡곤란을 겪는 크룹 증상에 대해 더 신경 써야 했고, 아이의 호흡정지발작을 경험했을 때의 충격은 매우 컸다. 앞이 캄캄하고 아이를 잃으면 어쩌나 하는 두려움이 밀려왔다. 아이는 호흡을 멈추고 얼굴이 청색증을 띠고 창백해지며 몇 초 동안 기절했다가 깨어나는 증상을 보였다.

처음 경험했을 때는 너무 놀라 아이를 깨우려고 자극을 주었고, 남편은 119에 도움을 요청했다. 10~15초의 시간이 체감상으로는 훨씬 더 길게 느껴졌다. 아이는 작은 울음소리로 깨어나기 시작했고, 조금 힘이 없어 보였지만 호흡은 안정되어 보였다. 구급 대원이 도착하기까지 지속적으로 아이의 상태를 물었고, 그들이 도착해서 아이를 살펴보니 호흡정지발작 증세 같다고 했다.

그 뒤 소아과를 방문해 아이를 살피고 괜찮음을 확인받았다. 의사 선생님은 옆으로 눕혀 놓으면 일반적으로 혈류가 증가해 조금 더 빨리 깨어난다고 하셨다. 흔들거나 자극을 심하게 주지 않아도 대부분 자연스럽게 깨어난다고 한다. 만약 호흡정지발작이 잦고, 호흡 정지 시간이 1분 이상 지속되거나 명확한 원인 없이 이 증세가 계속 나타난다면 다른 원인이 있을 수 있으므로 더 세심한 진료가 필요하다고 했다. 부모는 항상 애정을 가지고 유아를 대하되 일관된 행동을 보여야 한다고 강조했다. 아이가 울기 시작할 때마다 안아주거나, 발작이 끝나자마자 아이의 요구를 들어주면 오히려 더 심해지는 경우도 있다고 한다.

내 아이는 그 뒤로 한 번 더 호흡정지발작을 경험했지만, 다행히 금방 깨어났고 큰 문제는 없었다. 예상치 못한 육아의 이상과 현실을 마주했을 때 '내가 잘 돌보고 있는지', '너무 예민하게 반응하는 것은 아닌지', '우리 아이만 다른 것은 아닌지' 하는 생각으로 가득 찬 내 얼굴을 거울 속에서 마주하게 되었다.

사람들과 아이에 대한 고민을 나누는 시간에 걱정 섞인 조언과 경험담에 집중하다 보면 다양한 상황에서 무엇이 옳고 그른지 판단하기 어려울 수 있다. 여러 의견들이 때로 혼란을 가중시킬 수 있다. 하지만 중요한 것은 모든 아이와 부모의 상황은 다르며, 완벽한 방법은 존재하지 않는다는 것이다. 부모가 되는 것은 학습의 과정이며, 아이와 함께 성장하고 배워가는 여정이다. 때로는 예상치 못한 도전들이 있을 수 있지만, 그러한 과정에서 더 깊은 사랑과 이해를 경험하게 된다.

놀아주는 방식도 다양하다. 어떤 프로그램을 시작하라는 조언, 이런 것들을 해주면 좋다는 이야기, 이 장난감이 필요하다는 말들, 이 시기부터 이런 것들을 배워야 한다는 조언을 들으며 내 아이는 어떤 아이일까, 어떻게 놀아줘야 할까 고민하게 된다. 혼란스러운 마음이 드는 시점에 내가 먼저 아이를 잘 이해해야 한다는 결론에 도달했다.

그 고민의 끝에 나는 나의 새길을 열었다. 아이를 더 잘 이해하기 위해, 그리고 배움을 통해 나의 자존감을 높이기 위해 영유아 놀이지도사, 영유아 가베지도사, 키즈 스피치를 배우기 시작했다. 그것은 나에게 세상에 다시 나아가게 하는 큰 도움이 되었다.

세대의 충돌, 사랑과 양육의 딜레마

"새 생명의 탄생은 긍정적이고 경이롭지만, 사실은 충돌을 가져오기도 한다."

"애 춥다. 꽁꽁 싸매라. 누가 그랬어? 때찌! 때찌! 너희 때는 다 그러고 키웠어."

"뽀뽀 한 번 해보자. 뽀뽀해 줘. 뽀뽀~"

"안 되는데… 저러면 안 된다고 했는데… 말하면 상처받으시겠지?"

나는 예민한 엄마, 며느리, 딸이 될까 봐 눈치를 볼 때가 많다. 특히 부모 세대와 조부모 세대 사이에는 전통적인 양육 방식과 현대의 양육 이론 사이에서 충돌이 발생할 수 있다. 교육관의 차이와 아이의 독립성 증진 및 보호 사이의 균형 문제는 가정 내에서 논란을 일으킬 여지가 있다. 이러한 충돌과 논란은 가족 구성원 사이의 혼란을 증가시킬 수 있으며, 이는 결국 아이에게도 부정적인 영향을 미칠 가능성이 있다.

내 아이가 태어난 지 30일 정도 되었을 때 시할머니댁을 방문했다. 아이의 옷차림에 예민하신 편이라는 이야기를 듣고 계절에 맞게 따뜻하게 입혀 갔다. 그런데 할머님은 아이를 걱정하시며 따뜻한 집안에서 따뜻한 옷에 속싸개까지 하고 있는 아이에게 겉싸개와 담요까지 덮으셨다. 괜찮다고 온도에 맞게 있어야 한다고 말씀드렸지만, 듣지 않으시고 계속 덮어 두셨다. 아이는 두어 시간 동안 그렇게 있었고, 아이가 걱정되었지만 할머님의 완강한 모습에 남편과 나는 아무 말도 할 수 없었다. 집에 돌아와 아이를 살펴보니 몸에 붉은 열꽃이 올라와 있어 너무 속상했다. 그 자리에서 더 현명하게 말하지 못한 내가 미웠다.

이런 비슷한 사례는 주변에서 흔히 볼 수 있다. 20개월 된 아이에게 과자와 아이스크림을 조부모님이 부모가 안 보는 틈에 주시는 경우가 있는가 하면, 어른들이 먹던 숟가락으로 아이에게 음식을 먹이는 모습 또한 부모에게 스트레스를 준다. 조부모님이 때찌를 가르치면 아이가 이를 모방하게 되어 부모님이 속상해 하는 경우도 있다.

이처럼 세대 간의 충돌은 서로의 입장을 이해하고 대화를 통해 해결해야 한다. 중요한 것은 각자의 가치관과 입장을 존중하면서도 아이의 건강한 성장과 발달을 위한 공동의 목표에 집중하는 것이다. 아이에게 미치는 모든 결정과 행동에서 균형을 찾는 것이 필요하며, 이를 위해 가족 구성원 간에는 지속적인 소통과 협력이 필수적이다.

솔직하고 개방적인 대화를 시도하거나 양육 정보를 공유하는 것도 좋은 방법이다. 필요하다면 소아과 의사나 육아 전문가의 의견을 인용해 설명하는 것도 도움이 될 수 있다. 아이를 생각하고 사랑하는 마음은 모두 같기에 감사의 표현과 함께 협력적인 방법을 제안해 조화를 이루는 것이 좋다. 아이의 양육에 도움을 주기 위해서는 혼자 속으로 앓지 말고, 현명한 대화의 시간을 가지고 용기를 내는 것이 중요하다.

따뜻한 대화와 소통을 통해 가족 간의 유대를 더욱 강화하고, 아이에게 긍정적인 모델이 되어 주도록 노력해야 한다. 이러한 노력은 결국 아이가 사랑받고 있다는 것을 느끼게 하고, 건강하게 성장하는 데 큰 도움이 된다. 우리의 사랑과 이해가 아이의 미래를 밝히는 힘이 되기를 바라며, 나아가 더욱 행복한 가정을 만들어 가기를 기대한다.

진정한 육아, 자녀를 있는 그대로 받아들이기

육아의 핵심은 부모와 자녀 사이의 깊은 유대감과 상호 간의 이해를 바탕으로 자녀의 내면적 성장과 발달을 적극적으로 지원하는 데에 있다. 이는 육아 과정에서 마주치는 다양한 도전을 넘어 의미 있는 부모가 되는 경험을 심화시키는 접근 방식이다.

많은 부모들이 자신들의 충족되지 못한 욕구를 자녀에게 반영하거나, 사회적 기대나 주변의 시선에 맞추어 자녀를 변화시키려는 경향이 있다. 하지만 진정한 육아의 본질은 자녀를 있는 그대로 인정하고 받아들이는 데에 있다. 자녀는 단순한 '구성품'이 아닌 그 자체로 완전한 인격체이며, 각자 고유한 특성과 잠재력을 지닌 존재다.

이러한 인식은 부모가 자녀의 개성을 존중하고, 그들의 내면적 성장을 위한 견고한 기반을 마련해줄 때 더욱 의미 있는 관계를 형성할 수 있게 한다. 부모와 자녀 사이의 깊은 유대감과 이해는 자녀가 자신의 정체성을 발견하고 자신감을 키우며, 세상 속에서 자신만의 길을 걸어갈 수 있도록 하는 데 중요한 역할을 한다.

행복한 가정을 이루는 본질을 탐구할 때 가정 내에서의 조화롭고 따뜻한 관계 및 개인의 성장을 촉진하는 다양한 긍정적인 요소와 접근 방식이 그 핵심을 이룬다. 행복한 가정의 기초를 이루는 주요 원칙들을 아래에 정리한다. 이 원칙들은 가정 내에서의 따뜻한 관계와 각 개인의 발전을 촉진하는 데 필수적인 요소들이다.

긍정적인 소통과 경청의 실천

행복한 가정을 위해 가족 구성원들은 긍정적인 소통과 경청의 중요성을 인식하고 적극적으로 실천해야 한다. 이를 위해 대화할 때 서로의 눈을 바라보고, 판단하지 않으며, 열린 마음을 가지는 것이 중요하다. 대화 중에는 서로에게 충분한 시간을 주어 말을 완성할 수 있도록 하고, 감정이 고조되었을 때는 대화를 잠시 멈추고 진정시킬 필요가 있다. 이러한 노력을 통해 가족은 더욱 깊이 있는 관계를 형성하고, 함께 성장하며 행복을 추구할 수 있다.

유연성과 적응성 발휘

아이들은 빠르게 변화하고 성장하며, 가정생활은 예상치 못한 변화와 도전으로 가득하다. 유연하고 적응력 있게 대처하는 능력은 가족이 어려움을 함께 극복하고 성장하는 데 도움을 준다.

직관적 양육

부모는 자녀를 양육하면서 자신의 직관과 내면의 목소리를 신뢰해야 한다. 모든 자녀는 독특하며 양육 방식도 그에 맞추어야 한다. 직관적 양육은 자녀의 개별적인 필요와 잠재력을 이해하는 데 중요하다.

관계 중심의 접근

가정 내에서 건강한 관계를 유지하는 것은 행복의 핵심이다. 서로에 대한 사랑과 지지를 표현하고, 갈등 상황에서도 관계를 우선시하는 태도가 중요하다.

자녀의 독립성 존중

자녀가 스스로 학습하고 경험하며, 결정을 내리고 독립적인 사고를 할 수 있도록 격려하는 것은 자립심을 길러준다. 자녀의 독립성을 존중하는 것은 자신감과 책임감을 발달시키는 데 기여한다.

자기 인식과 자기 관리 강화

개인의 정서적 건강은 가정의 행복에 직접적인 영향을 미친다. 자기 인식을 통해 자신의 감정과 행동을 이해하고, 스트레스 관리와 긍정적인 자기 대화를 통해 정서적 안정을 유지하는 것이 중요하다. 이는 가치관 충돌을 해결하는 과정에서도 긍정적인 영향을 미칠 수 있다.

이러한 원칙들은 행복한 가정을 만드는 데 있어 중심적인 역할을 하며, 각 가정이 이를 실천함으로써 더욱 조화롭고 긍정적인 가정생활을 이룰 수 있다.

본질 키움은 아이가 단순히 성공적인 삶을 살기 위한 기술을 넘어, 아이 자신의 본질적 가치를 인식하고 삶의 다양한 도전에 대응하는데 강한 내적 힘을 갖출 수 있게 한다. 사회적 관계를 형성하고 유지하는데 필요한 감정 지능과 공감 능력을 개발하는 데도 중요할 역할을 한다.

말의 마법, 아이에게 전하는 사랑의 언어

AI 시대의 소통, 우리 아이는 어떻게 연결되고 있을까?

"예쁜 것만 보고, 예쁜 것만 먹고, 좋은 노래만 들으며…" 우리가 애쓰는 태교의 지혜는 아름다운 세상을 아이에게 선물하는 첫걸음이다. 일상 속에서도 사랑스러운 태담, 부드러운 말투, 감미로운 음악 그리고 아름다운 풍경을 아이와 함께 나누는 것, 이 모든 것이 아이의 마음과 영혼을 키운다.

태교는 뱃속 아이에게만 해당하는 것이 아니다. 아이가 세상에 태어난 후에도 우리의 말과 행동, 눈빛 하나까지도 아이에게 사랑과 아름다움을 전달하는 중요한 수단이 된다. 아기들은 태어나면서부터 부모의 품과 목소리, 주변 환경의 분위기를 통해 사랑을 느낀다.

아기들의 세계는 작은 발견과 경험으로 가득 차 있다. 그들이 세상을 탐험하고 배우는 과정에서 부모의 격려와 칭찬은 성장에 매우 중요한 역할을 한다. "우와! 잘했어! 멋져!"와 같은 단순한 말 한마디와 박수 소리는 아기들에게 큰 힘이 된다. 이러한 긍정적인 반응을 통해 자신이 하는 일에 대한 인정을 느끼고, 더욱 열정적으로 새로운 도전을 시도하게 된다.

주변 환경, 특히 놀이터 같은 공간에서 아이들은 다양한 상황을 마주하며 사회성과 감정을 배운다. "친구가 계단 먼저 올라가라고 기다려주네? 친구야, 기다려줘서 고마워~", "친구가 사탕을 나눠주네~ 그럴 땐 어떻게 표현하지? 나눠줘서 고마워~ 하는 거야"와 같은 부모의 세심한 지도는 아이들에게 안전의 중요성과 협동의 가치를 깨우쳐 준다. 이러한 경험은 아이들이 타인과의 관계에서 배려와 협력의 중요성을 이해하게 만든다.

부모의 사랑과 세심한 배려는 평상시 아이들의 말투와 행동에서도 드러난다. 어려웠던 숙제를 도와준 엄마에게 "고마워요, 엄마가 도와줘서 숙제가 더 쉬워졌어요!"라고 감사의 마음을 표현하는 아이, 그림을 그리고 있는 친구에게 "우와, 정말 멋진 그림이야! 네가 그린 거야?"라며 친구의 노력을 인정하고 격려하는 아이는 부모로부터 받은 사랑과 배려를 주변 사람들에게도 전달하는 것이다.

아이들의 하루하루는 부모와의 상호작용을 통해 사랑을 배우고 이를 타인에게 나누는 과정이다. 부모의 칭찬과 격려는 아이들이 자신감을 가지고 세상을 긍정적으로 바라보며, 다른 이들과 건강한 관계를 형성하는 데 중요한 기반이 된다. 부모의 사랑과 세심한 배려는 아이들이 성장하는 과정에서 무엇보다 중요한 역할을 담당한다.

아이들의 이야기를 귀 기울여 듣는 것, 즉 경청하는 태도 또한 매우 중요하다. 내가 아이가 말하는 것에 진심으로 관심을 가지고 듣고 있을 때 아이는 자신이 소중하게 여겨진다고 느낀다. 아이의 자신감과 자존감이 자라나게 된다. 말과 경청은 서로를 보완하며, 동시에 아이의 정서 발달과 사회성 형성에 있어 기본이 된다.

　아름다운 말과 경청의 힘은 무한하다. 우리의 말 한마디와 귀 기울이는 자세 하나하나가 아이에게 큰 사랑과 격려가 된다. 아이가 성장하면서 올바른 인성을 갖추는 데 결정적인 역할을 한다. 우리가 아이에게 보여주는 모든 것이 아이의 마음속에 씨앗이 되어 자라난다. 따라서 우리는 항상 예쁜 말과 행동, 그리고 따뜻한 경청으로 아이의 내일을 함께 가꾸어줄 수 있다.

　아이들이 생각과 감정을 잘 표현할 수 있도록 돕는 방법에는 여러 가지가 있다. 그중 하나가 '스피치 교육'으로, 이를 통해 아이들은 자신의 목소리를 찾고 생각을 명확하게 전달하는 능력을 키울 수 있다. 아이들에게 생각과 감정을 효과적으로 표현할 수 있도록 돕는 스피치 교육 방법은 매우 중요하다. 많은 부모님들이 '말을 따로 어떻게 배워?' 혹은 '스피치를 배워야 해?'라고 생각할 수 있다. 하지만 스피치 교육은 아이의 자신감과 표현력을 크게 향상시킬 수 있다. 특히 자신감이 부족한 아이, 생각 정리나 표현에 어려움을 느끼는 아이, 경청이 잘 되지 않는 아이에게 큰 도움이 된다.

　스피치 교육에서는 기본적인 의사소통 기술을 배울 수 있다. 아이들이 자신감을 가지고 말할 수 있도록 다양한 연습을 한다. 발음, 억양, 속도 등을 통해 말하기 기술을 향상시키고, 아이들이 관심 있는 주제를 선택해 자연스럽게 표현하는 기회를 제공한다.

　아이들은 상대방의 반응을 이해하고 대화를 조절하는 방법을 배우며, 이야기 만들기와 역할극, 시 낭송 등을 통해 창의성을 키우고 다양한 표현 방식을 익힌다. 긍정적인 피드백과 건설적인 비판을 통해 아이들이 지속적으로 발전할 수 있도록 돕는 역할도 중요하다.

이러한 과정을 통해 아이들은 자신감을 가지고 의사소통할 수 있는 능력을 키우게 된다. AI 시대, 책을 조금씩 멀리하고 다양한 기기들을 접하는 시대에 우리 아이는 어떤 소통을 하고 있는지 한 번 생각해 보아야 한다.

부모는 아이의 첫 번째 스승

아이들은 주변 세계를 모방함으로써 배운다. 아이들의 모방 능력은 놀라울 정도로 뛰어나며, 부모의 행동을 보고 배우는 것은 이러한 학습 과정의 핵심 부분이다.

"우리 아이는 원래 말이 많이 없어요. 단답만 해요."

"손에 묻으면 계속 닦아 줬더니 애가 손에 뭐 묻는 걸 못 참아요. 예민해."

"얘는 내가 해줄 때까지 하지 않아요."

아이들의 성향 중 일부는 선천적인 것일 수 있지만, 부모의 영향이 크다. 아이가 새로운 것을 만져보도록 격려하는 부모, 아이가 스스로 탐색하는 시간을 기다려주는 부모, 경청해 주는 부모, 이야기를 먼저 하는 부모, 힘든 상황을 피하는 부모, 과묵한 부모, 아이가 무언가에 닿을 때마다 계속해서 닦아주는 부모 등 여러 상황이 아이의 후천적 성향을 형성한다. 부모는 아이의 첫 번째 스승이다. 나는 어떤 부모인가?

아이들의 세계는 성인과 달리 자신만의 독특한 시각과 이해로 가득

차 있다. 이러한 이유로 아이들과 소통할 때는 그들의 눈높이에 맞춰주는 것이 필수적이다. 아이들이 생각과 감정을 표현하는 데에는 더 많은 시간과 이해가 필요할 수 있다. 인내심을 가지고 듣는 것은 아이들이 자신감을 가지고 자신의 의견을 표현하도록 도와준다.

아이들에게 "숙제했니?", "재밌었니?"와 같은 닫힌 질문보다는 "숙제할 때 어떤 도움이 필요해?", "오늘은 어떤 부분이 가장 즐거웠는지 말해줄래?"와 같은 개방형 질문을 해주는 것이 좋다. 개방형 질문을 활용하는 것은 아이들이 생각을 자유롭고 깊이 있게 표현할 수 있도록 격려하는 데 매우 중요하다. 이러한 질문은 아이들에게 자신의 경험을 성찰하고, 생각과 감정을 풍부하게 나누도록 유도한다.

대화 중에 가벼운 스킨십이나 몸짓을 통해 아이들의 관심을 끌어내는 것은 그들이 더욱 안정감을 느끼고 대화에 집중하게 만든다. 가장 핵심적인 요소는 바로 그들의 이야기에 귀 기울이고 진정으로 공감해 주는 것이다. 아이가 생각과 감정을 나눌 때 진심으로 이해하려는 주변의 노력은 큰 의미를 준다. 아이와의 신뢰 관계를 더욱 굳건히 하며, 아이가 자신의 감정을 자유롭게 표현하는 데 큰 도움이 된다.

아이의 세계를 이해하고 그것에 깊이 공감하는 것은 아이의 성장과 발달에 매우 중요한 부분이다. 이 모든 것은 아이들이 주변 환경에서 배우고 모방함으로써 성장한다는 사실을 강조한다. 부모의 행동은 아이들에게 중요한 학습 자료가 되며, 이를 통해 아이들은 자신만의 세계를 이해하고 탐색하는 방법을 배운다. 부모는 아이들이 긍정적인 모델을 볼 수 있도록 주의 깊게 행동하는 것이 필요하다.

삶을 변화시키는 세 가지 가치

나는 아이라는 존재를 만나며 새로운 세상의 문을 열었다. 무엇보다 중요한 것은 누군가를 무조건 지키고 싶은 마음이 생겼다는 사실이다. 그것은 다름 아닌 나의 소중한 아이다. 이 작은 존재에게 전하고 싶은 가장 중요한 가치가 있으니 바로 '사랑, 배려, 감사'이다. 이 세 가지 단어는 삶을 더욱 아름답고 가치 있게 만드는 힘을 지니고 있다.

사랑은 가족이나 친구처럼 정말로 좋아하고 소중히 여기는 사람들에게 느끼는 깊은 감정이다. 우리가 누군가를 진심으로 사랑할 때 그 사람의 행복이 곧 우리의 행복이 되는 마법 같은 경험을 하게 된다. 사랑은 받는 것뿐만 아니라 줄 줄 아는 것에서도 의미를 찾는다. 나는 아이에게 무한한 사랑을 줄 것이다.

배려는 살아가면서 다른 사람과의 관계에서 필수적인 것이다. 다른 사람의 감정을 이해하고, 그들의 입장에서 생각하는 능력은 우리가 함께 사는 세상을 더욱 풍요롭게 만든다. 내가 아이에게 배려의 중요성을 가르치고 싶은 이유는 배려의 씨앗이 아이와 함께 자라 더 많은 사람들을 이해하고 돌보는 인격체로 성장하길 바라기 때문이다.

마지막으로, 감사는 우리 삶을 진정으로 풍요롭게 만드는 가치이다. 일상 속 작은 것들에 대한 감사는 우리의 시각을 바꿔 놓는다. 아이와의 만남, 아이의 존재 자체, 그리고 우리가 함께하는 모든 순간들에 대한 감사는 우리의 삶을 더욱 의미 있게 만든다.

아이가 이 세 가지 가치를 소중히 여기고 실천하며 살아간다면 그의 삶은 긍정과 행복으로 가득 찰 것이다. 어떠한 순간에도 아이에 대한 나의 사랑, 배려, 감사의 마음은 변함없이 지속될 것이다. 나는 아이에게 이 가치들을 전달하며, 아이가 성장하는 모든 과정에서 가장 큰 지지자이자 안내자가 될 것이다.

"세상은 때때로 너에게 도전을 던질 것이고, 어려움과 시련이 너를 시험할 때도 있을 거야. 때로는 네가 길을 잃었다고 느낄 수도 있어. 하지만 어떤 상황에서도 너는 혼자가 아니야. 엄마는 언제나 네 편이고, 너의 가장 큰 지지자라는 사실을 잊지 말아줘. 아이야, 엄마는 항상 너의 편에 서 있을게."

이와 같은 마음가짐은 내가 어른들을 상대로 강의를 할 때 항상 마지막에 전하고 싶은 메시지이기도 하다. 부모님들이 아이들에게 이 세 가지 가치를 실천하며 가장 큰 지지자가 되어주길 바라는 것이다. 함께 사랑하고, 배려하며, 감사하는 삶을 살아가길 기원한다. 이러한 마음가짐이 우리에게 큰 힘이 되기를 바라며, 사랑과 배려가 넘치는 세상을 만들어 나가길 소망한다.

실수는 성장의 기회, 다시 일어서면 돼

자신감을 키우는 부모, 아이의 도전을 응원하자

"내가 혼자 옷 입어볼래! 단추 잠가볼래!"

"내가 컵에 물 따라볼래!"

"아직은 못해, 엄마가 해줄게."

"그래, 한번 스스로 해봐. 어려운 건 도와줄게."

아이의 독립심과 자립심은 생후 초기부터 점진적으로 기초를 다지기 시작한다. 이러한 발달 과정은 아이가 성장함에 따라 천천히 그러나 확실히 이루어진다. 그 과정에서 부모나 보호자의 지지와 격려는 아이가 자신의 능력을 믿고 자율의 첫걸음을 내딛는 데 매우 중요한 역할을 한다.

생후 6개월에서 1년 사이, 아이들은 스스로 손을 뻗어 장난감을 탐색하고, 잡고, 흔들며 자신의 독립적인 행동을 처음으로 시도한다. 이는 자율과 독립의 첫걸음이며, 아이의 성장 과정에서 중요한 이정표가 된다. 이후 아이들은 걷기, 스스로 음식 먹기, 단어 사용하기, 스스로 옷 입기, 정리 정돈하기 등 더 많은 독립적인 활동을 시작하게 된다. 이러한 활동들은 아이의 독립적인 사고, 행동 발달, 학습 능력, 책임감을 단계적으로 강화하는 데 도움을 준다.

이 시기에 부모의 역할은 아이가 스스로 하는 기회를 제공하고, 그들의 시도와 도전을 인정해 주며 성취감을 경험하도록 격려하는 것이다. 이는 아이에게 자신감을 심어주고, 자신의 능력과 자율성을 발전시키는 데 중요하다. 부모와 보호자는 아이의 자립을 위한 여정에서 항상 지지하고 격려해야 한다. 아이가 스스로 할 수 있는 것을 조금씩 확장해가며 그 과정에서 겪는 시행착오를 통해 배우고 성장하도록 도와주는 것이 중요하다.

이러한 지원을 통해 아이는 자신감을 가지고 자율적으로 행동하는 능력을 키우며 독립적인 인격체로 성장할 수 있다. 아이의 자립심과 독립심을 발달시키는 것은 그들이 자신의 삶을 주도적으로 이끌어가는 데 필수적인 기초를 마련해 준다.

나는 아이가 이러한 과정을 통해 성장하는 모습을 보며 큰 기쁨을 느낀다. 매일매일 작은 성공을 경험하며 자라나는 아이를 지켜보는 것은 큰 행복과 보람이 된다. 아이가 스스로 할 수 있는 일들을 늘려가며 자신감을 얻고, 새로운 도전들을 두려워하지 않도록 격려하는 것이 내 역할임을 잘 알고 있다. 이러한 경험이 아이의 삶에 긍정적인 영향을 미치기를 바라며, 나는 앞으로도 아이의 자립과 독립을 지지하는 부모로서 최선을 다할 것이다.

함께 나누는 자율성, 함께 배우는 사회성

"친구가 슬퍼 보였을 때 어떻게 해줬어?"

"오늘은 친구들과 어떤 놀이를 했니?"

"어떤 일을 혼자서 해낼 때 가장 기분이 좋아?"

"친구가 기뻐할 때 너도 기분이 좋아져?"

아이들이 성장하면서 자신과 주변 사람들과 어떻게 소통하고 관계를 맺어야 하는지를 배우는 것은 정말 중요하다. 상호작용을 통해 아이들은 차례를 기다리는 법부터 시작해 몸짓과 말을 사용하는 방법까지 사회에서 필요한 기본적인 기술들을 습득하게 된다. 다른 사람들과 어울리며 어떻게 잘 지낼 수 있는지, 사회적 규칙과 규범을 자신의 행동에 어떻게 적용할 수 있는지를 배운다. 이 과정에서 아이들은 자신의 의견을 어떻게 표현하고, 타인의 생각을 존중하며, 결정을 내리는 방법을 배우게 된다. 이러한 경험들은 아이들이 스스로 생각하고 결정할 수 있는 능력, 즉 자율성을 키우는 데 큰 도움이 된다.

아이들이 다양한 사람들과의 상호작용을 통해 여러 관점과 아이디어를 접하게 되면 자신들만의 독립적인 사고를 발달시킬 수 있다. 그와 함께 긍정적인 상호작용은 아이들이 자신의 능력을 인식하고 자신감을 갖는 데 도움을 준다. 감정을 표현하고 이해하는 것도 상호작용을 통해 배울 수 있다. 자신의 감정을 어떻게 표현할지, 다른 사람의 감정은 어떻게 인식하고 이해할지를 배우며 타인의 감정에 공감하는 능력도 키워나간다. 이는 사회적 관계에서 서로를 이해하고 지지하는 데 큰 역할을 한다. 게다가 때때로 발생하는 갈등 상황에서 아이들은 상호작용을 통해 타인의 관점을 이해하고, 문제를 해결하기 위해 협상하고 타협하는 방법을 배운다.

결론적으로, 아이들이 다른 사람들과 어떻게 소통하고 관계를 맺는지를 배우는 것은 그들의 사회성 발달, 자율성, 감정 이해 및 공감 능력을 키우는 데 매우 중요하다. 이런 상호작용을 통해 아이들은 사회적 환경 속에서 자신과 타인을 더 잘 이해하고, 건강한 대인 관계를 형성하게 된다.

하브루타 교육 방식

하브루타 교육 방식은 유대교 전통에서 유래한 질문과 대화를 중심으로 한 학습 방법이다. 이 방식은 아이가 스스로 생각하고 결정하는 과정에서 자율적으로 학습하는 데 중요한 역할을 한다. 질문과 대화를 통해 아이들은 자신의 생각을 명확히 표현하고, 다른 사람의 관점을 이해하며, 상호 존중하는 태도를 배울 수 있는 기반을 마련한다. 이러한 접근법은 아이들이 자율적 학습자로 성장하는 데 필수적인 요소이다.

하브루타 교육에서 질문과 대화는 아이가 주도적으로 학습에 참여하도록 격려하는 중심 역할을 한다. 아이는 자신의 학습 과정을 스스로 설계하고, 자신만의 학습 목표를 설정할 수 있다. 이러한 자율적 학습 환경은 학습자가 자기 주도적 학습 능력을 발달시키는 데 도움을 주며, 이는 평생 학습자로 성장하는 기초가 된다.

대화 과정은 서로의 의견을 경청하고 존중하는 태도를 배우는 중요한 부분이다. 이 과정을 통해 학습자는 다른 사람의 관점을 이해하고, 상호 존중하는 문화를 형성하는 데 기여한다. 이는 협력적 학습 환경을 조성하고 사회적 기술을 발달시키는 기반이 된다. 예를 들어, 친구와 함께 책을 읽거나 어떤 문제에 대해 이야기를 나눌 때 서로 질문을 주고받는 과정을 생각해 보자. "너는 이 부분을 어떻게 생각해?"라고 물으면서 시작할 수 있다. 친구가 답하면, 그것을 바탕으로 다시 생각하고 "이게 왜 중요하다고 생각해?"와 같은 또 다른 질문을 할 수 있다. 이러한 상호작용은 생각을 깊게 하고, 다양한 관점을 이해하며, 서로를 존중하는 학습 환경을 조성한다.

하브루타 교육은 학습자들에게 단순히 지식을 전달하는 것 이상을 목표로 한다. 그것은 아이들이 스스로 생각하고, 의사소통하며, 협력하는 능력을 개발하도록 돕는다. 이러한 방식을 통해 아이들은 자신의 학습 과정을 주도하며, 평생 학습의 여정에 필요한 중요한 기술을 습득하게 된다. 나는 이러한 교육 방식을 통해 아이들이 더욱 자율적이고 자신감 있는 학습자로 성장해 나가기를 진심으로 바란다.

아이의 성장, 다양한 경험의 힘

아이의 성장 과정에서 다양한 경험은 그들의 발달에 필수적이다. 나는 아이가 6개월 때부터 문화센터의 촉감놀이 활동에 참여했다. 신나는 음악과 다양한 촉감놀이를 통해 아이는 여러 물질을 만지며 세상을 경험했으며, 이는 감각 발달에 큰 도움이 되었다.

8개월 차에는 '창의놀이 두뇌교실'이라는 새로운 강좌에 참여했다. 이 강좌는 이름에서부터 아이의 두뇌 발달에 초점을 맞춘 것임을 알 수 있었고, 부모들에게 큰 기대감을 불러일으켰다. 첫 수업에서 경험한 분위기는 이전의 활동과는 많이 달랐다. 신나는 음악과 율동 대신 조용하고 집중력을 요구하는 환경에서 교구를 통한 학습이 이루어졌는데 아이들의 집중력을 해치지 않기 위해 카메라 효과음조차 금지되었다. '아직 어린데 잘 적응할 수 있을까?'라는 의문이 들었지만, 생각과 달리 환경 변화에도 불구하고 아이가 수업에 적극적으로 참여하는 모습에 놀랐다.

선생님과의 상호작용과 엄마가 전달하는 지식을 통해 아이는 물건을 담고 빼기, 그림카드 보기, 물건 움직임 보기 등의 활동에 집중하며 열심히 참여하고 있었다. 이는 아이가 주변 환경에 대한 호기심을 가지고 있으며, 새로운 학습 방식에도 유연하게 적응할 수 있음을 보여주었다.

물론 아이가 생각처럼 잘되지 않거나 어려움을 겪으며 실패하고 실수할 때 힘들어하기도 했다. 하지만 나는 아이가 집중력을 잃을 때마다 차분한 목소리로 격려의 말을 건넸다. "아가, 실수해도 괜찮아. 다시 해보자." 아이는 이 말을 알아들었는지 작은 손으로 계속해서 도전하는 모습을 보였다. 칭찬과 격려 속에서 아이는 성취감을 느끼며 배운 것을 습득해갔다.

이 경험은 나에게 아이의 학습 능력과 적응력에 대한 새로운 시각을 제공해주었다. 초기에는 어떻게 아이와 신나고 즐겁게 놀아줄지, 어떤 활동이 아이의 에너지를 빼낼 수 있을지에 집중했다. 하지만 이제는 아이와 신나고 방방 뛰는 즐거운 놀이도 필요하지만, 책을 읽고 함께 생각을 나누며 질문을 던지는 일상 속 상호작용에 더 중점을 두게 되었다.

이러한 변화는 아이의 사고력과 감정 표현 능력을 키우는 데 큰 도움이 된다. 앞으로도 아이와의 소통을 통해 함께 성장하고 서로의 감정을 이해하는 시간을 지속적으로 만들어 나가고 싶다. 이렇게 함으로써 아이가 더욱 풍부한 경험을 쌓고 건강한 관계를 형성할 수 있도록 도와주고자 한다. 이것은 아이에게 다양한 학습 환경에 대한 경험을 통해 성장의 기회를 제공한다. 아이의 두뇌 발달을 위한 수업은 단순히 지식을 전달하는 것이 아니라, 아이가 자신의 환경을 탐색하고 이해하는 과정을 도와준다. 그것은 아이의 창의력과 문제 해결 능력을 발달시키는 데 중요한 역할을 한다.

놀이 시간에는 아이들의 다양한 반응을 보게 된다. 어떤 아이는 마음대로 되지 않으면 쉽게 포기하고, 다른 아이는 실수를 긍정적으로 받아들이며 해낼 때까지 끈질기게 시도한다. 선생님에게 눈치 보며 정답을 구하는 아이도 있다. 이처럼 아이들은 각기 다른 방식으로 경험을 받아들이고 성장해 나간다. 이러한 과정을 통해 나는 아이들이 실수와 실패를 통해 배우는 것이 얼마나 중요한지를 깨닫게 되었다.

실수는 성장의 한 부분이며, 실패 역시도 새로운 배움의 기회임을 아이들에게 알려주는 것이 부모의 역할이다. 아이와 함께 다양한 경험을 나누며, 그들이 스스로의 속도로 성장할 수 있도록 지지하고 격려하는 것이 중요하다는 것을 잊지 말아야겠다. 아이가 자신감을 가지고 도전을 이어갈 수 있도록 돕는 것이 우리가 함께 나아가야 할 길이다.

아이의 숨겨진 빛, 마음 씨앗을 키우다

기질에 따른 맞춤형 육아법, 당신도 할 수 있다

"첫째는 조용하고 조심성이 많고 집중력이 뛰어나요.", "둘째는 외향적이고 호기심이 많은 아이예요.", "셋째는 감성이 풍부하고 적응력이 빠른 것 같아요.", "같은 뱃속에서 태어났지만 어쩜 이렇게 성향이 다를까요?"라는 말을 하는 부모님들이 많다. 우리 집도 마찬가지다. 나는 삼 남매 중 둘째로 태어났고, 언니와 나, 남동생은 각기 다른 성향을 가지고 있다. 내향적인 언니, 외향적인 나, 그리고 그 중간쯤인 동생은 생활 패턴이나 외부에서 오는 자극에 대한 반응도 각기 다르다.

이러한 차이는 바로 각자의 기질이 다르기 때문이다. 기질은 선천적으로 타고나는 성향으로, 환경과 상호작용하며 성격과 행동 패턴을 형성한다. 따라서 아이의 기질을 이해하고 존중하는 것은 효과적인 육아 방법 중 하나이다. 기질을 이해하면 아이에게 맞는 양육 방법을 찾아줄 수 있고, 아이들이 더 건강하고 행복하게 성장하는 데 큰 도움이 된다.

주변의 아이들을 보면 다양한 기질의 아이들을 볼 수 있다. 내성적인 아이, 활발한 아이, 감정이 격한 아이, 완벽을 추구하는 아이 등 여러 기질의 아이들이 있다. 일례로, 주변에 새로운 경험이나 변화에 극도의 불안을 느끼는 아이가 있었다. 부모는 처음에는 아이가 너무 예민하다고 생각하고 강요하듯 노출을 시켰다. 그럴 때마다 아이는 새로운 환경에 노출되는 것을 힘들어했다. 그런 모습을 보는 아이의 부모도 힘든 것은 마찬가지였다. 하지만 아이와의 소통을 통해 조금씩 존중하고 이해하며, 새로운 환경에 대해 충분한 설명과 함께 작은 변화부터 시작해 연습하게 되었다. 그러자 아이는 점차 불안감을 극복하고 새로운 환경에 조금씩 적응하는 모습을 보였다.

또 다른 사례로는, 항상 완벽한 결과를 내지 못하면 토라지거나 지나치게 스트레스를 받아 소리를 지르고 울부짖는 아이가 있었다. 붙이기를 할 때 조금이라도 목표에서 종이가 벗어나는 것을 용납하지 못했다. 부모님은 아이에게 실패도 경험이고 과정의 중요성을 강조해 주었다. 어떤 목표를 설정하면 그 결과에 대해 보는 것보다 과정에 대한 칭찬과 이야기를 더 많이 해주고, 결과도 만족스럽게 달성할 수 있도록 지지해주면서 아이는 조금씩 긍정적으로 변해갔다.

기질의 정의와 주요 특성

그렇다면 기질이란 무엇일까? 기질은 개인이 타고나는 성향이나 기본적인 정서적 반응을 의미한다. 이는 일상 활동에서의 에너지 수준과 활동량 차이를 나타내는 활동 수준, 일상생활의 생활 패턴을 보여주는 규칙성, 새로운 자극이나 환경 변화에 나타나는 초기 반응 등을 포함한다.

새로운 환경의 변화에 적응하는 적응성, 슬픔과 기쁨 등 감정을 표현하는 정서적 반응성, 한 가지 활동에 몰입하고 집중하는 상황이 어려움에도 불구하고 계속하는 의지를 보여주는 주의 집중력과 지속성, 외부 자극에 대한 민감도를 알 수 있는 감각 감수성, 외부 자극에 의해 쉽게 산만해짐을 알 수 있는 자극 회피, 기분의 변화가 얼마나 일정한지에 대한 반응의 일관성 등이 기질의 주요 특성으로 볼 수 있다.

기질과 성격 발달

기질은 개인의 성격 발달과 사회적 적응에 큰 영향을 미친다. 이러한 기질을 파악해 아이들의 잠재력을 키워주는 것이 중요하다. 활동적인 기질의 아이들은 정기적인 신체 활동과 야외 활동으로 에너지를 발산할 기회를 제공하고, 학습 활동에도 움직임을 결합해 즐길 수 있도록 하는 방법이 효과적이다. 반면, 조심스러운 기질의 아이들은 새로운 환경이나 사람들을 만날 때 충분한 시간을 주고, 안정적이고 새로운 활동이나 주제를 도입할 때는 조금씩 적응할 수 있도록 지지해 줘야 한다.

기질을 이해하고 존중하기

아이들의 특성을 이해하고 존중하는 것은 그들이 성장하고 발달하며 잠재력을 깨워주는 데 필수적이다. 모든 아이가 같을 수는 없다. 따라서 우리 아이가 어떤 기질과 성향을 나타내는지 한 번 생각해 보는 것이 중요하다. 아이에게 맞는 사랑과 지지를 제공해 무한한 잠재력의 꽃을 피울 수 있도록 도와줘야 한다.

기질 파악의 중요성

기질을 파악하는 것은 아이들의 성장을 돕는 데 중요한 역할을 한다.

활동적인 아이와 조심스러운 아이가 모두 각자의 방식으로 세상을 탐험하고 배우게 되며, 부모와 교육자는 이러한 기질을 존중하고 지원하는 방법을 찾아야 한다. 기질은 단순히 아이의 현재 행동 패턴을 이해하는 것을 넘어, 그들의 미래 성격과 사회적 적응에도 깊은 영향을 미치기 때문이다.

아이의 잠재력을 꽃피우기 위한 노력

기질을 파악하는 것도 중요하지만, 부모나 교육자는 관찰자로서 이를 바탕으로 아이의 잠재력을 최대한 발휘할 수 있는 환경과 기회를 제공해야 한다. 활동적인 아이에게는 충분한 움직임의 기회를, 조심스러운 아이에게는 안정적인 환경과 적응할 시간을 주는 등 맞춤형 접근이 필요하다. 이러한 노력이 아이의 무한한 가능성을 열어주고, 건강한 성장을 이끌어 낸다.

아이의 기질을 이해하고 존중하는 것은 그들이 건강하게 성장할 수 있는 기초를 마련해 준다. 각자의 특성에 맞는 사랑과 지지를 통해 자신의 잠재력을 꽃피울 수 있도록 돕는 것이 부모의 역할이다. 앞으로도 아이와 함께 다양한 경험을 나누며, 그들이 자신감을 가지고 세상을 탐험하도록 지원할 것이다.

어려움을 이겨내는 힘의 비밀, 회복 탄력성

"오구오구~ 잘한다! 잘한다!"

우리 아기들이 태어나서 처음 뒤집고, 기어가고, 걸을 때를 생각해 보면 무한한 격려와 응원 속에서 아기들은 실패를 경험하면서도 성취를 맞보는 순간들을 겪었을 것이다. 부모의 사랑으로 아이들은 도전에 대한 두려움을 이겨내고, 한 발자국씩 성장하며 나아갔다.

사람들은 트라우마나 실패, 어려움, 부정적 상황에 부딪혔을 때 이를 딛고 회복하고 다시 일어설 수 있는 능력을 지니고 있다. 이를 '회복 탄력성'이라고 한다. 개인마다 선천적으로 타고난 회복 탄력성의 능력치는 다르겠지만, 후천적으로도 발달시킬 수 있다.

회복 탄력성이 뛰어난 사람들은 자기 자신을 깊이 이해하고, 이를 바탕으로 강한 자신감과 긍정적인 자아상을 유지한다. 자신의 강점을 활용해 어려움을 극복하고, 약점을 인정하며 이를 개선하기 위한 노력을 아끼지 않는다. 이러한 자기 인식은 자신에 대한 긍정적인 이미지를 유지하는 데 중요한 역할을 하며, 자신감을 높이는 선순환 구조를 만든다.

회복 탄력성이 좋은 사람들은 변화하는 상황에 유연하게 적응하는 능력이 뛰어나다. 이들은 예기치 못한 상황이나 도전 앞에서도 쉽게 좌절하지 않고, 오히려 그러한 상황을 기회로 삼아 새로운 해결책을 모색하는 태도를 보인다. 이러한 유연성은 어려운 상황을 헤쳐 나가는 데 있어 중요한 요소로 작용한다. 그들은 감정 조절 능력이 뛰어나며 긍정적인 감정을 유지하는 방법을 잘 알고 있다. 스트레스나 부정적인 감정이 생겼을 때 효과적으로 관리하고 조절하는 것은 회복 탄력성을 높이는 데 중요한 역할을 한다. 이를 통해 어려움 속에서도 긍정적인 마음가짐을 유지할 수 있다.

목표를 세우고 이를 달성하기 위해 노력하는 태도 역시 회복 탄력성에 중요하다. 목표 지향적인 사람들은 어려움에 직면했을 때 그것을 극복하기 위한 동기부여가 되며, 이를 통해 더 빠르게 회복하고 성장하는 계기로 삼는다. 목표를 향해 나아가는 과정에서 겪는 실패나 어려움은 교훈으로 받아들이고, 이를 통해 더 강해지는 기회로 활용한다.

아이들의 회복 탄력성을 길러주기 위해서는 다음과 같은 방법들이 있다.

① 아이들이 자신의 능력을 믿고 자신감을 가질 수 있도록 격려하며, 작은 성공 경험을 통해 스스로 어려운 상황을 극복할 수 있다는 믿음을 줘서 자기 효능감을 키운다.

② 아이들이 직면한 문제를 스스로 해결할 수 있도록 격려하고, 필요한 경우에는 도움을 줘서 문제 해결 과정을 함께하며 문제 해결 능력을 강화시킨다.

③ 아이들이 자신의 감정을 자유롭게 표현하도록 격려하고, 그에 대한 감정을 이해하고 받아들이는 모습을 보여준다. 이는 아이들이 스트레스와 부정적인 감정을 처리하는 방법을 배우는 데 도움이 된다.

④ 어른들이 롤 모델이 되어 어려움을 극복하는 모습을 보여주고, 긍정적이고 탄력적인 태도를 유지한다. 아이들은 이를 통해 어려움에 대처하는 방법을 배우고 모방한다.

⑤ 가족, 친구, 선생님과의 긍정적인 관계는 회복 탄력성을 강화하는 데 중요한 역할을 한다. 아이들에게 사랑과 지지를 제공하고, 어려움을 함께 극복할 수 있는 울타리를 구축한다.

회복 탄력성은 점진적으로 발달하는 특성을 지닌다. 아이들이 자신의 감정을 이해하고 문제를 해결해 나가며 어려움을 극복하는 과정에서 회복 탄력성을 키울 수 있도록 지속적인 지지와 격려가 필요하다. 자신감이 생기고 자존감이 오를 수 있도록 격려와 응원의 메시지도 필요하다. "오늘도 너의 가능성을 믿어, 넌 할 수 있어!"라는 긍정의 메시지로 하루를 시작하고, 실패하게 되면 "실패는 성장의 발판이야. 넌 지금보다 더 뛰어난 사람이 될 거야"라고 격려의 메시지를 전달하자.

작은 목표부터 세우고 성공하는 계기를 만들어보며 성취도 맛보고, 긍정적인 사람들과 함께하는 시간을 만들어 주면 아이는 자신에 대한 믿음을 키워가고, 따스한 격려의 햇살 아래에서 내면의 힘을 키울 것이다.

자연이 가르치는 삶의 교훈

어린 시절, 가족이 함께한 시원한 물소리가 들리는 계곡이나 별이 쏟아지는 바닷가 캠핑에서의 야외 활동은 내 마음속에 신나고 따뜻한 기억으로 남아 있다. 함께했던 모래 장난, 물놀이, 곤충 채집, 물고기 잡기, 연 날리기 등 즐거웠던 추억들이 문득문득 떠오르곤 한다.

자연은 정서적 안정감을 제공한다. 자연과 함께하는 놀이는 아이들에게 정신적, 사회적, 신체적으로 매우 유익하다. 푸르른 자연 속에서 스트레스를 줄이고 불안을 완화하며 안정감과 마음의 평화를 느낄 수 있다. 다양한 생물과 환경은 아이들의 관찰력과 호기심을 자극한다.

동물이나 식물을 관찰하고 계절의 변화를 체험하는 것은 아이들에게 소중한 경험이 된다. 나뭇잎, 돌, 나뭇가지, 꽃, 풀잎 등 자연 속의 자료들을 사용해 미술 놀이를 하거나 이야기를 만들어내며 상상력을 발휘할 수 있다. 숲속 탐험이나 캠핑 활동은 아이들이 협력과 팀워크, 의사소통을 배우는 기회가 되기도 한다. 숨바꼭질, 달리기, 오르기와 같은 다양한 놀이는 신체 건강을 증진시키는 긍정적인 작용을 한다. 숲이나 해변에서의 바람 소리, 새소리, 파도 소리, 다양한 곤충과 동물의 울음소리에 귀를 기울이는 활동은 아이들의 청각 감각을 발달시키고 집중력을 높이는 데 도움을 준다. 집에서 식물을 직접 심고 물을 주며 성장 과정을 관찰하는 활동을 통해 책임감을 배울 수 있으며, 생명의 소중함을 이해할 수 있다. 이러한 탐색과 놀이는 창의적 사고와 문제 해결 능력을 키우는 데도 도움이 된다.

부모와 아이는 자연 활동을 하며 "자연이 우리에게 주는 선물이 무엇이라 생각해?", "우리가 자연을 보호해야 하는 이유는 무엇일까?", "만약 하루 동안 동물이 되고 싶다면 어떤 동물이 되고 싶어? 그 이유는 뭐야?" 등의 질문을 통해 생각을 나눌 수 있다. 다양한 활동을 통해 아이들은 자연과 함께 시간을 보내며 환경을 보호하고 존중하는 태도를 배우게 된다. 자연스럽게 탐구하는 태도와 스스로 세상을 발견하는 과정에서 다양한 감각을 사용하게 되어 두뇌 발달에도 중요한 영향을 미친다.

이렇듯 자연은 무한한 교실을 제공하고, 그 안에서 아이는 스스로 탐험가가 되어 발견하는 마법 같은 경험을 하게 된다. 이러한 이유로 많은 부모님들이 어린이집이나 유치원 등을 택할 때 자연 친화적 교육 기관을 선호하고 있다.

그러나 이러한 교육 방식이 모든 부모에게 맞는 것은 아니다. 안전성에 대한 우려가 큰 부모님, 경쟁 사회의 성과와 학업에 더 중점을 두는 부모님, 정형화된 교육 과정을 선호하는 부모님에게는 자연 친화적 접근이 적합하지 않을 수 있다. 따라서 아이의 기질과 특성, 가정의 가치관, 교육관, 개별적인 필요를 고려해 선택하는 것이 중요하다.

아이들이 자연 속에서 자율성을 키우고 건강하게 성장할 수 있도록 다양한 경험을 제공하는 것이 필요하다. 아이가 행복하게 자라나는 길은 부모의 선택과 지지에서 시작된다는 것을 잊지 말아야 한다.

자신을 찾아가는 여정, 엄마로서의 성장과 발견

엄마로의 전환, 너로 인해 나는

출산 이후, 오랜 열정을 쏟아부었던 직장을 떠나기로 한 결정은 쉽지 않은 선택이었다. '출산하고 나면 6개월부터 어린이집에 보내고 복직할 거야. 일이 정말 재밌어'라고 다짐했었지만, 실제로 작고 소중한 생명체와 마주하고 나니 생각이 달라지기 시작했다. '이 조그마한 아이를 어떻게 보내… 내가 조금 더 키워야겠어'라는 마음이 들었다. 신혼여행 때조차 업무에 대한 애착과 책임감으로 직장 동료들의 전화를 거절하지 못했던 내가, 이제는 그 모든 것을 뒤로하고 퇴사를 결정하게 되었다.

7년간 전념했던 직장을 떠나며 느꼈던 아쉬움과 '경단녀'라는 타이틀에 대한 불안감은 분명 존재했다. 하지만 내 선택에 대해 후회하지 않는다. 아이에게 온전히 사랑을 주고, 아이의 발달을 위해 놀아주는 방법을 공부하며 진심으로 엄마가 되려는 마음이 생겼기 때문이다. 시간은 되돌릴 수 없기에 아이와 보내는 이 시간이 너무나도 소중하다.

모두가 각자의 상황이 다르고, 결정이 쉽지만은 않다는 것을 잘 알고 있다. 우리 가정이 경제적으로 여유가 있어서 이런 결정을 내린 것도 아니다. 남편과 충분히 대화를 나눈 끝에 이 시기를 아이에게 집중하고 일을 잠시 쉬어가는 과정으로 보기로 했다. 가끔 우울한 감정이나 마음이 힘든 순간이 찾아오기도 한다. 하지만 이 또한 성장하는 경험으로 받아들이고자 한다.

이 작은 생명체로 인해 불안함 속에서도 긍정적으로 마음을 변화시킬 수 있었다. 이러한 경험은 나에게 새로운 시각을 제공했고, 아이와 함께하는 순간순간이 얼마나 소중한지를 일깨워 주었다. 이 과정을 통해 얻게 된 깨달음과 성장은 앞으로 내 삶을 더욱 풍부하게 만들어줄 것이라 믿는다.

여러분도 각자의 상황 속에서 최선의 선택을 하길 바라며, 어려운 결정 앞에서도 긍정의 힘을 잃지 않기를 바란다.

가족과 함께하는 성장 여정, 사랑과 지지 속에서

남편의 따뜻한 말 한마디는 지친 마음에 단비처럼 내려 육아의 힘든 순간들을 이겨낼 수 있는 큰 힘이 된다. 바로 "여보가 아이를 잘 돌봐줘서 밝고 사랑스러운 아이로 크는 것 같아. 수고가 많아"라는 말이었다. 이 말을 듣는 순간 내가 가진 육아에 대한 가치관을 공감하고 함께 노력해 주는 남편의 존재가 얼마나 큰 지지와 힘이 되는지를 새삼 느끼게 되었다.

연애 시절부터 우리 부부는 아이를 키우는 데 있어 중요한 가치관에 대해 많은 대화를 나누었고, 이는 실제 육아에 큰 도움이 되었다. 우리가 바라는 아이는 그늘 없이 밝고 건강한 마음을 가지며, 사랑을 받고 나눌 줄 아는 아이다. 이러한 아이로 성장할 수 있도록 우리는 모범이 되는 행동, 감정 표현의 중요성, 규칙과 규범의 준수, 일관된 육아 방침, 부부간의 비판하지 않기, 감사의 태도, 경청과 존중, 긍정적 사고, 자연의 소중함 등 아이에게 전하고 싶은 가치들을 설정하고 이를 실천하기 위해 노력하고 있다.

부부 사이에 있어 대화는 매우 중요한 요소이다. 서로 다른 환경에서 자라온 두 사람이 만난 만큼 트러블이 전혀 없을 리 없다. 그러나 우리는 서로 대화를 시도하고 인정과 배려로 맞춰가고 있다. 육아가 시작되면서 더 많은 대화와 조율이 필요해졌고, 때로는 첫째 아들과 같은 느낌이 드는 남편이지만 아이와 잘 놀아주고 나와의 대화에도 귀를 기울여 주는 남편에게 진심으로 감사함을 느낀다.

가족들의 든든한 지지와 도움 덕분에 육아의 어려움 속에서도 긍정적으로 버티며 잘 헤쳐 나갈 수 있는 단단한 마음을 가질 수 있게 되었다. 내 곁을 지키며 함께해 주는 가족들에게 감사의 마음을 전하고 싶다. 사랑과 지지, 그리고 육아에 대한 공유된 가치관이 우리 가족을 더욱 단단하게 만들어 주고 있음을 느낀다. 앞으로도 우리는 서로의 소중한 존재를 잊지 않으며, 함께하는 모든 순간을 더욱 의미 있게 만들어 나갈 것이다.

'엄마로서의 나'에서 '나 자신으로서의 나'까지

아이를 기르며 우리는 종종 자신의 이름을 잊고 '엄마'라는 정체성에 묻히게 된다. 하지만 자신만의 시간을 통해 우리는 다시 한번 '나 자신'을 발견하고 성장의 기회를 가질 수 있다. 대학 졸업 후 15년간의 직장 생활을 마치고 '엄마'라는 새로운 역할에 전념하게 된 나는 때때로 우울함을 느꼈다. 특히 밤이 되면 우울감에 사로잡혀 '내가 왜 이러고 있는가, 내가 왜 이렇게 되었는가, 다시 일할 수 있을까?'와 같은 생각들이 꼬리에 꼬리를 물고 마음을 어지럽혔다.

그때마다 내가 퇴사를 결정한 이유와 그 선택에 대한 책임을 생각하며 마음을 진정시켰다. 그리고 나에게 필요한 것이 무엇인지, 무엇을 해야 할지 고민했다. 내가 집중할 만한 일, 즉 아이를 위한 배움을 선택하기로 한 나는 영유아 놀이지도사, 영유아 가베지도사, 키즈 스피치라는 아이와 함께할 수 있는 놀이 방법을 배우게 되었다. 이 과정에서 나도 함께 성장하는 기분을 느끼며 아이를 더 이해할 수 있는 시간이 되었고, 다른 아이들을 만날 수 있는 시간도 주어졌다.

아이들에게 배운 것을 강사로서 지도하는 동안 나 자신을 다시 찾은 듯 울컥하는 기분이 들었다. 아이들이 즐거워하는 모습을 보니 더 잘 준비해서 아이들에게 많은 것을 가르쳐 주고 싶다는 마음이 커졌다. 아이들의 순수한 호기심과 열정은 나에게 큰 영감을 주었고, 새로운 배움을 느끼게 해주었다. 매일의 작은 순간이 모여 아이들이 건강하게 성장할 수 있도록 돕는 사람이 되고자 하는 마음이 더욱 확고해졌다. 이러한 경험들이 나에게 주는 기쁨과 의미는 이루 말할 수 없으며, 앞으로도 계속해서 아이들과 함께 성장해 나가고 싶다.

새롭게 시작할 수 있도록 '경단녀'에서 '워킹맘'으로의 첫걸음을 응원해 주고 힘을 준 사람들에게 감사한 마음을 전하고 싶다. 가족과 주변 분들의 지지와 격려 덕분에 새로운 도전을 두려워하지 않고 역량을 펼칠 수 있는 기회를 가질 수 있었다.

이 모든 경험을 통해 깨달았다. 엄마라는 정체성 속에서도 자신만의 시간을 통해 '나 자신'을 재발견하고 성장할 수 있는 기회가 있다는 것을, 그리고 자신을 돌보는 것이 결코 이기적인 행위가 아니라, 오히려 가족 모두의 행복을 위한 필수적인 과정임을 알게 되었다.

매일의 작은 성공을 축하하며

모방의 힘, 아이는 부모의 거울

아이들은 주변 환경과 어른들의 행동에서 많은 것을 배우며, 그 과정에서 자신들의 감정과 행동 양식을 형성한다. 특히 부모님의 말투와 행동, 갈등 해결 방식은 아이들에게 강력한 영향을 미칠 뿐만 아니라 세상을 바라보고 대인 관계를 형성하는 데 중요한 기반이 된다.

어느 날 부엌에서 물을 마시고 있는데 아이가 뒤에서 "하~" 하는 소리를 내며 물 마신 뒤 나오는 감탄사를 흉내 내는가 하면 얼굴에 로션을 바르는 행동을 따라 했다. 아이가 어른들의 일상적인 행동을 주의 깊게 관찰하고 모방하고 있었던 거다. 실제로 아이는 리모컨을 가지고 놀 때 TV

를 향해 버튼을 누르는 행동을 하고, 화장품 아이라이너 그리는 걸 보더니 비슷한 형태의 화장품이 보이면 눈으로 가져다 대기도 했다. 내가 책을 읽는 모습을 보여주니 아이는 책을 가지고 와서 넘겨보는 모습을 보였다.

이러한 아이들의 모방 행동은 긍정적인 행동뿐만 아니라 부정적인 행동도 포함될 수 있다. 만약 부모가 서로를 비난하고 갈등을 폭력적으로 해결한다면 아이 역시 갈등 상황에서 비슷한 행동을 모방할 가능성이 높다. 따라서 부모는 아이 앞에서 말과 행동에 주의를 기울여야 한다. 특히 감정이 격해져 갈등이 발생할 때는 더욱 그렇다.

우리가 살아가면서 감정이 상하는 상황은 불가피하게 발생할 수 있다. 이때 중요한 것은 부모가 갈등을 원만하게 해결하고 화해하는 과정을 아이에게 보여주는 것이다. 이를 통해 아이는 갈등 해결의 긍정적인 방법을 배우게 된다. 서로의 입장을 경청하고, 상대방의 감정을 존중하며, 용서하고 화해하는 모습을 보여주는 것이 중요하다. 이 과정에서 아이는 갈등 상황에서도 존중과 이해를 바탕으로 한 대화의 중요성을 배우게 된다.

최근 디지털 기기의 사용 증가로 인해 아이들이 책에서 멀어지는 경향이 있는 한편, 조기 교육의 중요성이 강조됨에 따라 책 육아에 대한 관심이 많은 부모들에게 늘어나고 있다. 나 역시 책 육아에 큰 관심을 가지고 있으며, 특별한 일이 없는 한 책을 읽어 주는 시간을 지키려고 노력한다. 아이가 책을 가까이할 수 있는 환경을 만들기 위해 자주 책을 읽는 모습을 보여주고 있다.

아이에게 책을 읽어 줄 때 처음에는 묘사하는 방식이 익숙하지 않았다. 하지만 집중하며 까르르 웃고 있는 아이의 모습을 보면서 내용이 짧더라도 아이가 즐거워할 수 있도록 목소리와 행동을 통해 더욱 생동감 있게 읽어 주게 되었다. 이러한 노력이 효과를 보인 덕분인지 어린이집 상담 시 "책을 정말 좋아하는 아이"라는 이야기를 듣게 되어 매우 뿌듯했다. 앞으로도 아이가 책과 가까이할 수 있는 환경을 만들어줘야겠다고 다짐했다.

독서의 습관은 아이의 인지 발달과 상상력, 사고력을 키우는 데 매우 중요하다. 부모가 책을 읽는 모습을 자주 보여주고, 아이와 함께 책을 읽는 시간을 가지면 아이는 독서의 즐거움과 중요성을 자연스럽게 배우게 된다. 이는 아이가 감정을 표현하고 상상력을 발휘하는 데 도움을 주며, 나아가 사회적 상호작용과 대인 관계 형성에도 긍정적인 영향을 미친다.

부모의 말과 행동은 아이에게 큰 영향을 미치며 아이의 사회적, 감정적 발달에 중요한 역할을 한다. 부모는 아이 앞에서 긍정적이고 도움이 되는 행동을 모범적으로 보여주는 것이 중요하며, 이를 통해 아이가 갈등 상황에서도 건강한 방법으로 문제를 해결할 수 있는 능력을 기르도록 도와줘야 한다. 이렇게 아이와 함께하는 모든 순간이 소중하고, 그 속에서 함께 성장할 수 있기를 바란다.

사회적 기술의 기초, 존중과 배려를 배우는 아이

아이가 모방하기 시작하는 시기부터 인사의 중요성을 알려주었다. 그 결과는 "아이가 인사를 참 잘하네요. 아이고 예뻐라"라는 따뜻한 칭찬과 함께 우리 아이에게 '유교 보이'라는 애칭을 안겨주었다. 이러한 아이의 행동은 우연이 아니라, 남편과 내가 아이에게 보여준 행동의 긍정적인 결과인 것 같다. 기본적인 인사말인 "안녕하세요!", "안녕!", "빠이빠이", "감사합니다"부터 시작해서 아파트 승강기를 탈 때마다 주변 사람들에게 인사하는 모습을 보여주었다. 이런 모습을 본 아이는 자연스럽게 사람들에게 고개를 숙이거나 손을 흔들며 인사하는 습관을 형성하고 있다.

이러한 과정을 통해 아이는 인사가 단지 말을 건네는 행위를 넘어 타인에 대한 존중과 배려의 표현임을 배우게 된다. 부모가 보여준 일관된 행동은 아이가 예의 바른 사람으로 성장하는 데 필수적인 기초를 마련해 준다. 일상 속 작은 행동들이 아이에게 큰 영향을 미치며, 예의와 배려를 자연스레 습득하게 하는 과정이 된다.

아이가 타인에게 예의를 갖추는 것은 그 자체로도 가치 있는 일이며, 아이가 사회적 상호작용을 배우고 타인과 긍정적인 관계를 형성하는 데 기본적인 행동이 된다. 따라서 아이가 성장하며 예의 바른 행동을 지속할 수 있도록 격려와 좋은 본보기를 지속적으로 제공하는 것이 중요하다. 이러한 노력은 아이가 성장해 사회의 구성원으로서 긍정적인 역할을 하게 될 때 큰 도움이 된다.

이러한 행동을 가르치는 과정은 아이의 자존감을 높이는 데에도 중요한 역할을 한다. 다른 사람을 배려하고 존중하는 태도를 가르치면서 아이는 긍정적인 반응을 경험하고 자신감이 생긴다. 아이가 자신의 가치를 인식하고 자신감을 갖는 것은 삶에 있어 매우 중요하다.

아이가 자존감이 높은 개인으로 성장하기 위해서는 긍정적인 언어 사용, 성취에 대한 칭찬, 그리고 실수에서 배울 점을 알려주는 것이 필요하다. 아이가 스스로 결정하고 선택할 수 있는 기회를 제공하고, 개인적인 관심사를 지지하며, 자신의 정체성을 발견하도록 돕는 것이 중요하다. 또한 스스로 목표를 설정하고 그것을 달성함으로써 성공을 경험하게 하는 것도 중요하다. 건강한 생활 습관을 통해 긍정적인 자아상을 형성하는 것은 아이의 전반적인 발달에 긍정적인 영향을 미친다.

아이의 예의 바른 행동은 주변 사람들에게 긍정적인 인상을 줄 뿐만 아니라 자신의 사회적 기술을 발달시키는 데도 큰 역할을 한다. 아이가 낯선 사람에게 인사를 하는 것은 소통의 첫걸음이며, 이는 아이가 새로운 환경이나 사람들과 쉽게 어울리고 적응하는 데 도움이 된다. 이런 행동은 아이가 다른 사람의 감정을 이해하고 배려하는 능력, 즉 공감 능력을 키우는 데도 중요한 기초가 된다.

부모의 꾸준한 지도와 본보기는 아이가 사회적 상황에서 적절하게 행동하는 방법을 배우는 데 필수적이다. 부모가 일관되게 보여주는 긍정적인 태도와 행동은 아이에게 강력한 영향을 미치며, 이는 아이가 성장하면서 내면화되어 자신의 행동 양식이 된다. 따라서 부모의 역할은 아이가 사회적으로 성숙한 인격체로 성장하는 데 있어 결정적인 요소 중 하나이다.

부모와 아이의 일상적인 상호작용 속에서 이루어지는 이러한 교육은 아이가 타인과의 관계에서 존중과 배려를 실천하며, 건강한 사회적 관계를 형성하는 데 기여한다. 이는 아이가 미래에 마주하게 될 다양한 사회적 도전을 해결하는 데 필요한 기술과 태도를 개발하는 데 있어 중요한 역할을 한다.

아이의 예의 바른 행동은 단순히 사회적 예절을 넘어 아이의 전인적 성장과 발달에 깊이 관련되어 있으며, 이는 아이가 성인이 되어 사회에 기여하는 긍정적인 구성원이 되는 데 중요한 기반이 된다. 앞으로도 아이와 함께하는 모든 순간을 소중히 여기며, 긍정적인 행동을 함께 배우고 실천해 나가고 싶다.

자립심의 시작, 작은 책임부터 시작하는 일상의 실천

"휜아~ 양말 스스로 벗을 수 있어? 한번 해볼까?"

"응!"

"꺼야 꺼야~ 할 거야~ 혼자서도 잘 할 거야~"

아이가 자아를 형성하고 스스로 일을 시도하고 싶어 하는 시기가 오면 자립심을 길러줄 절호의 기회가 된다. 위험하지 않은 한도 내에서 아이가 스스로 해볼 수 있도록 격려하는 것이 중요하다. 아이가 양말을 스스로 벗어 빨래통에 넣기, 기저귀 꺼내오기, 얼굴에 로션 바르기, 스스로 밥 떠먹기, 먹은 그릇을 싱크대에 담그기, 신발 신기, 신발 정리하기, 책과 장난감 정리하기 등의 작은 일부터 할 수 있도록 해준다.

이러한 작은 일들은 아이에게 큰 성취감을 줄 뿐만 아니라, 책임감도 키울 수 있다. 아이가 작은 일을 성공적으로 마치고 결과를 보았을 때의 기쁨은 스스로에 대한 신뢰와 자신감으로 이어진다. 실패와 도전을 반복하는 과정에서 아이는 문제 해결 능력과 끈기도 배우게 된다. 이는 아이가 성장하면서 더 큰 도전에 직면했을 때 긍정적인 태도로 문제에 접근

할 수 있는 기반을 마련해 준다.

아이가 약속의 의미를 이해하기 시작하면 부모와의 약속, 친구와의 약속, 선생님과의 약속, 스스로와의 약속의 중요성을 알려줘야 한다. 약속을 지키는 것은 타인에 대한 존중과 신뢰를 기르는 기본적인 행동이다. 아이에게 약속을 지키기 위해 필요한 계획과 준비의 중요성을 가르치고, 만약 약속을 지키지 못했을 때는 적절한 대처 방법과 사과의 중요성을 교육해야 한다. 이 과정에서 아이는 자신의 행동이 타인에게 미치는 영향을 이해하고, 책임감 있는 사회 구성원으로 성장할 수 있는 기회를 갖게 된다.

약속을 지키지 못했을 때의 대처 방법에는 어떤 것들이 있을까? 아이가 약속을 지키지 못했을 때, 부모로서 아이를 이해하고 지지하는 방법은 아이의 성장에 중요한 역할을 한다. 먼저, 부모는 아이의 상황을 이해하려는 노력을 기울이고, 아이가 겪고 있는 감정에 공감을 표현해야 한다. 아이의 이야기를 차분히 듣고, 약속을 지키지 못한 이유를 함께 고민하며 아이의 감정을 인정해 주는 것이 중요하다.

그러고 난 뒤에 아이와 함께 약속을 지키지 못한 상황을 분석한다. 이 과정은 아이가 문제를 인식하고 왜 약속을 지키지 못했는지에 대해 생각해 볼 수 있는 기회를 제공한다. 이때 아이가 자신의 행동과 결과에 대해 반성하고, 그로 인해 다른 사람에게 미칠 수 있는 영향에 대해 이해하도록 도와주는 것이 중요하다.

약속을 지키지 못했을 때 사과의 중요성을 강조하는 것도 필수적이다. 진심 어린 사과가 다른 사람에게 미치는 의미와 어떻게 사과하는지에 대해 이야기하며, 아이가 직접 사과하는 방법을 연습할 수 있도록 알려줘야 한다. 또한 아이가 상황을 바로잡을 수 있는 방법을 제안하도록 격려하고, 아이의 의견을 존중하는 것이 중요하다.

그리고 아이와 함께 앞으로 약속을 지킬 수 있는 구체적인 계획을 세워본다. 이는 비슷한 상황을 피하고, 시간 관리와 우선순위 설정과 같은 기술을 개발하는 데 도움이 된다. 아이가 약속을 지킬 때마다 긍정적인 반응을 제공해 책임감 있는 행동이 가져오는 긍정적인 결과를 인식하도록 한다.

다양한 놀이를 통해 자연스럽게 아이들의 책임감과 자립심을 기를 수 있도록 도와줄 수도 있다. 역할 놀이는 아이들이 다양한 역할을 맡아 약속과 책임의 중요성을 체험할 수 있게 한다. 친구들과의 약속 상황을 설정해 지키는 경험을 하거나, 약속을 어겼을 때 기분이 어떤지 경험하고 이야기를 나눌 수 있다.

미션 카드놀이는 스스로 할 수 있는 간단한 일을 주어 경험하고 성취하게 한다. 양말 벗기, 장난감 정리하기, 옷 정리하기 같은 미션을 통해 스스로 책임을 다하는 경험을 쌓게 된다. 감정 표현 놀이는 다양한 감정을 표현한 카드를 만들어 아이들이 자신의 감정을 이해하고 표현할 수 있도록 돕는다. 여러 가지 상황을 이야기하고 당시 느꼈던 감정을 공유하는 시간도 중요하다.

감정 일기를 쓰는 방법도 있다. 하루 동안의 감정과 경험을 기록하는 일기를 쓰고, 이후 함께 읽고 피드백을 주는 시간을 가지면 좋다. 그룹 미션을 수행하고 각자의 역할을 정해 약속을 지키며 함께 목표를 달성하는 협동 놀이는 소통 능력과 책임감을 기르는 데 도움이 된다.

이러한 다양한 방법을 통해 '작은 책임부터 시작하는 일상의 실천'의 중요성에 대해 더 깊이 이해하게 된다. 놀이 중심의 접근 방법을 통해 아이들은 약속, 책임감, 자립심을 자연스럽게 기를 수 있다. 그리고 놀이를 통해 흥미를 느끼고 참여를 유도할 수 있다. 이러한 과정들은 아이가 사회적으로 책임감 있는 인물로 성장하는 데 큰 도움이 될 것이다.

소통의 힘, 함께 커가는 기쁨

덕분에 엄마와 아빠도 성장한다

육아는 책이나 영상 자료로부터 많은 도움을 받을 수 있지만, 실제로 모든 이론이 내 아이에게 100% 맞아떨어지지는 않는다. 이는 바로 현실 육아의 본질이라고 할 수 있다. 우리 부모님과 그 이전 세대는 현재보다 훨씬 적은 육아 자료와 지식으로도 여러 아이들을 잘 키워냈다. 이는 그 시절의 육아 경험과 지혜가 얼마나 소중한지를 말해준다.

현재 아이를 키우며 겪는 과정은 마치 연구와 같다. 배움과 시행착오, 조정을 반복하면서 나는 점차 아이를 키우는 데 익숙해지게 된다. 그러한 과정에서 가족에 대한 감사함과 사랑이 커지고, 나아가 마음의 성장을 경험하게 된다. 아이의 탄생으로 인해 생활 패턴이 바뀌고, 배우자와의 의견 충돌이 발생할 수도 있지만, 가정의 현실과 미래, 부부의 생활 그리고 아이를 중심으로 서로를 이해하고 대화하는 과정에서 서로가 더욱 성장하게 된다. 사랑하는 내 아이가 옹알이하다가 처음으로 "엄마"와 "아빠"라고 말했을 때, 그리고 쭈뼛쭈뼛하다 용기를 내어 한 발짝씩 걸음을 내디뎠을 때의 감격은 이루 말할 수 없이 벅찼다. 아이도 열심히 성장 중이고, 그것을 지켜보며 지지해주는 우리 마음도 함께 성장하고 있다.

나는 아이를 키우며 아이의 감정을 이해하려고 노력한다. 이 과정에서 나 자신의 공감 능력이 향상되고, 기쁨과 슬픔을 함께 나누면서 서로 이해하고 지지하는 환경이 만들어진다. 그러나 '우리 애가 왜 이러지?' 하는 생각이 드는 순간들이 간헐적으로 찾아온다. 떼쓰기가 늘어나고, 갑자기 엄마 껌딱지가 되어 일명 '안아병'이 생기기도 하며, 말로 소통하기 어려운 아이와 감정 조절이 힘든 상황들이 발생하기도 한다.

이런 상황은 때때로 부모의 인내심을 시험한다. 아이와의 일상생활 속에서 인내심을 기르게 되며, 이러한 성장은 부모가 일상생활의 다른 영역에서도 대처할 수 있도록 생각을 넓혀 준다. 이 과정을 거치며 표정, 울음소리, 몸짓, 옹알이부터 의사소통이 시작되고, 가족 간의 의사소통 기술도 긍정적인 상호작용을 통해 배우게 된다.

나는 자녀를 키우는 과정에서 나의 어린 시절을 되돌아보게 되고, 나의 가치관을 들여다보며 사랑과 헌신에 대해 생각하게 된다. 이는 나를 더욱 잘 이해하는 자기 발견의 여정이 되고, 무조건적인 사랑과 헌신의 의미를 깨닫게 해준다. 부모님들 또한 자신의 육아 경험과 현재의 육아 현실을 비교하며 오픈 마인드로 접근하려는 노력을 보여주셔서 감사하다. 이러한 과정을 통해 부모님들도 성장하며, 성장 중인 가정의 모습을 더욱 분명히 한다.

우리가 아이를 키우면서 배우는 것은 아이만 커가는 것이 아니다. 가족 모두가 서로를 더 잘 이해하고, 함께 성장해 가는 과정이라는 것을 느낀다. 마치 우리가 함께 손잡고 같이 커가는 여행을 하는 것 같다. 이를 통해 우리는 사랑이 깊은 가정을 만들어 가며, 더욱 탄탄한 가족이 될 수 있다고 확신한다. 육아는 결코 혼자 하는 일이 아니라, 서로의 지지와 사랑 속에서 함께 성장해 가는 일이다.

함께 어울려 사는 세상, 우리라는 이름

부모님들은 아이가 어린이집과 유치원, 학교 등 자신들만의 사회생활이 시작될 때 친구들과 잘 어울리며 긍정적인 사회적 관계를 형성하기를 바란다. 물론 혼자 학습하고 독립적으로 문제를 해결하는 능력도 중요하지만, 우리가 살아가는 세상은 혼자만의 세상이 아니기에 사람들과 어울리며 협동하고, 소통하며 팀워크를 발휘해야 하는 순간들도 찾아온다.

나는 개인으로서의 성장뿐만 아니라, 타인과 협력하고 공감하며 공동의 목표를 향해 나아가는 과정에서도 성장한다고 믿는다. 따라서 자녀가 독립적인 학습뿐만 아니라 사회적 상호작용에서도 능숙해질 수 있도록 지원해야 한다.

장 피아제, 에리크 에릭슨, 앨버트 반두라 등 많은 교육학자들이 상호작용의 중요성을 이야기했다. 장 피아제는 아이들이 또래 친구들과의 놀이와 상호작용을 통해 논리적 사고와 문제 해결 능력을 발달시킨다고 보았다. 아이들이 친구와의 놀이를 통해 사회적 규칙을 배우고, 이를 통해 자신의 사고방식을 확장할 수 있다고 강조했다. 아이들이 함께 블록을 쌓거나 역할 놀이를 할 때 서로 협력하고 규칙을 정하는 과정에서 중요한 인지적 발달이 이루어진다고 말했다.

에리크 에릭슨은 아동기와 청소년기 동안 친구들과의 관계가 매우 중요하다고 강조한다. 아이들은 친구들과의 상호작용을 통해 사회적 기술을 배우고 자신감을 키우며 정체성을 확립해 나간다. 그는 이러한 사회적 경험이 아이들이 건강한 성인으로 성장하는 데 필수적이라고 설명했다.

앨버트 반두라는 사회 학습 이론에서 아이들이 관찰과 모방을 통해 행동을 학습한다고 주장했다. 그는 아이들이 친구들과의 상호작용을 통해 사회적 기술과 행동 규범을 습득한다고 설명했다.

이들 학자들의 이론은 아이들이 친구들과의 상호작용을 통해 중요한 사회적, 인지적 기술을 배우고, 이를 통해 건강한 발달을 이룰 수 있음을 보여준다. 따라서 부모로서 나는 아이들이 또래 친구들과 자유롭게 어울릴 수 있는 기회를 제공하는 것이 중요하다고 생각한다.

자녀가 다양한 사회적 상황에서 자신감을 갖고 어울릴 수 있도록 돕는 것은 그들이 평생 건강한 인간관계를 형성하고 유지하는 데 중요한 기반이 된다. 이를 통해 자녀는 협동심, 소통 능력, 갈등 해결 능력 등을 발달시킬 수 있으며, 이는 그들이 성인이 되어 사회의 다양한 영역에서 활동할 때 큰 자산이 될 것이다.

예를 들어, 아이가 타인과 협력하고 사람들과 어울려 사는 세상을 배우는 하나의 방법은 동화책을 함께 읽는 것이다. 동화 속 인물들이 겪는 다양한 감정에 대해 이야기를 나누면 아이는 감정 이해와 공감 능력을 키우며 표현력도 자연스럽게 발달하게 된다.

그리고 여러 문화 축제에 참여해 다양한 음식을 맛보고 체험함으로써 아이는 다양한 문화에 대한 호기심을 키우고 존중하는 태도를 배우게 된다.

가족과 함께 주말마다 집안일을 분담해 수행하는 것도 좋은 방법이다. 청소, 화분 가꾸기, 요리하기 등을 통해 각자의 역할을 분담하고 진행함으로써 협동의 중요성을 깨닫고 가족 간의 유대감도 더욱 강화된다. 이때 놓치지 말아야 할 부분은 서로 맡을 부분에 대한 작은 갈등이 생길 시 대처하는 방법이다. 가족회의를 통해 서로의 의견을 존중하고, 기간을 정해 돌아가며 역할을 바꾸는 규칙을 정해 합의함으로써 원만한 합의점을 찾을 수 있다.

지역 커뮤니티 센터에서 진행하는 다양한 나이대의 어린이들이 참여하는 놀이 모임에 아이를 참여시키는 것도 유익하다. 함께 미션을 수행하고 프로젝트를 진행하며 친구들과 소통하고 사회성을 발달시키는 데 도움이 된다.

이러한 활동들은 아이에게 협력의 가치와 사회적 기술을 가르칠 뿐만 아니라, 다양한 상황에서의 적응력과 문제 해결 능력도 함께 키우는 좋은 기회가 된다. 아이가 타인과 협동하며 성장하는 과정에서 이러한 경험들은 인성 발달에 큰 도움을 줄 것이다.

따라서 내기 자녀 교육에 있어 중점을 두어야 할 것은 단순히 지식의 습득만이 아니라, 사회적 기술과 감정적 지능의 발달에도 있다. 이런 능력들은 자녀가 다양한 사람들과의 관계 속에서 자신의 역할과 책임을 이해하고, 협력해 더 나은 세상을 만들어가는 데 필수적이다. 우리는 이러한 가치를 자녀에게 가르침으로써 그들이 혼자가 아닌 사회의 일원으로서 성장할 수 있도록 도와야 한다.

가족의 본질, 함께하는 순간이 주는 행복

"우리 함께 잘살아 보려고 결혼했고 아이를 낳은 거잖아~"

나는 우리 부부가 아이를 만난 후 전보다 긍정적인 사고방식을 가지며 아름답게 대화하려고 노력하고, 아이 덕분에 한 호흡 쉬어가는 인내심을 깨우치며 성장하고 있다고 느낀다. 아이가 밝고 에너지 넘치는 모습으로 웃을 때, 우리 가족은 행복으로 가득 차오른다. 그 순수한 기쁨이 끊이지 않도록 지켜주고 싶다.

그러한 환경을 만들기 위해 내가 중요하게 여기는 부분은 가족의 어우러짐, 서로의 의견과 감정 존중, 협력하는 소통의 태도이다. 이러한 기반 위에서 열린 마음으로 효과적인 소통을 위해 노력하며, 이는 우리 가족이 추구하는 핵심 가치 중 하나가 된다.

가족의 본질을 키우는 과정에서 중요한 요소 중 하나는 바로 공동의 목표를 설정하고 이를 함께 이루어 나가는 것이다. 이러한 경험은 가족 간의 유대감을 강화하고 서로의 가치를 실감하게 만들어 준다.

가족 간의 관계를 더욱 돈독하게 지내기 위한 방법으로는 '패밀리 데이'를 정하여 귀중한 시간을 함께 보내는 것이 있다. 예를 들어, 가족이 함께 영화를 감상한 후 각자의 느낀 점을 나누는 것은 서로의 생각과 감정을 이해하는 좋은 기회가 된다. 자연 속에서 다양한 놀이를 즐기며 도란도란 이야기를 나누는 것도 가족 간의 유대감을 강화하는 데 도움이 된다. 좋아하는 스포츠 경기를 함께 관람하거나 서로의 취미를 공유하는 활동 역시 큰 의미를 갖는다. 이런 다양한 활동들을 계획함으로써 가족 구성원 모두의 의견을 반영하고 서로의 관심사를 존중하는 문화를 만들어 갈 수 있다.

이러한 경험들은 자연스럽게 소통과 이해를 증진시키며, 가족이 함께 행복하고 의미 있는 추억을 쌓아가는 데 기여한다. 일상 속에서 서로에 대한 감사의 마음을 표현하고 마음을 나누는 시간을 정하는 것도 중요하다. 소소한 일상에서 느끼는 감사함을 공유함으로써 가족 구성원 간에 긍정적이고 따뜻한 분위기를 유지할 수 있다. 이는 가족 구성원이 서로를 더 깊이 이해하고, 서로에 대한 사랑과 존중의 마음을 키우는 데 큰 도움이 된다.

우리 가족은 효과적인 소통을 통해 서로의 차이를 이해하고, 일상 속에서 함께하는 시간에 대한 감사를 나누며 서로의 마음을 더욱 가까워지게 하는 것을 목표로 삼고 있다. 이러한 활동들은 가족의 본질을 더욱 깊이 있게 느끼게 해주고 서로의 관계를 더욱 돈독하게 만들어 줄 것이다. 아이와 함께하는 순간순간이 우리 가족에게는 큰 선물이며, 작은 실천들이 모여 우리 가족만의 행복한 이야기를 완성시키고 있다.

여러분은 가족들과 어떤 시간을 보낼 때 가장 즐거운가? 아이들은 어떤 시간을 가장 좋아하는지 한 번 생각해 보고, 가족과 함께하는 시간을 만들어보는 것은 어떨까?

세상의 중심에서 찬란하게 빛나길

"사랑하는 휜아, 네가 가진 빛을 믿어봐."

이 세상은 때로 예측할 수 없을 만큼 경쟁이 치열하고 어려움과 도전이 넘쳐나는 곳이다. 하지만 그렇다고 해서 절망할 필요는 없다. 그 모든 상황 속에서도 나는 자신만의 빛을 발할 수 있으며, 자신만이 가진 무한한 가능성으로 세상을 밝힐 수 있기 때문이다. 가장 중요한 것은 다른 사람들과 끊임없이 자신을 비교하며 시간을 소비하는 것이 아니라, 자신에 대한 믿음을 바탕으로 꿈을 향해 한 걸음씩 꾸준히 나아가는 것이다.

첫째, 자신에 대한 믿음을 키우는 것이 필수적이다. 나는 자신만이 가지고 있는 독특한 재능과 장점을 가지고 있으며, 이는 나를 특별하게 만든다. 실패와 실망은 누구에게나 찾아올 수 있지만, 그런 순간들마저도 나를 더욱 단단하게 만들고 성장시키는 귀중한 기회가 될 수 있다. 따라서 자신을 소중히 여기고, 잠재된 무한한 가능성을 진심으로 믿어야 한다.

둘째, 지속적인 학습과 성장의 자세를 가지는 것이 중요하다. 세상은 매 순간 변화하고 있으며, 새로운 지식과 기술은 더욱 중요해지고 있다. 따라서 호기심을 유지하며 새로운 것을 배우고 도전하는 것을 두려워하지 말아야 한다. 실패는 더 나은 해결책을 찾아가는 과정이며, 더 큰 성공으로 나아가는 발판이 될 수 있다.

셋째, 다른 사람들과의 협력과 공감 능력을 발전시켜야 한다. 세상은 결코 혼자 살아갈 수 있는 곳이 아니며, 서로 협력하고 서로의 다름을 존중하며 함께 성장하는 것이 중요하다. 타인과의 관계를 통해 새로운 것을 배우고, 공동의 목표를 향해 나아갈 때 더 큰 힘을 발휘할 수 있다.

마지막으로, 나에게 진정으로 행복한 삶이 무엇인지 탐구해야 한다. 성공이라는 것이 단지 물질적인 부나 사회적인 명예에만 국한되는 것이 아니라는 것을 기억해야 한다. 스스로 진심으로 열정을 느끼고 행복함을 느낄 수 있는 일을 찾아 그 길을 따르는 것이야말로 가장 중요한 일이다.

"내 소중한 아이야, 꿈을 따라가며 네가 진정으로 원하는 행복한 삶을 살아가길 바란다. 너는 이미 우리에게 무척 귀하고 멋진 아이이다. 사랑한다. 우리 훤아, 세상의 중심에서 찬란하게 빛나길 바란다. 너의 가능성은 무한하며, 나는 항상 너를 응원할 것이다."

부모와 아이가 함께 성장하는
매일 공감 육아
조경아

엄마와 아이가 함께 그리는 성장지도

수많은 갈림길 속에서 우리만의 길 찾기

아이가 태어난 후 얼마 쉬지도 못한 채 5개월 만에 복직을 선언했던 나는 그것이 나를 위해서, 내 아이를 위해서 그리고 우리 가족을 위해서 옳은 길이라고 생각했다. 워킹맘의 길은 특히 갓난쟁이를 집에 두고 나온다는 사실이 순탄치 않았다. 그럼에도 불구하고 늘 아낌없는 지원을 해주시는 양가 부모님과 늘 헌신하시어 육아를 도맡아주시는 친정어머니 덕분에 지금까지도 여전히 나는 워킹맘으로 살아가고 있다.

생전 처음 엄마라는 길을 선택하면서 걱정을 내려놓을 수 없었다. 내가 선택한 방법과 방식이 정말 옳은 선택인지 혹시 잘못된 판단을 하고 있는 것은 아닌지, 현재를 위해 살아가야 할 것인데 미래부터 걱정하며 지금의 행복을 포기하고 있는 것은 아닌지 숱한 걱정과 생각들이 스쳤다. 그러나 이럴 때일수록 더욱 무너지지 않으려 애썼다.

사실 모든 부모들이 느끼듯이 육아는 정말 수많은 갈림길의 연속이다. 정보화 시대에 살다 보니 검색 몇 번만 해도 수많은 육아 정보들이 쏟아진다. "이런 교육이 좋다", "자연 출산이 좋다", "모유 수유를 해야 면역력이 좋다"는 등 정보가 넘쳐난다. 때로는 전통 육아와 요즘 육아가 서로 대립하는 상황도 발생한다. 이 모든 것들이 우리 아이가 행복하길 바라는 마음에서 비롯된 것인데 말이다.

나에게 임신부터 육아까지는 마치 높은 레벨의 미로 찾기와도 같았다. 임신 동안에도 계속 정상 근무를 했고, 전치태반 증상과 독감, 요로결석으로 두 번의 입원도 겪어야 했다. 그럼에도 포기할 수 없었던 것은 나만의 커리어 때문이 아니었다. 나는 내 아이에게 떳떳한 엄마, 결국은 해내는 엄마의 모습이 되고 싶었던 까닭이다. 새로운 갈림길 앞에 서면 사실 마음이 무너지려고 하는 순간들도 있었다. 무엇이 옳은 선택일까 고민하고 또 고민한 끝에 결정했지만, 여전히 아쉬움과 찜찜함이 남았다. 더 좋은 것, 최고의 선택을 우리 아이에게 주고 싶으니까 말이다.

출산과 동시에 육아를 대하는 나의 자세 역시 똑같았다. 안심이 될 때까지 찾아보고 검색한 후에야 선택하고, 예의주시하며 피드백을 기다렸다. 그래서인지 육아가 정말 내 뜻대로 되지 않는 것이라는 것을, 그리고 부모 교육이 필요하다는 것을 정말 뼈저리게 느끼고, 지금도 계속해서 배워가는 비기너의 위치에 있다.

모두가 공감하듯이 우리는 육아라는 전쟁터에서 숱한 선택의 순간을 마주한다. 마치 정글 속에서 길을 잃은 듯한 느낌도 종종 들곤 한다. 이 모든 과정은 우리 아이의 행복을 위해 최선을 다하고 싶은 마음에서 비롯된 것이 아닐까. 수많은 갈림길에서 우리만의 길을 찾아가는 여정은 쉽지 않지만, 우리 아이의 소중한 달란트를 발견하고 꿈을 키워가며 함께 걸어가는 그 과정은 무엇과도 바꿀 수 없는 소중한 시간이다.

우리 아이의 소중한 달란트

매일 함께하는 시간 속에서 새로운 시도를 하는 내 아이를 보면서 나는 또 외친다.

"어머! 우리 딸 천재인가 봐!"

세상 부모들은 도두 내 아이의 성장이 정말이지 매번 놀랍고, 새롭고, 신기하며, 위대하게 느껴진다. 예전엔 못하던 젓가락질을 갑자기 능수능란하게 해내고, 지난주까지만 해도 자음과 모음도 눈치껏 맞추던 아이가 어느 순간부터 단어를 하나씩 읽어내기 시작하고, 샤워할 때 비누 거품질도 어설펐던 아이가 스스로 머리를 감는 일들이 차곡차곡 쌓일 때마다 매번 감탄을 쏟아낸다. 이 모든 순간들은 내 아이가 잘 크고 있음을 일깨워 주는 반짝이는 신호이다. 아이들은 각자에게 주어진 독특하고 소중한 달란트, 즉 재능과 가능성의 보물을 가지고 태어난다. 이 달란트는 누구도 빼앗을 수 없는, 자신만의 영혼과 같다.

육아에서 아이의 본질적 기질을 먼저 파악하고, 소중한 재능을 발견하고 지원하는 것은 때로는 부모에게 도전적인 과제이다. 하지만 아이가 자신의 길을 찾아가는 모습을 지원하고 지켜보는 것은 무엇과도 바꿀 수 없는 소중한 과정이다. 아이의 달란트를 발견하고, 그것으로 세상에 긍정적인 영향을 끼칠 수 있다면, 그 자체가 바로 우리 사회의 소중한 자산이 된다.

함께 꿈을 향해 나아가는 8가지 스텝

아이의 달란트를 찾는 여정은 단순한 재능 발견을 넘어, 부모의 욕심을 버리고 아이가 자신의 삶을 주도적으로 살아갈 수 있는 힘을 길러주는 과정이다. 이 여정은 아이의 자존감부터 독립적인 자아 정체성을 확립하는 과정까지 포함하며, 부모는 아이의 영원한 멘토이자 든든한 지지자가 되어야 한다. 이를 위한 8가지 단계를 소개한다.

자존감

세상을 살아감에 있어 가장 중요하게 지켜야 할 것은 단연코 자존감이다. 자존감은 아이가 자신의 꿈을 향해 나아가는 데 있어 기본 요소로, 나무가 잘 자라기 위해 좋은 거름과 양질의 자연환경이 필요하듯이 자존감은 아이의 성장을 돕는 좋은 배경이 된다.

꿈과 비전

나는 항상 "회망이 없다면 삶도 없다"는 말을 입버릇처럼 말하곤 한다. 그만큼 꿈과 비전은 굉장한 힘의 원동력이 되어 준다. 목표가 없는 하루는 꿈 없는 인생을 만든다. 바른 방향의 목표를 가진 아이는 자신의 꿈을 향해 나아갈 수 있다. 꿈을 꾸는 즐거움과 동시에 꿈을 현실로 만들어 갈 수 있는 비전과 계획을 함께 고민하며 사랑과 지지를 아끼지 말아야 한다.

도전의식

도전의식은 자신의 한계를 뛰어넘을 수 있는 필수적인 요소이다. 도전을 통한 성장은 나를 강하게 만드는 정신으로, 아름다운 실패의 과정이 없는 도전과 성공은 없다. 실패를 거듭하면서도 내가 엄마이자 사회의 일원으로 성과를 낼 수 있었던 것 역시 도전의식 때문이었다. 구체적인 목표 설정과 작은 성공들이 모여 '나도 할 수 있어!'라는 태도를 통해 새로운 가능성을 발견할 수 있다. 아이가 실패를 두려워하지 않고, 도전을 통해 자신의 한계를 넘어설 수 있도록 격려해야 한다.

문제 해결 능력

문제 해결 능력은 일상생활부터 사회생활까지 우리가 마주하는 다양한 상황에 필요한 중요한 능력이다. 최근 인터넷의 발달로 원하는 정보를 쉽게 얻을 수 있으며 생성형 AI까지 활용하고 있지 않는가. 이러한 시대에 전략적 사고에 대한 폭을 키우는 일은 하루아침에 형성되는 것이 아니기에 비판적 사고를 통해 항상 "왜"라는 질문을 던지고, 해결하는 능력을 길러야 한다.

소통

요즘처럼 마음만 먹으면 언제든지 연락할 수 있는 세대에서 과연 우리는 올바른 소통을 하고 있을까. 소통은 단순히 말을 주고받는 것을 넘어, 서로의 마음을 연결하고 이해하는 과정이다. 아이와의 소통은 마치 스무 고개처럼 작은 힌트들을 모아 최종 답안과 가까워지는 것과도 같다. 아이의 말, 표정, 행동에 집중해 숨겨진 메시지를 이해하고, 부모의 마음을 진솔하게 전달해야 한다. 단순히 말을 주고받는 것Information을 넘어, 서로의 마음을 연결하고 이해하는 과정Communication이다.

감사

감사의 마음은 행복의 시작점이다. 작은 것에서도 소중함을 일깨우고, 매일을 충실히 살 수 있게 하는 힘이 되어준다. 행복하고 긍정적인 삶을 살아가는 데 필수적인 요소이다. 자신에게 주어진 주위 환경에 감사하는 마음을 가진 아이는 성장해 선한 영향력을 주는 삶을 살게 된다.

긍정적 사고

어릴 적 형성되는 사고방식은 아이가 성장해가는 동안 세상을 바라보는 안경이 된다. 세상을 바라보는 하나의 창구로 세상의 여러 가지 면모를 내면으로 받아들이게 하는 중요한 역할을 한다. 긍정적인 단어와 비전은 잠재적으로 뇌를 자극해 더욱 긍정적이고 건강한 환경으로 이끈다. 현실적 낙관주의자가 되자!

독립적인 자아 정체성

모든 단계의 최종 도착지는 다름 아닌 '나 자신'의 자아 정체성, 즉 '엄마 아빠의 아들/딸이 아닌 그대로의 나'이다. 이는 자신의 가치, 신념, 삶의 목표를 깊이 고민하며 이해하고 받아들이는 것으로, 인생의 방향을 찾아가는 과정이다.

아이와 함께 걸어가는 소통의 다리

마음 창문을 두드리는 솔직한 대화

"엄마는 내 마음도 몰라!"

딸아이가 속상한 마음을 담아 외친다. 이제 자신의 주장이 생기는 시기가 된 것이다. 조금만 의사가 다르면 나에게 자신의 주장을 펼친다. 이건 그래도 엄마 말을 들어줬으면 하지만 전혀 통하지 않는 '마의 7세'가 시작되었다. 이렇게 엄마와 딸의 동상이몽이 시작되고, 앞으로의 사춘기가 두렵게 느껴진다. 하지만 내가 더 노력해야 함을 마음에 새기며 다시 다가가 아이의 말을 경청하고자 한다.

소통하기 위해서 가장 중요한 자세는 바로 '경청'이다. 부모는 알려주고 싶은 말들이 많지만, 먼저 내 아이의 말에 귀를 기울여야 한다. 비판과 판단, 훈육이 피드백으로 돌아오는 대화에서는 절대 아이의 마음을 열 수 없다. 오히려 닫힌 마음에 자물쇠까지 걸린다.

아이가 생각과 감정을 솔직하게 표현할 수 있도록 먼저 마음을 열고 신뢰를 형성해야 한다. 특히 5세 이전의 부모와 자녀 관계에서의 소통은 관계 형성의 첫걸음이 되어 세상을 배우고 가치관을 형성하는 데 큰 영향을 끼친다. 그러므로 판단보다는 공감하고, 잔소리보다는 감정을 솔직하게 표현할 수 있도록 아이의 말에 먼저 귀 기울이자.

마음의 거리를 좁히는 긍정 명확 의사소통

나 역시 부모가 처음이라 서툰 탓에 일관성 있는 태도를 유지하기란 쉽지 않다. 30대는 사회적으로 굉장히 왕성한 시기이기에 커리어를 잃지 않기 위해 워킹맘이라는 타이틀을 붙잡고 있다 보니 집으로 돌아와 아이와 함께하는 시간은 많으면 고작 2~3시간이다. 상대적으로 함께하는 시간이 적은 탓에 아이의 한 마디 한 마디가 소중하게 다가왔다. 나는 '양보다 질'의 육아를 할 것이라고 마음에 새기고 또 새겼다. 적은 시간을 투자하더라도 최대의 효율을 보고자 했다. 그래서일까, 읽었던 책들은 육아법이 아닌 소통법과 관련된 도서가 주를 이루었다, 아이와의 소중한 시간을 알차게 보내고자 했던 바람이었다.

소통은 아이들과의 관계뿐만 아니라, 인간관계에서도 굉장히 중요한 첫걸음이다. 어떤 방식으로 대화하느냐에 따라 대화Communication가 될 수도 있고, 단순 정보 전달Information에 그칠 수도 있다.

아이와의 소통에서 가장 중요한 두 가지 팁이 있다. 첫째는 부정의 언어를 최대한 사용하지 않는 것이며, 둘째는 구체적이되 아이에게 선택권을 주는 것이다. 긍정의 언어를 쓰는 것도 중요하지만 부정의 언어를 안 쓰는 것에 더욱 신경 써야 한다.

아이는 자율적이고 자유로운 부모 아래에서 대화를 통해 자기만의 루틴을 만들기 시작했다. 예를 들어, 양치질 하기에 대한 책과 일화를 들려주고 궁금해하는 부분에 대해서는 아이가 원하는 만큼 찾아보고 두려움에 대해서도 충분히 공감함으로써 양치질의 필요성을 스스로 선택하게끔 유도했다. 그 결과, 잠이 와도 꼭 일어나서 양치질을 하고 잠자리에 드는 멋진 아이가 되었다. 생활 루틴에서도 이런 사례는 심심찮게 진한 감동으로 돌아온다.

진정한 이해로 나아가는 눈높이 소통

나는 어릴 적부터 꼭 하나, 선망의 꿈이 있었다. 결혼해서 내 아이가 생긴다면 젊은 엄마가 되어 멋진 친구가 되어 주리라, 어른의 시각에서 판단하고 훈육하는 대화 대신 함께하는 공통 관심사에 대해 시간 가는 줄 모르고 신나게 떠드는 친구와 같은 부모가 되고 싶었다.

부모와 자녀 간의 소통은 서로를 더 깊이 이해하고, 강한 유대감을 형성하는 데 중요한 역할을 한다. 이는 자신이 존중받고 이해받고 있다고 느끼게 하며, 감정적으로 안정감을 느끼게 하여 사회적 및 정서적 발달에 긍정적인 영향을 미친다.

눈높이 소통은 진정한 이해로 나아가는 첫걸음이다. 자신이 얼마나 소중한 사람인지, 얼마나 존중받아야 하는지를 스스로 깨칠 수 있도록 인내심을 가지고 칭찬과 격려를 아끼지 말아야 한다.

자기 주도적 아이, 미래를 향한 날갯짓

자신감 넘치는 긍정적 자아상

자기 주도적인 아이는 세상을 살아감에 있어 미래에 대한 준비뿐만 아니라, 현재의 삶에서도 긍정적인 변화를 지속적으로 만들어 갈 수 있다. 특히 요즘 같은 시대에서는 자신이 무엇을 원하는지, 무엇을 해야 하는지, 무엇을 향해 가야 하는지 구체적이고 명확한 길이 필요하다. 이때 자신에 대해 깊이 생각하고, 스스로를 잘 이해하며 자신의 선택을 지지할 수 있는 자신감 넘치는 긍정적인 자아는 필수 요소이다.

자신감은 크고 작은 경험을 통해 자연스럽게 발달하며, 아이가 새로운 도전에 대해 두려워하지 않고 긍정적으로 바라보고 포기하지 않는 굳건한 힘이 되어준다. 그러기 위해 부모는 아이의 기질 성향에 더욱 관심을 기울이고, 상황에 맞는 응원과 지지가 필요하다.

우리 딸의 예를 들어보자. 내 아이는 유아 학습지를 할 때 스티커가 그림자 모양과 맞지 않으면 끝까지 맞춰질 때까지 다시 붙이고, 글자나 그림을 그릴 때 작은 실수나 오류를 용납하지 않는 예민한 기질을 타고났다. 작은 실수에도 굉장히 민감한 반응을 보이기에 훈육을 해야 될 때에도 행여나 나의 의도와 다른 방향으로 받아들일까 싶어 노심초사했다.

그래서 실수를 하거나, 마음에 들지 않는 상황이 닥쳤을 때 꾸짖거나 비난하기보다는 아이의 감정을 이해하고 위로하며, 다음의 기회가 있음을 다시 상기시키고, 잘할 수 있을 것이라는 든든한 지지의 단어를 주로 사용했다. 작은 실수는 성장의 받침이 되고, 절대 실패가 아님을 말이다.

'엄마 아빠는 나를 믿는다'는 믿음과 함께, 완벽하지 않아도 시도하는 자체만으로도 훌륭한 것임을 가르치며 과정의 깊이를 보다 심화했다. 집안일도 함께하며 가족이라는 울타리 안에서 자신만의 역할이 있음을 느끼도록 적절한 자율성을 주고 스스로 할 수 있도록 주변에서 최소한의 서포트만 했다. 스스로 할 수 있다는 자율성만으로도 자존감이 성장하고, 긍정적인 자아로 발전할 수 있다.

나도 할 수 있어! 스스로 성장하는 경험주의

아이는 태어날 때부터 호기심과 탐구 정신으로 가득 차 있다. 주변 환경과의 상호작용을 통해 세상을 배우고 성장하며, 이 과정에서 다양한 경험을 통해 자신을 발견하고 알아가며, 세상과의 관계를 형성한다. 특히 인생을 배워감에 있어 스스로 경험하고 배우는 것은 아이의 성장에 있어 매우 중요하다.

영화 〈어벤저스〉 시리즈 중 등장인물 '타노스'는 각 행성의 보석(인피니티 스톤)을 모아야지만 힘을 행사할 수 있는 인물로 등장한다. 이를 우리의 상황과 빗대면 경험이 바로 '인피니티 스톤'이며, 여러 가지의 경험(스톤)이 쌓였을 때 비로소 진정한 통합이 되어 성장을 기대할 수 있다(물론 타노스는 좋은 방향이진 않았다).

아이가 경험을 시도하려고 할 때 가장 중요한 것이 바로 '자율성'이다. 아이가 스스로 목표를 설정하고 달성할 때, 삶의 만족도와 경험치가 높아짐에 따라 자존감도 함께 향상된다. 자신이 선택한 길을 스스로 체험해보는 것만큼 큰 경험은 없다.

작은 식사습관마저도 경험이 매우 중요하다. 어릴 때 접한 시도 또는 경험은 청소년기나 성년이 되어서도 여전히 영향을 미친다. 작은 생활 습관에서도 경험의 역할은 무궁무진하다. 자신이 경험해 본 만큼 세상은 더욱 확장되어 열린다.

다양한 활동에 참여함으로써 아이는 자신의 새로운 관심사와 재능을 발견할 수 있으며, 학습뿐만 아니라 예술, 과학, 스포츠 등 다양한 분야에서의 경험을 통해 자신이 무엇을 흥미로워하고 잘하는지를 배워간다. 이는 세상의 다양한 경험들을 통해 자신을 알아가는 길이다. 부모의 지지와 격려는 아이가 자신감을 가지고 새로운 경험을 두려워하지 않고, 자신감 있게 자신을 알아가는 것을 시도할 수 있는 좋은 양분이 된다.

과정이 없는 성장은 없다

성공과 성장의 여정에서 결과보다 중요한 것은 바로 과정이다. 인간의 성장은 단순히 결과에만 집중하는 것이 아니다. 결과는 순간적인 성취를 나타내지만, 과정은 우리가 그 결과에 이르기까지 모든 경험을 담고 있다. 이 과정을 통해 아이는 더 나은 어른이 되고, 성장을 위한 기반을 마련한다.

그중에서도 실패는 성공으로 가는 길에 있어 중요한 과정이다. 실패를 통해 우리는 무엇이 잘못되었는지, 어떻게 문제를 해결할 것인가를 계속해시 결과라는 피드백을 통해 배운다. 이 과정은 더 나은 결정을 내리고, 성공을 달성하는 데 큰 힘이 된다.

일례로, 스티브 잡스는 자신이 공동 창립한 회사에서 해고되는 실패를 경험했지만, 이 실패를 통해 그는 새로운 기회를 잡고, 넥스트와 픽사를 성공으로 이끌며 화려하게 애플에 복귀했다. 그렇게 잡스는 역사상 가장 성공적인 CEO 중 한 명이 되었다. 지금의 실패가 최종적인 결과가 아니라 성장과 성공으로 가는 '과정'임을 인지하고 계속해서 배우고 성장해야 한다.

결과보다 과정이 중요한 이유는 그것을 통해 우리가 배우고 성장하며, 실패의 과정조차도 아이는 부족한 점을 파악하고 이를 보완해 더 큰 성장을 할 수 있기 때문이다. 실패를 두려워하지 않고, 과정을 중요시하는 태도를 갖도록 아이와 함께 목표를 세우고, 그 목표를 달성하기 위한 작은 계획들을 세워보자. 아이가 계획을 실천하는 과정에서 어려움을 겪더라도 포기하지 않고, 작은 성공을 통해 끝까지 노력할 수 있도록 꾸준함과 발전을 계속해야 할 것이다.

아이의 잠재력을 깨우는 무한 성장 그래프

참된 휴식과 새로운 발견을 통한 몸과 마음의 성장

'여행은 옳다'는 문구는 직장인들의 일탈뿐만 아니라, 누구에게나 공통적으로 옳은 경험이 된다. 현대인들은 휴식이 큰 죄라도 되는 양 앞만 보고 달리고 있다. 잠시 한눈을 팔기라도 하면 낙오자가 되는 것처럼 말이다. 이런 강박증은 어른뿐만 아니라 아이에게도 전달된다. 종종 TV에서도 어린 친구들이 나와 벌써 공부가 재미가 없고 지친다며, 공부 권태

기를 겪는 뉴스들을 심심찮게 볼 수 있다. 대한민국은 앞만 보고 달려가는 경주마처럼 학습에만 집중하고, 조기 선행 교육에 열을 올린다. 과연 아이에게 이러한 부모의 교육열이 성장하는 데에 도움이 될까?

솔직하게 말하자면, 나의 교육방침도 이에 대한 대답은 "아니오"이다. 아이는 아이답게 나이에 맞는 즐거움을 만끽해야 하고, 그에 맞는 야외 활동이 동반되어야 참된 성장 궤도에서 인생의 즐거움을 알아가며 성장한다. 부모가 강요하는 취미 생활은 그저 취미에 그치지만, 아이가 자발적인 호기심과 흥미를 가지고 접하게 되는 활동들은 아이의 창의성과 자기 주도성과 함께 하나의 경험치, 또는 소중한 재능이 될 수 있다.

요즘 아이들은 대부분 맞벌이 가정에서 자란다. 우리 때만 해도 맞벌이 가정이 드물었다. 엄마가 놀이터에서 우릴 찾는 시대는 이제 통하지 않는다. 맞벌이 가정이 일반화되었고, 사교육의 현장에서 아이들은 어른보다도 더 바쁜 일정을 소화한다. 그렇기에 진정한 휴식은 어른뿐만 아니라 아이에게도 필수적인 요소이다. 자연 속에서 여유로운 시간을 갖거나 가족과 함께 여행을 떠나는 등 일상에서 벗어나 잠시 한 템포 쉬어감이 필요하다. 자신의 시간을 충분히 가질 수 있는 것, 그 자체만으로도 아이에게는 큰 휴식이 되어 아이의 메타인지가 무럭무럭 성장할 것이다.

독서와 함께하는 지적 호기심 해결소

독서는 아이의 호기심과 메타인지 능력을 성장시키는 데 매우 효과적인 방법이다. 우리 역시 어릴 때부터 독서에 대한 중요도에 대해서 수도 없이 들어왔다. 그 중요성을 무시한 근래의 MZ세대들은 동의어의 뜻 혹은 대화의 문맥에 대한 문해력이 현저히 떨어지는 것을 주위에서 발견할 수 있다. 앞으로의 미래에서는 무엇보다 문제 해결 능력이 중요시되고 있는 것도 이러한 맥락 중 하나이다. 다양한 연결고리 속에서 연관성을 찾아 문제를 해결하는 능력에서 가장 기본기가 되는 것은 그 문제의 본질을 꿰뚫는 '문해력'이다.

이는 작은 시작점에서 출발할 수 있다. 최근 유치원에서도 활용하는 독서 습관 기르기는 바로 독서 토론 클럽이다. 함께 선정한 주제의 책을 읽고 다 같이 둘러앉아 그 책에 대해 다양한 시각에서 자신의 의견을 제시하며 함께 토론의 장을 펼친다. 더 나아가 해당 주제와 관련된 연계 활동까지 덧붙이면 그 독서의 힘은 배가된다.

가정에서도 주 1회 독서 토론회를 개최해 보자. 이는 아이의 독서 습관뿐만 아니라 생각 정리 스킬, 문해력, 기획력, 프레젠테이션 스킬까지 다양한 분야에서 업그레이드할 수 있는 최고의 가정 놀이가 된다.

아이를 영재로 키우고 있는 지인에게 물었을 때도 대답은 동일했다. 공부를 강요하지 않지만, 책과 친해질 수 있는 환경, 그리고 가족 모두가 동참하는 독서 토론회를 통해 가족 간의 탄탄한 정서도 덤으로 형성하며 바른 아이로 성장할 수 있었다 한다.

혹시 독서 습관의 시작점을 잡기 어렵다면 종이접기로 시작해 보는 것도 하나의 방법이다. 아이와 함께 근처 서점에 가서 아이가 마음에 들어하는 색종이 접기 책을 하나 골라보자. 그 책을 통해서 아이는 자연스럽게 책 속의 문장을 이해하며 종이접기를 통해 문해력과 성취감을 함께 얻을 수 있다.

꿈을 향한 도전, 한계를 넘어서

최근 〈히든 피겨스〉라는 영화를 보며 굉장히 마음이 뜨거워지는 것을 느꼈다. 특히 여성 인권에 대해 관심이 있는 터라, 여성 위인에 대한 정보를 접할 때마다 가슴이 뭉클해진다. 같은 여성으로서의 동질감이기도 하지만, 어느 누구도 가능하지 못할 것이라고 했던 열악한 환경에서 결국은 해내는 그 존재 가치만으로 '도전 정신'이 무엇인지 일깨우게 한다.

이 영화의 주인공인 캐서린, 도로시, 크리스틴은 어린 시절부터 우주에 대한 원대한 꿈을 가지고 있었으나, 1960년대 미국은 인종차별과 성차별의 시대였기에 흑인이자 여성인 그들이 과학자로 일한다는 것은 거의 불가능했다. 그들은 인종차별과 성차별, 숱한 어려움을 겪으면서도 자신들의 꿈을 위해 끊임없이 도전하고 한계에 부딪히고 또 부딪혔다. 물론 선천적인 뛰어난 능력을 가지고 있었지만, 만약 그 한계의 벽에서 멈췄다면 과연 NASA에서 여느 남성들과 견주어 자신의 꿈을 펼칠 수 있었을까.

딸아이를 키우고 있는 나에게 이 이야기는 정말 가슴 한편에 뜨거운 끓어오름을 느끼게 해주었던 영화이기도 하다. 이 영화는 우리에게 꿈을 향해 도전하고, 좌절하지 않고 어려움을 극복하며, 팀워크와 노력을 통해 목표를 달성할 수 있다는 것을 보여준다.

성공한 영웅 혹은 위인들의 공통점은 바로 '도전 정신'이다. 포기하지 않고 끝까지 한계를 넘어서는 꾸준함의 힘이다. 우리 아이에게 성장 마인드셋을 기를 수 있는 가장 쉬운 방법은 위인전을 통해 그들 역시 고난과 역경을 극복하고 한계의 벽을 깨부수며 결국 그 자리에 있었다는 것을 간접적으로 체험하게 하는 것이다.

아이의 잠재력을 깨우기 위해서는 충분한 휴식과 새로운 발견, 독서를 통한 지적 호기심 해결, 그리고 한계에 도전할 줄 아는 도전 정신이 필요하다. 우리는 함께 성장하고 있으니까.

따뜻한 사랑으로 널 끌어 안아본다

가치와 자유를 통한 존중과 배려의 관계

인간관계에서 가장 중요한 것은 존중이다. 존중하는 자세로 상대방을 대하면 자연스럽게 그 사람에 대한 배려가 뒤따르게 된다. 존중과 배려는 철저한 기브 앤 테이크의 관계에 있다. 부모와 아이의 관계에서 부모가 먼저 아이를 존중하면 아이는 자연스레 자신을 믿고 자신감을 가지며 자존감이 높아진다. 이때 가장 중요한 것은 부모가 먼저 솔선수범해 아이를 존중하는 것이다. 아이가 존중받고 있다는 느낌을 받으면 자연스럽게 부모를 존중하고 신뢰하는 이상적인 기브 앤 테이크가 이루어진다.

부모와 자녀라는 상하 관계가 아닌, 인간 대 인간으로 마주하고 아이의 의견을 귀 기울여 듣고, 공감하며, 아이의 입장이 되어보는 것이다. 아이는 이제 막 세상에 태어나 세상 만물을 하나씩 배워가는 단계에 있기에 모르는 것은 알려주면 된다. 충분한 설명과 함께 선택권을 제공하고, 선택을 지지하며 상생하는 관계가 되어야 한다.

동서양의 육아 방식에서도 차이가 있다. 아이를 믿고 실수를 다그치지 않고 느긋하게 기다려주는 스타일의 육아 방식에서 아이는 더 빨리 성장하고, 자신의 일을 스스로 해내는 아이가 될 가능성이 높다. 아침에 일어나는 것부터 스스로 옷 골라 입기, 개인 청결, 그리고 준비물 체크까지 아이를 믿고 맡겨주면 놀라울 정도로 아이는 스스로 할 수 있는 것들이 많다.

우리 딸아이는 어린이집을 다니기 시작하면서 스스로 신발을 신는 습관을 시작했다. 시간이 걸려도, 좌우를 잠깐 헷갈려 해도 느긋하게 기다려주면 결국 올바른 방법으로 신발 신기를 터득했다. 다음은 목욕 후 스스로 로션 바르기를 비롯해 직접 잠옷과 속옷, 생활복 입기 등 생활 속에서 스스로 해야 할 것들을 조금씩 만들어 주었다. 물론 도움이 필요하다고 요청할 때는 즉시 최소한으로 도움을 주었다. 그 결과, 지금은 취학 전임에도 스스로 샤워하기, 양치질하기, 화장실 혼자 다녀오기, 자기 옷 자기가 챙겨 입기, 빨래는 빨래통에 넣기, 스스로 물 떠서 마시기 등 일상생활에서 스스로 할 수 있는 자신의 영역이 점차 확장되었다.

무한한 신뢰와 사랑, 든든한 버팀목 되기

아이가 스스로 할 수 있는 일들이 점차 많아지면서 아이의 자존감 역시 같이 단단해진다. 이때 부모는 아이가 성장하고 있다는 것을 느낄 수 있도록 칭찬을 아끼지 말아야 한다. 아이가 스스로 할 줄 아는 것이 많아진다는 것은 부모의 방관이 아니라 함께 성장해 가는 길이다. 과정이 느리게 느껴져 답답할지라도, 부모의 손이 닿으면 더 빠르게 할 수 있는 것일지라도 살짝 한 발짝 뒤에서 꾸준히 할 수 있도록 서포터 역할을 수행해야 한다. 부모의 든든한 지지는 특별하게 과장할 필요가 없다. 평소 일상생활에 그대로 스며들어 아이에게 든든함을 느끼게 해줄 수 있는 따뜻한 말 한마디와 스킨십이면 충분하다.

간혹 유아기에 곧잘하던 친구들이 퇴행적인 행동을 보이기도 하는데, 이는 여전히 아이는 부모의 사랑스러운 아이임을 재차 확인코자 하는 사랑의 표현이 아닐까 한다. 나는 잘 크고 있으니 부모님은 곁에서 잘 지켜봐 달라는 그런 표현 말이다. 아이는 언제나 부모의 사랑에서 가장 큰 행복을 느낀다.

우리 가정에서는 딸아이와 자기 전에 무조건 스킨십의 시간을 가진다. 볼을 비비고, 코를 맞닿고, 뽀뽀와 함께 사랑한다는 말과 뜨거운 포옹을 맘껏 나눈다. 아이가 충분히 만족스러운 표정으로 잠자리에 들어갈 만큼 말이다. 이렇게 하면 꿈에 나쁜 괴물이 나타나도 무섭지 않고, 멋지게 무찌를 수 있는 힘을 가진다고 한다. 얼마나 귀여운가.

영원한 인생의 길라잡이, 친구로 함께 걷는 인생길

아이는 부모를 존경하고 신뢰하는 동시에, 부모를 친구처럼 생각하기도 한다. 세상에 태어나서 처음 만나는 인간관계이자 가장 오랜 시간을 함께하는 사람이 바로 부모이기 때문이다. 그만큼 부모의 역할은 아이에게 중요한 인생 거울이다.

요즘 나는 딸아이에게 거울 치료를 당하고 있다. 어쩌면 내가 스쳐 지나가듯 했던 말들, 혹여 못난 모습을 보였던 순간들이 섬뜩하게도 내 앞에서 이뤄질 때 정말 몸 둘 바를 모를 정도로 민망함과 동시에 좋은 어른의 본보기가 되지 못했음에 미안하기도 하다.

우리 부부에게 딸아이는 삶을 살아감에 있어 더욱 반듯한 길로 가게 하는 등불 같은 존재이다. 선하고 맑은 눈을 보고 있노라면 행여 악한 마음이 들더라도 현명하고 선한 길로 갈 수밖에 없다. 어설프고 실수투성이일지라도 내 아이에게만큼은 현명하고 지혜로운 조언자이고 싶다. 아이의 무한한 선택들을 지지하며, 자칫 나쁜 길에 빠져들지 않도록 길을 환히 밝혀주는 등불이 되고자 한다.

성장의 밑거름, 우리가 지켜야 할 것들

삼인행 필유아사 : 겸손의 배움

아이는 태어나면서부터 오감을 통해 세상을 배우고 성장한다. 그중 가장 큰 자극이자 통로가 되는 것이 바로 부모이며, 아이의 성장에 가장 큰 영향을 미치는 존재이기도 하다. 겸손은 모든 배움의 시작이다. 기질과 상관없이 모든 시작점은 나의 자만을 내려놓고 자세를 낮추는 것에서 비롯된다. 아이는 겸손한 자세로 세상을 바라보고, 새로운 것을 배우려는 태도를 가져야 한다. 세상은 넓고 배울 것은 수없이 많다. 그렇기에 우리는 아이에게 겸손의 중요성을 가르쳐 주고, 끊임없이 배움을 탐구할 수 있도록 도와줘야 한다.

'삼인행 필유아사三人行 必有我師', 즉 세 사람이 길을 가면 그 가운데 반드시 나의 스승이 될 만한 사람이 있다는 〈논어〉 속 공자의 말이다. 나의 좌우명 역시 '모든 이에게는 배울 점이 있다'인 것처럼, 나를 낮추고 겸손의 자세로 상대를 바라본다면 깊고 값진 인생의 배움을 얻을 수 있을 것이다.

내 아이에게 겸손을 가르쳐 주고자 한다면 나의 무지와 모자람을 인정하는 방법부터 시작해야 한다. 아이가 잘못된 행동을 했다면 욱하는 마음에 화를 내는 대신 아이에게 실수를 인정하도록 하고, 그 실수를 통해 배워갈 수 있도록 격려해야 한다.

자신의 잘못이나 실수를 인정하기 시작한다면 상대방의 의견에 대해 먼저 귀담아들을 수 있는 경청과 존중의 자세 역시 중요하다. 아이들은 어린이집을 시작으로 유치원과 학교에서 가족이라는 울타리를 벗어나 넓은 세계관과 사회집단에서 본인을 탐구하고 삶을 확장해 배워가기 시작한다. 이때 원활한 이해관계를 통해 다양한 경험을 쌓기에는 친구만큼 중요한 존재도 없다. 자신의 의견을 어필함에 동시에 상대방의 입장과 의견을 이해하고 존중할 수 있는 경청과 존중의 자세는 보다 바른 아이로 성장하게 한다.

작은 것에도 감사하는 마음을 가질 수 있도록 독려해야 한다. 도움을 받았다면 감사 인사를 잊지 않아야 하고, 나의 도움이 필요한 사람을 만나게 된다면 도움을 줄 수 있었음에 감사할 수 있도록 해야 한다. 인생은 절대 혼자만으로 살아갈 수 없다. 서로를 이해하고, 겸손한 자세로 상대의 말에 경청하고, 자만하지 않고 모든 상황에서 배워가는 자세를 가르친다면 아이는 분명 인품이 훌륭할 뿐더러 충만한 삶을 살아가는 지혜를 얻음과 다름없다.

꾸준함의 자세 : 1만 시간의 법칙

아이는 태어날 때부터 세상의 모든 이치를 배우고 성장한다. 이 과정에서 부모는 가장 큰 영향을 미치는 존재로, 올바른 가치관을 형성할 수 있도록 꾸준함의 가치를 일깨워 줘야 한다.

'1만 시간의 법칙'을 들어보았는가. 어떤 분야에서든 월등한 실력을 갖추기 위해서는 최소한 1만 시간의 훈련을 통해 비로소 제대로 된 실력을 갖출 수 있다는 말이다. 우리가 보고 있는 각 분야의 영웅들은 단순히 그 자리에 서 있는 것이 아니다. 트로피 혹은 명성 아래에 숨겨져 있는 수많은 피와 땀 그리고 눈물이 뒷받침했기 때문에 그 자리에 설 수 있었다.

요즘 세상은 뭐든 쉽게 접근하고 체험하기에 아주 최적화되어 있다. 하고자 하는 의지만 있다면 언제든지 하고 싶은 것, 필요한 것들을 쉽게 손에 넣고, 체험할 수도 있다. 그렇기에 끝까지 간절함을 가지고 완주하는 이들이 몇 퍼센트나 될까. 이런 점에서 1만 시간의 법칙은 어쩌면 육아와도 많이 닮았다는 생각이 든다. 인고하는 시간 속에서 부모와 아이는 성장하며, 서로가 꾸준히 노력하지 않으면 그 관계는 상생과 성장의 길을 벗어날 수도 있다.

그렇기에 '꾸준함'은 부모와 자녀 모두가 함께 노력해야 하는 중요한 인생의 과정이다. 시작했으면 끝맺을 수 있는 동기부여와 용기, 그리고 꾸준함을 계속해서 이어갈 수 있는 성취감이 필요하다. 아이들에게 '꾸준함'이란 자신의 꿈을 이뤄가기 위한 동력임을 일깨워 줄 수 있다. 이것은 작은 일상에서부터 시작할 수 있다. 아이에게 목표를 설정하고, 목표를 달성하기 위해 노력할 수 있도록 부모도 꾸준히 계속해서 옆에서 협조해야 한다. 중간에 싫증을 내거나 지루해하는 표현들은 아이에게 좋은 영향이 되지 못한다.

이 꾸준함을 배우게 되면 결과만 중시하기보다 과정도 돌아볼 수 있는 현명한 아이로 성장한다. 예를 들어, 아이가 피아노 혹은 태권도를 배우고 싶어 한다면 아이와 함께 충분히 논의해 목표를 설정하고, 아이가 목표를 달성하기 위해 꾸준히 연습할 수 있는 환경과 격려를 아끼지 않는다. 물론 그 사이에 흥미를 유발할 수 있는 새로운 관심사가 생길 수도 있다. 다만, 접한 것으로 끝나지 않고 끝까지 자신이 설정한 목표를 달성할 수 있는 자세를 배운 아이는 어느 것도 가벼이 여기지 않고 신중히 선택하고 또한 이뤄갈 것이다.

다양한 분야의 스승을 만나는 시간 : 다독의 힘

세상은 넓고 배움은 무한하다. 배움의 첫 관문에서 가장 쉽고 가깝게 시작할 수 있는 것이 바로 독서이다. 독서는 남녀노소를 불문하고 접하지 못했던 다양한 지식과 경험을 제공하며, 세상을 바라보는 시야를 넓혀 준다. 아이는 책을 통해 역사, 과학, 예술, 문화 등 배우고자 하는 세상에 대해 지식을 쌓을 수 있고, 다양한 사람들의 생각과 가치관을 배우고 이해하며, 자신의 세상을 넓힐 수 있다.

인터넷과 AI가 발달하기 시작하면서 현대인들의 독서량은 현저히 떨어지고 있으며, 사회생활 혹은 소통에서 가장 중요한 문해력이 현저히 낮아지고 있다. 이 부분에 있어서만큼은 아이에게만 강요할 것이 아니라 부모 역시 독서 습관에 관심을 가지고 함께 개선해나가야 한다. 독서 습관 형성에 필요한 쉽고 간단한 부모 접근법에 대해 몇 가지 팁을 주고자 한다.

아이가 태어나고 나서 가장 중요한 것은 '책과 친해지기'이다. 어떤 책이든 관계없이 아이가 흥미를 느낀다면 책이 놀이의 도구가 되어도 상관없다. 그저 책이라는 것에 아이가 흥미를 가지고, 늘 함께하는 동반의 개념이 생기기에는 집요한 잔소리보다 훨씬 효과적인 것이 책을 놀이 도구로 여기는 것이다.

아이와의 유대관계에서 '잠자리 독서'의 시간을 반드시 가져야 한다. 기본적인 습관 형성뿐만 아니라, 그 시간은 아이와의 긴밀한 유대감 혹은 책의 내용에 대해 관심을 가지게 되는 중요한 시작점이 된다. 하루에 최소한 아이가 좋아하는 책 1~2권과 함께 두루 섭렵해 주는 것이 좋다. 물론 오디오, 앱이 잘 되어 있어서 틀어주는 것도 좋지만 이 시간만큼은 부모의 목소리로 읽어 주며 상상의 나래를 함께 펼쳐주는 것이 좋다.

이렇게 시작하여 아이가 책에 대해 관심을 가지게 된다면, 아이가 좋아하는 간식을 챙겨 근처 어린이 도서관으로 주말 나들이를 해보자. 도서관의 규모는 그리 중요치 않다. 다만 아이가 접근하기 쉬운 책 혹은 어린이 전용 섹션이 있는 곳이라면 어디든 좋다. 도서관이 지루하고 딱딱한 곳이 아니라, 새로운 지식의 창고가 되어 좋은 놀이터가 될 수 있는 그런 곳이면 충분하다.

그렇게 책과 친해진 아이와 가족이 되었다면, 생각 주머니를 더욱 확장할 수 있는 가족만의 독서토론회를 열어보자. 일주일에 1회 혹은 적어도 1달에 1회 정도의 횟수를 정해두고 그간 관심 있게 읽었던 책에 대한 스토리텔링과 함께 '내가 주인공이었다면'이라는 가정하에 다양한 토론 주제를 가지고 아이와 함께 책에 대해 이야기를 나눠보는 것이다.

난이도는 아이의 이해력에 따라 조절하여, 자신과는 다른 다양한 시각에 대해 인지할 수 있도록 부모 역시 함께 해당 주제의 책을 읽고 몇 가지 질문 사항을 준비해서 시작해 보자. 횟수를 거듭할수록 아이의 생각 주머니가 커가고 다양한 의견에 대한 이해도가 높아짐을 느낄 수 있는 뿌듯한 순간이 올 것이다.

나에서 우리가 함께 만들어가는 행복 집합체

부모는 아이의 거울

아이의 마음은 흰 도화지와 같다. 무엇을 그려줄지는 첫 만남을 하는 존재, 바로 부모의 역할이 중요하다. 아이들은 부모가 하는 모습을 그대로 배우고, 그 모습에 따라 무의식적으로 가치관을 형성하며, 세상과의 관계 방식을 배우게 된다.

부모는 아이의 거울이다. 의도의 여부와는 관계없이 부모의 일상 속 스쳐 가는 단순한 말 한마디도 아이에게 투영된다. '나'라는 독립적 자아로 성장했던 우리 부모가 이제는 '우리'라는 울타리를 만들었다. 그리고 눈에 넣어도 아프지 않을 내 아이들에게 물려줄 수 있는 것은 재산이 아니라, 바로 이러한 모범적인 가치관과 세상이다.

우리가 알고 있는 육아 지침들 역시 부모가 먼저 모범을 보여야만 아이에게 가능한 일들이 된다. 부모가 책을 읽지 않으면서 아이에게 책을 읽으라고 강요를 한다면, 그 환경은 과연 책을 읽고 더 넓은 세상을 배우기에 적합한 환경인가를 생각해 보면 된다. 부모로서 시작할 수 있는 긍정적인 모범의 자세는 다음과 같다.

먼저, 상대방을 존중하고 경청하는 자세가 중요하다. 예전에는 '부모님의 말이 곧 법이다'고 할 정도로 보수적인 가정이 대다수였다면, 지금은 열린 마음을 가지고 서로의 의견을 나누는 공동체와 같은 가정환경으로 변화하고 있다. 아이에게 상대방의 말에 대한 경청과 이해를 원한다면 나부터, 부부의 대화부터 경청과 이해를 통한 소통을 시작해 나가는 것이 어떨까.

또한, 책임감 있는 행동으로 아이와 한 약속에 대해서 최선을 다해 지켜주는 것이 좋다. 아이와의 놀이 시간을 약속했다면 그 시간만큼은 아이에게 최선을 다하고 집중을 해야 하며, 만약 아이가 밥을 먹지 않아 간식을 주지 않기로 했다면 단호히 주지 않는 것이 아이에게도 혼선을 주지 않고 말 한마디의 중요함 역시 배우게 된다. 하지만 약속을 지킬 수 없는 상황이 발생할 수도 있다. 이럴 때에는 '그럴 수도 있지'라는 생각보다는 반드시 아이에게 그 부분을 충분히 설명하고 아이의 이해를 돕는 것이 좋다. 정서적 안정감을 줄 수 있는 가장 기본은 공감하고 이해하는 자세이다.

마지막으로, 긍정적인 태도이다. 매일의 일상 속 작은 소중함일지라도 당연히 여기지 않고 감사의 마음을 표현하며, 자신의 부족함과 실패에 대해서 겸허히 인정하는 자세라면 아이 역시 어려운 상황에서도 그 상황에 갇히는 것이 아니라 긍정적으로 대처하는 방법을 배워갈 수 있을 것이다.

유아동기에 부모가 아이에게 어떤 태도로 대했는가는 사춘기 때에 드러난다. 충분히 모범적인 부모와 긍정적인 소통의 방식으로 대화를 했던 아이들은 사춘기에도 큰 이탈 없이 부모가 물려준 인성과 가치관을 가지고 곧은 길을 한 발 내디딜 수 있다.

합리적인 낙관주의, 칭찬과 훈육의 경계선(5:1 법칙)

아이와 부모가 다 같이 건강한 성장을 하기 위해서는 칭찬과 훈육의 적절한 조합이 중요하다. 과도한 칭찬은 아이에게 과잉 행동을 유발할 수 있고, 과도한 훈육은 아이의 자존감을 떨어뜨리는 나쁜 요인이 될 수 있다. 여기에 5:1 법칙을 도입해 보자. 아이의 좋은 행동이나 과정의 노력에 대해서는 5번 칭찬하고, 잘못된 행동이나 말에 대해서는 1번의 훈육을 하는 것이다.

칭찬은 상황에 대한 구체적인 디테일을 살려 충분히 그 과정을 잘 해냈음에 대해서 진심으로 칭찬을 해야 한다. 단순히 결과에 대해 "잘했어!"라고 말하기보다 "오늘 네가 한글 공부를 30분간 집중해서 배우는 모습이 좋았어!"와 같이 그 과정의 노력을 인정하는 내용을 담아 칭찬해야 한다.

훈육해야 할 경우에는 "네가 그럴 줄 알았어!" 혹은 "엄마가 하지 말라고 했지! 넌 왜 항상 똑같은 실수를 하냐!"와 같은 비난 섞인 훈육이 아닌, 그 상황의 WHY에 집중해서 정확히 아이의 잘못과 아이의 본질을 구분해서 잘못된 행동에 대해서만 짧고 명료하게 훈육해야 한다. 아무리 좋은 이야기도 계속 길어지면 지루하듯, 특히 집중력이 길지 않은 아이에게 끝까지 늘어지게 훈육을 한들 아이에게는 '엄마는 나만 싫어해!' 같은 인식만 더욱 강해질 뿐이다.

아이는 부모에게 받은 사랑으로 자신의 가치관을 형성하고, 나아가 평생을 살아갈 든든한 힘을 얻는다. 부모가 자꾸만 자신의 취약점에 대해서 집요하게 파고들어 지적만 하고 칭찬에 인색하다면 아이는 당연하게 인정받은 경험이 없어 자존감이 떨어진다. 그렇게 아이는 누군가 자신을 흔들었을 때 단단히 자신을 지킬 힘을 잃는 것과 같다.

최근 TV에 나온 삼둥이 아빠 송일국은 자기만의 철칙이 있다며 지갑 한편에 지니고 다녔던 종이 하나를 꺼냈다. 바로 '부모 10계명'이다. 그 내용은 어떻게 해야 한다기보다 절대 하지 말아야 할 10가지가 간단명료하게 적혀 있었다. 아이의 자존감은 부모와의 소통과 함께 칭찬과 훈육의 과정에서 만들어진다. 우리는 한 아이의 삶에 막대한 영향력을 행사하는 중요한 사람임을 명심해야 한다.

삶은 즐기며 사는 것, 행복의 첫걸음

조금은 힘들어도 괜찮다. 조금은 어설퍼도 괜찮다. 조금은 늦어도 괜찮다. 요즘 세상은 너무나 '완벽, 완벽, 완벽'을 원한다. 누구보다도 빠르게, 누구보다도 먼저, 누구보다도 높게를 추구하다 보니 앞만 보고 달려가는 경주마들의 치열한 경주를 보고 있는 것만 같다. 마치 조금이라도 뒤처지면 큰일이라도 나는 것처럼 말이다.

마치 괜찮은 집, 괜찮은 지위, 괜찮은 차가 없으면 안 되는 것처럼 치열하게 살며, 누군가의 SNS와 나의 현실을 비교하며 하염없이 상대적 박탈감을 느낀다. 우리 사회는 어쩌면 출산율, 인구 절벽을 개선하는 근본적 방법으로 개인들의 삶에 대한 인문학적 접근이 더 우선이 되어야 할지도 모르겠다. 진정으로 삶을 즐기는 방법을 잃어버린 듯 물질 만능주의에 젖어 정말 중요한 걸 놓치고 있으니 말이다.

삶은 모든 희로애락이 녹아든 나만의 스토리이다. 어떻게 다른 이들과 똑같은 삶을 살아가며 진정한 행복을 느낄 수 있을까. 늘 좋은 일만 가득할 수 없으며, 때론 시련이 다가와 고난과 인내의 시간을 견뎌야 할 때가 올 수도 있다. 나는 우리 아이가 즐겁게 흙을 만지며 놀고, 신체활동을 즐기는 그런 아이가 되었으면 한다. 그 시기, 그 나이에 맞는 삶의 즐거움을 먼저 알았으면 한다. 물론 국영수를 통해서 더 많은 사고력을 기를 수 있지만, 그것보다 중요한 건 내가 주인공인 삶을 살아가는 것이다. 자신을 진정 사랑하고, 사람 간 소통하는 방법을 배우고, 작은 일상 속에서도 많은 걸 충만하게 느끼는 것이 선행되어 '나'라는 사람을 사랑하는 법을 아는 것이 중요한 것 아닐까.

엄마 아빠가 전부였던 내 아이가 적어도 20년이 지나면 독립적인 자아로 사회에 한 발 내딛게 된다. 지금은 비록 부모의 삶으로 살아가는 것이 다소 버거울지도 모른다. 허나 점차 시간이 흐를수록 우리 마음과는 다르게 내 아이는 자신의 이야기를 써 내려가려 독립의 시간을 찾아갈 것이다. 우리는 지금을 만끽하며 내 아이를 아낌없고 조건 없이 마음껏 사랑하는 건 어떨까.

삶을 대하는 행복한 태도는 그냥 얻어지는 것이 아니다. 우리가 먼저 이 세상에서 가장 행복한 사람이 되자. 하고 싶은 일이나 공부가 있다면 시간을 쪼개어서라도 나만의 시간을 가지고 진취적으로 움직인다면 그런 과정에서 뿜어져 나오는 긍정 에너지는 아무리 숨기려 해도 반짝임을 가지고 우리 가족을 환히 비춰줄 것이다.

오늘, 바로, 지금! 변화는 지금부터

시작이 반이다. 뭐든 시도를 하지 않고서 변하고자 한다면 아무리 위대한 신이더라도 도와줄 수 없다. 내가 바뀌어야, 즉 부모가 먼저 바뀌어야 아이가 바뀌고, 우리 가정이 바뀐다. 아마도 독자들은 정보의 홍수 속에서도 아이에게, 혹은 자신에게 필요한 육아 정보를 얻고자 다양한 육아 도서를 읽어가고 있을 것이다. 좋은 것만 해주고 싶은 게 바로 부모 마음이니 말이다.

그러니 이 책을 펼쳤을 때의 초심을 생각하며, 우리는 지금부터 실천해야 한다. 행동하지 않고서는 절대 변할 수 없다. 아이를 사랑하고 아껴주는 것은 결코 심오하고 어려운 것이 아니다. 많은 육아 책에서 공통으로 이야기하는 것은 바로 부모의 아낌없이 주는 조건 없는 사랑이다.

마음껏 표현하고, 마음껏 사랑해 주며, 최선을 다해보는 기다. 좋은 것과 이쁜 것만 보며 열 달을 내 뱃속에서 소중히 키워낸 아이들이다. 앞으로의 함께 할 날은 생각보다 짧다. 하루하루를 작은 것에서부터 시작해 보는 것이다. 처음부터 완벽히 해내고자 스트레스를 받지 않아도 된다. 시작이 반이다. 하나둘 하기 시작하면, 그 하나가 둘이 되고 셋이 돼서 우리 모두를 변화하게 한다.

우리 가정의 경우에는 맞벌이였지만 친정엄마가 평일의 스케줄을 모두 소화시켜 주셨다. 우리 부부는 아무리 늦더라도 마지막 잠자리 들기 전 마무리는 굿나이트 뽀뽀를 한다. 아이는 '아! 우리 부모님은 날 정말 사랑하시는구나!' 하며 가슴 가득히 채워지는 사랑으로 더욱 단단하고 건강하게 자란다. 무슨 일이 생겨도 내 편이 있다는 든든함은 소중한 힘이 된다.

마지막으로, 아이가 주인공인 삶을 살아가야 한다는 말을 하고 싶다. 우리는 그저 조연일 뿐이다. 우리는 우리의 삶에서 주인공으로 살면 된다. 아이가 최고의 주인공인 삶 속에서 우리는 기꺼이 조연을 청한다. 여기서부터 우리의 미라클은 시작된다.

요즘 엄마, 요즘 육아

김보라

불안한 육아의 세계에 뛰어들다

처음이라 불안한 건 당연해

십여 년 전, 나는 엄마가 되었다. 그때 나는 아이를 만났다는 기쁨보다도 많은 어려움에 부딪혔다. 젖을 물리는 것부터 시작해 더운 날씨, 몸의 변화 그리고 산후 우울증까지 감정의 혼란과 불안함이 나를 괴롭혔다. 처음이라서 모르는 것이 많은 데다가 엄마, 아내, 며느리로서의 역할을 한꺼번에 해야 하는 압박감 속에서 힘들어했다.

시간이 지나 돌아보니 아이의 첫 옹알이, 첫 웃음, 첫걸음이 모두 소중하게 느껴졌다. 불안과 걱정은 자연스러운 감정이라는 것을 깨달았고, 그것이 육아를 조금 더 편안하게 만들어 주었다. 아이를 잘 돌보려면 나 자신을 잘 돌보는 것이 중요하다는 사실도 알게 되었다. 아이와 엄마는 감정적으로 연결되어 있기에 엄마의 부정적인 감정이 아이에게 영향을 미칠 수 있다.

부정적인 감정을 해소하기 위해 나는 결혼 전 좋아했던 것들을 떠올렸다. 좋아하는 영화를 보고, 음악을 듣고, 친구와 이야기하며 스트레스를 풀었다. 이렇게 감정을 정리한 후에는 아이에게 더 집중할 수 있었고, 긍정적인 에너지를 줄 수 있게 되었다.

인정하고 배우고, 소통하자! 육아의 진정한 힘

우리 아이들이 태어났을 때 육아 서적은 차고 넘쳤다. 하지만 무엇부터 봐야 할지 몰랐고, 아이를 돌보면서 책을 읽는 것 자체가 무리였다. 처음 하는 육아에 모르는 것이 너무 많아 아이의 마음도, 내 마음도 돌볼 겨를이 없었다. 아이가 6개월이 지났을 무렵부터 처음이기에 서툴고 어려운 것이 많다는 것을 인정하기 시작했다. 그러고 나니 육아에 대한 정보를 들을 귀가 조금씩 열리고, 배우고 싶은 마음이 생겼다. 전문가들이 쓴 육아 서적들을 통해 아이의 발달 과정도 배우고, 어떤 이유식을 해줘야 하는지, 어떤 동화책이 아이의 언어 발달에 도움이 되는지도 알게 되었다. 나중에 둘째가 생겼을 때는 첫째의 마음도 알게 되면서 불안했던 육아가 조금씩 부담을 덜게 되었다.

육아 모임에도 나가기 시작했다. 비슷한 시기에 있는 또래 엄마들을 만나면서 공통점을 찾았고, 어렵고 힘든 점을 터놓고 이야기하니 훨씬 더 좋았다. 실생활의 정보도 얻었지만, 무엇보다 서로의 마음을 이해하고 공감해주는 데서 오는 만족감이 매우 컸다. 시대가 바뀌면서 육아도 정보전이 되었다. 지금은 유튜브나 미디어를 통해 손쉽게 원하는 정보를 얻을 수 있게 되었고, 그런 정보를 주는 다양한 전문가들 덕분에 육아할 때 아이의 마음도 중요하지만 엄마의 마음 또한 중요하다는 인식이 많이 자리 잡게 되었다.

내가 읽었던 책 가운데 소아청소년 정신건강의학과 전문의인 김효원의 〈엄마의 마음이 자라는 시간〉이 인상 깊다. 이 책은 진료실에서 상담했던 사례들을 소개하며 아이와 엄마의 성장에 대해 이야기한다. 아이가 성장하면서 나타나는 여러 가지 문제와 그에 대한 팁, 그리고 엄마가 되어가는 과정에서 겪는 심리적인 문제들을 이야기하며 엄마의 마음을 따뜻하게 감싸준다.

내 아이와의 소통, 작은 비밀이 큰 힘이 된다

아이와 눈높이를 맞춰라

나는 아이가 100일이 지났을 때 다시 일을 시작했다. 주변에서는 아이가 아직 어린데 더 키우고 일하라고 하기도 했고, 다른 분들은 아이도 생겼으니 집안 살림에 보탬이 된다며 일하는 것이 좋다고 하기도 했다. 사실 나도 마음 깊은 곳에서는 아이를 좀 더 내 손으로 키우고 싶었다. 하지만 개인적인 사정이 있어 일하러 나갈 수밖에 없었다. 첫날 시댁에 우는 아이를 맡기고 돌아서 나오자마자 눈물이 쏟아졌다.

그때 내가 결심한 것은 비록 함께 있는 시간은 적지만, 함께하는 동안에는 누구보다 많이 안아주고 사랑한다고 말해주겠다는 것이었다. 그때부터 둘째를 낳고 잠시 쉬기 전까지는 항상 일을 했다. 그때나 지금이나 육아를 도와주시는 시부모님 덕분에 계속해서 일을 할 수 있었다. 내가 계속 일을 했기 때문에 전업맘보다 아이와 함께하는 시간이 적었지만, 지금 우리 아이들은 그 누구보다 상냥하고 사랑 표현도 잘하며 따뜻한 마음을 가진 아이들로 잘 자랐다고 자부한다.

한 가지 더 지키고자 노력했던 것은 바로 눈을 마주보고 대화하는 것이었다. 잠들기 전에 항상 옆에 누워서 책을 읽어 주었고, 그날 있었던 일에 대해 아이와 눈을 마주보고 대화했다. 오늘 하루 무엇이 가장 즐거웠고 인상 깊었는지 물었다. 친구들과 선생님과의 일은 기본이고, 무엇을 맛있게 먹었는지 등 소소한 것들에 대해 최대한 관심을 가지고 물어보려 애썼다.

아이들은 거짓말 탐지기와 같다. 엄마의 마음을 귀신같이 맞춘다. 세계적 가족 심리학자 버지니아 사티어는 〈아이는 무엇으로 자라는가〉라는 책에서 아이를 잘 자라게 하려면 아이와 눈높이를 맞추고 바라보며 이야기해야 한다고 한다. 다른 생각을 하면서 건성으로 응해서는 안 된다. 이런 지침은 자녀와 온전히 공감하고 성공적으로 애정을 전달하는 데 도움이 된다.

지금도 우리 아이들은 퇴근 후 만나면 하루 있었던 일들을 재잘재잘 이야기하기 바쁘다. 곧 사춘기에 접어드는 5학년 아들도 속마음을 조곤조곤 잘 이야기해 준다. 아이와의 눈 맞춤 소통이 가져다준 좋은 결과라고 생각하고 항상 감사하게 여긴다.

시기별 애착 형성의 중요성

네이버 검색창에 '애착 형성'을 입력하면 정말 많은 글들이 나온다. 그 중 공통된 것은 애착 형성의 개월 수를 묻거나, 안정적인 애착을 어떻게 형성할 수 있는지에 대한 질문들이다. 많은 사람들이 애착 형성에 대해 궁금해하는 이유는 어릴 때 만들어진 애착이 성인이 된 이후의 삶에 큰 영향을 미치기 때문이다. 일부는 태어나서 3년까지는 엄마의 손에서 아이가 길러져야 애착 형성에 문제가 없다고 주장한다. 이런 이야기를 들으면 워킹맘들은 마음이 아파진다. 나 역시 아이들이 태어난 후 3개월 만에 일을 시작했기 때문에, 그게 사실이라면 내 아이들은 애착 형성이 제대로 이루어지지 않았을 것이라고 생각한다.

그러나 우리 아이들은 가족과 함께 있을 때 가장 편안함을 느낀다. 엄마 아빠에게 속마음을 잘 이야기한다. 불안하거나 위험할 때는 반드시 부모를 찾는다. 미국의 한 연구에서는 일하는 것이 애착 형성에 직접적인 문제가 아니라고 한다. 아동의 심리와 애착에 영향을 주는 것은 일하는 엄마의 삶의 질이다. 또한 일과 가정의 균형과 엄마의 심리적 여유도 중요하다. 애착 형성의 시기가 이르면 좋지만, 정해진 것이 아니다. 각 아이의 성향과 부모의 상황에 맞춘 적절한 애착 형성이 이루어진다면 그것이 진정한 정답이다.

또 다른 측면에서 안정 애착은 '대상 항상성'으로 볼 수 있다. 이는 어머니와 같은 중요한 대상이 눈에 보이지 않아도 존재한다는 믿음이다.

대상 항상성이 높은 아이들은 부모와 잘 떨어진다. 며칠 동안 부모가 보이지 않아도 크게 동요하지 않는다.

그렇다면 한 번 잘못 형성된 애착은 되돌릴 수 없는 것일까? 아니다. 이미 애착 문제가 있더라도 노력과 적절한 부모의 지원을 통해 안정적인 애착을 다시 형성할 수 있다. 애착은 관계 형성이기 때문에 유연하게 변할 수 있다. 적절한 환경과 부모의 관심이 주어진다면 언제든지 개선하고 발전할 수 있다.

훈육, 왜 이렇게 힘든 걸까? 나만 힘든가요?

훈육, 과연 꼭 해야 하는 걸까?

최근에 내가 했던 훈육은 12살 아들을 앉혀 놓고 눈을 똑바로 보며 화내지 않고 조곤조곤하지만 강하게 이야기하는 일이었다. 워킹맘으로서 회사에서 열심히 일하고 있는데, 학교 선생님으로부터 장문의 메시지가 왔다.

당황스러운 마음을 누르고 천천히 읽어보니, 체육 수업 시간에 A라는 친구와 B라는 친구와 함께 수업을 받던 중 A가 B에게 입에 담기 힘든 욕을 했고, 우리 아이는 옆에서 A의 말에 동조했다는 내용이었다. 그 일로 A와 우리 아이는 교무실로 불려가 선생님에게 야단맞고 반성문을 썼으며, B에게 사과하고 잘 마무리되었으니 가정에서 지도 편달을 해달라는 내용이었다.

아이가 커가면서 온갖 일이 다 있지만, 이런 일은 처음이어서 심장이 두근거리고 식은땀이 났다. 처음에는 화가 났고, 나중에는 B와 그 어머니에게 미안한 마음이 들었다. 같은 일이 두 번 반복되지 않게 하려면 어떻게 이야기해야 할지 고민했다. 그리고 하교 후에 아이에게 스스로 이야기하도록 했고, 무엇을 잘못했는지, 왜 그랬는지 들어보았다. 그 과정에서 타인에게 행해지는 행동은 물리적인 것뿐만 아니라, 말로 전해지는 것의 중요성에 대해서도 이야기했다.

아이가 커갈수록 훈육은 점점 더 어려워진다. 좋게 타이르듯 훈육해도 통하지 않을 때가 많고, 무섭고 날카로운 훈육은 아이는 물론 엄마의 마음에도 상처가 된다. 게다가 아이마다 타고난 성향과 발달 단계가 다르기에 기준을 어디에 둬야 할지 혼란스러울 때가 많다.

훈육의 사전적 의미를 찾아보면, 훈육은 '가르칠 훈訓'과 '기를 육育'을 써서 품성과 도덕을 가르쳐 바람직한 인격 형성을 돕는 것이라고 한다. 훈육이 꼭 필요하냐고 묻는 엄마들도 있지만, 나는 당연히 필요하다고 생각한다. 우리는 혼자 살 수 없기 때문이다. 타인과 함께 살아가면서 지켜야 하는 원칙들이 있다. 그 원칙을 잘 지켜야만 함께 살아갈 수 있고, 스스로를 잘 지킬 수 있다.

훈육의 성공은 가정의 틀에 달려 있다

〈삐뽀삐뽀 119 소아과〉의 저자로 유명한 소아과 전문의 하정훈 원장은 훈육에 대해 가정의 틀이 제대로 잡혀 있으면 훈육이 저절로 이루어진다고 한다. 부모가 권위를 가지고 위계질서와 규칙을 세우며 아이에게 한계를 정해주면 자연스럽게 훈육으로 이어진다는 설명이다. 나도 같은 생각이다.

아이의 성향과 발달 시기에 따라 다양한 훈육 방법이 존재하지만, 우리가 그것을 모두 배워서 적용하는 것은 현실적으로 불가능하다. 따라서 아이들이 자연스럽게 훈육될 수 있도록 하는 것이 중요하다. 이는 가정 안에서 부모의 권위와 규칙에 기반해야 한다. 요즘은 아이에게 주도권이 주어지는 경우가 많아 육아가 점점 더 어려워지고 있다고 한다.

하정훈 원장은 '주도권이 부모에게 넘어와야 한다'고 강조한다. 예를 들어, 자기 전에 양치해야 할 시간이 되었을 때 "이제 양치하고 자자"라고 말했을 때 아이가 "싫어"라고 반응하면 "그럼 너는 어떻게 하고 싶어?"라고 묻는 순간 주도권이 아이에게 넘어간다. 이러한 설득이 반복되면 아이는 점점 더 고집이 세질 수 있다. 따라서 아이에게 육아의 주도권을 빼앗겨서는 안 된다. 규칙을 세우고, 그 규칙을 지킬 수 있도록 방법을 알려주는 것이 훈육의 본질이다.

아이의 개월 수와 연령에 따라 다양한 훈육법이 존재한다. 요즘은 방대한 분량의 정보가 있어 그 속에서 나와 우리 아이에게 잘 맞는 훈육법을 알아보고 해석할 수 있는 능력 또한 필요하다. 중요한 것은 지속적이고 일관적인 훈육 태도를 유지하는 것이다. 부모가 상황에 따라 훈육의 태도를 바꾸면 아이는 혼란스러워지고, 이제 겨우 쌓아 올린 훈육의 성과가 다시 0으로 떨어질 수 있다. 훈육은 마라톤이다. 목표 지점까지 가기 위한 노력이 끊임없이 필요하다는 점을 잊지 말아야 한다.

아이의 감정을 정확히 이해하고 소통하자

몇 년 전 아주 재미있게 봤던 애니메이션 〈인사이드 아웃〉이 생각난다. 부제가 '진짜 나를 만날 시간'으로, 영화 속 모든 사람들의 머릿속에는 감정 컨트롤 본부가 존재한다. 그곳에서 열심히 일하는 기쁨, 슬픔, 분노, 까칠함, 소심이라는 다섯 감정이 있다. 주인공인 라일리가 갑작스러운 이사를 가게 되면서 기쁨과 슬픔이 본부를 이탈하게 된다. 그로 인해 라일리의 마음속에는 큰 변화가 찾아온다. 예전의 모습을 찾기 위해서는 기쁨과 슬픔이 본부로 돌아가야 하고, 돌아가는 과정에서 라일리는 자신 안의 몰랐던 감정들과 마주하게 되고, 내적으로 성숙해지는 스토리이다.

기쁨은 라일리가 항상 행복하기를 바랐다. 그래서 슬픔의 존재를 달가워하지 않았다. 라일리가 슬퍼해야 할 상황에서도 슬픔을 억누르며, 결국 제대로 표출되지 못한 슬픔은 분노로 바뀌게 된다. 부정적인 감정을 무시하거나 잊어버리자는 태도는 감정의 해소에 결코 도움을 주지 않는다. 이 애니메이션은 부정적인 감정도 우리의 일부이며, 이를 받아들이고 이해해야 내적으로 성숙할 수 있다는 메시지를 전달한다.

우리 아이들도 마찬가지다. 어릴 때는 기쁨과 슬픔만 알았지만, 성장하면서 분노, 소심함, 놀라움, 흥분 등 셀 수 없이 많은 감정을 배우게 된다. 이때 부모의 역할이 중요하다. 아이가 처음 겪는 여러 감정을 느끼도록 돕고, 그 감정을 어떻게 다루면 좋을지 알려줘야 한다. 긍정적인 감정뿐만 아니리 부정적인 감정도 인정하고 표현하는 법을 배우면, 아이는 타인의 감정에도 공감할 줄 아는 정서적으로 성숙한 사람으로 성장할 수 있다.

어릴 때 형성된 감정 발달은 성인이 되어서까지 큰 영향을 미친다. 감정 발달이 제대로 이루어지지 않으면 상대방의 감정을 이해하지 못하고 잘못된 표현으로 상처를 줄 수 있다. 전문가들은 감정 발달은 100% 후천적이며, 어릴 때부터 꾸준히 연습하면 충분히 개선될 수 있다고 말한다. 유튜브에 아이의 감정 발달에 대해 검색하면 많은 영상이 뜬다. 그중 '베싸TV'라는 채널을 종종 보곤 하는데, 과학적이고 사실적인 육아 팁을 많이 주기 때문이다.

한 영상에서는 아이의 감정 조절력을 길러주기 위해 시기별로 맞는 방식으로 접근해야 한다고 말한다. 발달 심리학자들에 의하면 대체로 돌 이후부터 감정 조절력이 생기기 시작한다고 한다. 그러나 아직 많이 미숙한 상태이기 때문에 부모가 아이를 안아주고, 달래주고, 토닥여주며 다양한 방식으로 아이를 진정시켜야 올바른 감정 발달을 할 수 있다.

제대로 감정 발달을 해야 하는 시기를 놓쳐서 감정적인 교류가 원만하지 않고 갈등과 결핍으로 힘겨워하는 사람들도 후천적으로 자꾸 감정 표현하는 연습을 통해 고쳐나갈 수 있다. 내 아이가 감정 표현을 잘 하지 못하고 힘들어하고 있다면, 아직 늦지 않았다고 말해주고 싶다.

부모의 감정은 아이에게 그대로 전해진다

아이는 부모의 생활 방식과 태도를 그대로 보고 배우며 자란다. 나 역시 초등학교 2학년 딸아이가 내 말투나 감정 표현 방식을 따라할 때마다 놀라곤 한다. 나도 사람인지라 화가 나거나 짜증 날 때가 있다. 섭섭함이나 말로 형용할 수 없는 부정적인 감정이 들 때도 있다. 그럴 때면 아이와 거리를 두고 감정을 추스른 후 대화를 시도한다. 아이가 부정적인 감정의 원인일 경우에는 상황을 설명하고 내 감정을 솔직하게 이야기한다. "이런 상황인데 네가 이렇게 말해서 엄마는 속상하고 기분이 안 좋아"라고 말하는 식이다.

아이들은 보통 자신의 행동이 부모에게 어떤 영향을 미치는지 잘 알지 못한다. 그래서 차근차근 설명해 주는 것이 중요하다. 그러면 신기하게도 아이들은 부모의 마음을 이해하고 공감하며 어루만져 주기도 한다. 이렇듯 감정은 교류이다. 부모의 감정이 아이에게 전이되듯 아이의 감정도 부모에게 전이된다.

최근 통계에 따르면 언어 발달이 지연된 아이들이 많아지고 있으며, 그 대표적인 원인으로 코로나19를 이야기할 수 있다. 코로나 발생으로 우리의 일상이 멈추면서, 어린이집과 학교에서 사회성을 배우며 성장해야 할 시기에 언어 배움의 기회가 줄어들었다. '코로나 블루'라는 말이 생길 정도로 우울증이 증가하고, 부모의 우울감으로 인해 집에서 장시간 미디어만 접하는 아이들도 늘어났다.

부모의 감정 전이가 100% 언어 발달 지연의 원인이라고 할 수는 없지만, 그 영향력은 매우 크다. 부모의 감정과 양육 태도는 아이의 감정 발달, 언어 발달, 사회성 발달 등에 많은 영향을 미친다. 우리는 이 사실을 잊지 말고, 한 번이라도 더 긍정적인 감정을 전달할 수 있도록 노력해야 한다.

디지털 시대의 육아, 나만 어렵나요?

시대가 많이 변했다. 지금의 부모들에게 디지털 기기는 성인이 된 이후에 만난 신문물이지만 아이들은 태어났을 때부터 스마트폰이 있었다. 아이들에게 디지털 기기는 신체의 일부처럼 아주 당연하게 함께한 존재이다.

태어날 때부터 스마트폰과 컴퓨터 등 디지털 기기를 자유자재로 활용하는 세대를 '디지털 네이티브Digital Native'라고 한다. 정보통신정책연구원의 조사에 따르면, 지난 3년간 11~13세 아이들을 대상으로 조사한 결과 스마트폰 보유율이 약 22% 증가했다고 한다. 성인인 부모들도 스마트폰 없는 하루를 상상하기 어려운 만큼 조절하기가 여간 힘든 일이 아닌데, 조절 능력이 떨어지는 아이들에게는 얼마나 큰 영향을 미칠까.

2018년 미국 캘리포니아 대학교 연구진이 진행한 실험에서는 '스마트폰이나 컴퓨터 게임이 어린이의 뇌 발달에 어떤 영향을 미치는가'라는 주제로 9~10세의 4,500명 뇌 영상을 분석한 결과, 하루 7시간 이상 디지털 기기에 노출된 경우 대뇌피질 두께가 정상보다 얇아진 것을 확인했다. 대뇌피질이 얇아진다는 것은 발달이 지체되고, 아이의 뇌에 심각한 영향을 미친다는 의미다. 또한 감각 정보를 통합하는 대뇌 기능의 처리 속도가 느려지는 것도 관찰되었다.

요즘처럼 숏폼 콘텐츠가 대세인 시기에는 많은 동영상을 빠른 시간에 소비하면서 시각을 담당하는 후두엽이 발달하지만, 창의력과 문제 해결력을 담당하는 전두엽의 발달은 어려워질 수 있다. 우리는 다양한 이유로 아이들에게 스마트폰을 주곤 한다. 나 역시 세상이 위험해졌기 때문에 스마트폰이 어린 나이에도 필수적이라고 생각했다. 그래서 초등학교에 입학하자마자 키즈폰을 사주었지만, 2학년이 되니 아이가 스마트폰으로 바꿔 달라고 요구했다. 이유를 물어보니 친구들이 모두 스마트폰으로 게임을 하니 본인은 키즈폰이라 대화에 끼지 못한다고 했다. 많은 고민 끝에 결국 스마트폰을 사줄 수밖에 없었다.

스마트한 디지털 육아의 비법

우리는 대책 없이 속상해하고만 있어야 할까? 그렇지 않다. 디지털 육아에도 방법이 있다.

첫째, 두뇌 발달이 시작되는 만 2세 이전에는 디지털 기기 이용을 자제시킨다. 아예 안 보여 줄 수 없는 상황이라면 아직은 부모의 의지로 아이들을 케어할 수 있는 시기이므로 하루 10분 정도 아주 짧은 시간만 보여주는 방법이 있다.

둘째, 디지털 기기 이용 시간을 아이 스스로 정하게 한다. 방학 시간표를 짜듯 하루 일과 중 디지털 기기를 이용하는 시간을 아이와 의논해서 정하게 하는 것이다. 부모의 강압적인 제약이 아닌 아이 스스로 정하는 것이기 때문에 훨씬 더 잘 지킬 가능성이 높다.

셋째, 자녀가 평소 관심 있는 온라인 콘텐츠로 소통하기이다. 내 아이가 디지털 기기를 이용해서 무엇을 하는지 알아보고 함께해 보는 것이다. 아이들은 그들만의 세상이 있다. 이해하려 하지 않고서는 왜 빠져드는지, 어떻게 통제해야 하는지 알기 어려운 것이다. 부모의 그러한 노력은 아이들에게도 닿을 것이다.

아이들과 우리가 앞으로 살아가야 하는 시대는 디지털 기기와 떨어질 수가 없다. 따라서 아예 못 하게 하는 것보다 어떻게 하면 잘 활용할 수 있는지, 올바르게 사용할 것인지에 대해 알려주는 것이 현명한 방법이다.

조급함을 버리고 여유롭게 성장하기

아이들을 믿는 마음

아이들이 어릴 때 궁금했던 것들 중 하나는 아이들이 몇 개월에 무엇을 해야 하는지에 관한 것이었다. 어떤 시기에 어떤 인지를 해야 하고, 어떤 행동을 해야 올바른 것인지에 대해 많은 시간을 들였던 것 같다. 그러나 지금 아이들이 훌쩍 자란 모습을 보면, 그 고민이 어쩌면 아이의 문제가 아니라 내 문제였던 것이 아닌가 싶다.

처음 하는 육아라 일거수일투족이 불안했고, 내 불안은 아이에게 조급함으로 나타나기도 했다. 특히 유치원에서 초등학교에 가기 전, 한글을 배워야 할 시기가 왔을 때 더욱 그랬다. 어떤 엄마들은 빨리 배울수록 좋다 하면서 초등학교에 진학했을 때 얼마나 힘들어할지 걱정하는 이야기를 했다. 하지만 나는 유아기에는 노는 것이 최고의 학습이라고 생각했기에 구몬 학습이나 빨간펜 같은 교육을 시키지 않았다. 유치원에서 배우는 한글 공부가 전부였다. 그러나 마음 한구석에는 불안함도 있었던 것 같다. 과연 이렇게 배우지 않고 학교에 가서 잘할 수 있을까 하는 생각이 들었다.

결과적으로 우리 아이들은 어려움 없이 학교생활을 잘 할 수 있었고, 1학년 때 받아쓰기가 조금 어려웠지만 학교 교육을 통해 잘 개선해 나갔다. 아이들을 믿는 마음이 있었기에 기다려줄 수 있었던 것 같다. 그렇다고 교육을 시키는 부모들이 아이들에 대한 믿음이 없어서라기보다는 각자의 교육 방식이 다르다는 것을 이해했으면 좋겠다.

첫째는 아주 어릴 때부터 또래보다 말을 빨리했고, 어휘력도 풍부했다. 그래서 주변 어른들에게 '어쩜 이런 말을 하지?'라는 놀라움과 감동을 자주 주었다. 그때는 정말 기쁘고 행복했다. 반면, 둘째는 첫째에 비해 말이 느렸다. 비교 대상이 있다 보니 자연스럽게 늦는다고 생각하게 되었고, 그로 인해 걱정이 커졌다. 속상한 마음에 커뮤니티에 고민을 올려보기도 하고, 주변과 상담해도 돌아오는 대답은 항상 같았다. "너무 걱정이 앞서는 것 같아. 첫째가 유독 빨랐던 거고, 둘째는 전혀 늦는 게 아니야. 다시 생각해 봐."

내가 너무 예민했던 걸까 싶기도 했다. 시간이 지나자 둘째는 자연스럽게 말을 잘하게 되었다. 대부분의 부모들은 자녀가 남들보다 빠르게 잘할수록 기쁘고, 늦거나 못할수록 기분이 좋지 않을 것이다. 하지만 지금 돌아보면 빠르거나 늦는 것은 중요한 문제가 아니다. 중요한 것은 얼마나 꾸준히 하느냐, 얼마나 지속적으로 하느냐이다. 학습의 속도나 사회화 속도는 사람마다 다르기에 남들과 비교하면 오히려 힘들어진다. 내아이의 시산이 남들과 조금 다름을 인정해야 한다.

'토끼와 거북이' 이야기를 생각해 보자. 빠르다고 좋아했던 토끼는 게으름을 부리다가 결국 부지런히 결승점까지 나아간 거북이에게 졌다. 육아를 힘들게 하는 큰 원인은 조바심과 비교이다. 남들과 비교하지 않으면 조바심이 사라지고, 그 조바심으로 아이를 힘들게 하지 않을 수 있다.

함께하는 시간, 가족이기에 가능한 기적

가족과의 시간은 정말 소중하다. 유년기의 성격 형성의 많은 부분이 가족과 함께하는 시간에서 비롯된다고 한다. 가족은 하나의 작은 사회와 같으며, 아이들이 성장해 사회로 나아가 올바른 성인으로 살아가기 위해서는 사회성이 길러져야 한다. 이 사회성을 기를 수 있는 최초이자 최고의 장치가 바로 가족이다.

무조건 싸우지 않아야 좋은 것일까? 아니다. 가족끼리 다투고 화해하는 과정을 통해 사람의 생각이 다를 수 있다는 것을 배우고, 화해하는 법을 익히며, 싸우더라도 어떻게 지나치지 않을지를 배운다. 또한 가족과 함께하는 시간 속에서 실패의 경험도 많이 해보아야 한다. 누구보다 내편인 사람들이기에 실패나 실수 후 자존감이 낮아지거나 우울감이 생길 수 있지만, 가족은 기운을 북돋아 주고 다시 할 수 있는 용기를 주는 존재이다.

사회가 점점 개인화되면서 함께 있어도 자기 방에 들어가 각자 일을 하는 경우가 많아졌다. 아이가 사춘기가 되면 더욱 그렇게 될 것이다. 그러나 유년기 때부터 최대한 많은 시간을 가족과 함께 보내는 것이 아이가 성인이 되었을 때 큰 도움이 될 것이다.

비교의 덫에서 벗어나기 : 나만의 길 찾기

엄친아, 그 이름의 무게 : 비교의 상징은 이제 그만

많은 드라마와 영화, 책 속에 등장하는 '엄친아', 즉 '엄마 친구 아들'이라는 단어는 어디서 왔을까? 네이버에 '엄친아'를 검색하면 이렇게 설명된다. '엄마 친구 아들'을 줄인 말로 집안, 성격, 머리, 외모 등 여러 조건을 모두 갖춘 완벽한 남성을 뜻하는 신조어이다. 부모들이 자녀를 나무랄 때 "엄마 친구 아들 ○○이는 이번에도 장학금을 받는다더라" 혹은 "엄마 친구 아들 ○○이는 학교 홍보 모델도 한다더라"와 같이 친구의 자식과 비교하면서 생겨난 단어다. 이와 유사한 표현으로 여성에 대한 '엄친딸'이 있으며, 비슷한 의미로 '사기 캐릭'이라는 용어도 있다. '사기 캐릭'은 '사기詐欺 캐릭터character'를 줄여서 현실에 있을 수 없는 사람을 뜻하는 말이다.

이처럼 흥미로운 단어들이 존재하지만, 우리가 흔히 아는 엄친아와 엄친딸은 사실상 비현실적인 캐릭터라고 할 수 있다. 그럼에도 불구하고 우리는 어릴 때부터 부모님에게 수많은 엄친아와 엄친딸의 이야기를 들으며 자라왔다. 지금도 여전히 이런 이야기를 듣는다. "누구네 자식들은 이러이러해서 용돈도 주고 여행도 시켜주고"와 같은 비교의 말들이 이어지면 나는 어릴 적 상처를 떠올리게 된다. '엄마의 딸인 나에게도 장점이 많은데, 왜 엄마는 내 장점을 보지 않고 단점만 바라보며 남과 비교할까? 나는 왜 1등을 하지 못했을까? 나는 왜 엄마가 원하는 딸이 되지 못할까?' 이러한 부정적인 생각들이 꼬리를 물고 이어졌다.

그런 경험들이 있었기에 아이를 키우면서 절대 비교하지 말아야지 다짐했었다. 하지만 어느 순간 내가 아이를 다른 집 아이들과 비교하고 있다는 것을 깨달았다. 엄마가 비교하려고 하는 것이 아니라 "최소한 너도 이 정도는 해야 하지 않겠니"라는 식으로 친구 이야기를 하고 있는 것이었다. 그 사실이 충격이었다. 이후로는 최대한 비교하지 않으려 노력하고 있다. 비교는 아이들의 자존감을 깎아내린다. 한 번 깎인 자존감은 쉽게 회복되기 어렵다. 부모는 아이의 자존감을 높여줘야 하는 존재이지, 깎아내리는 역할을 맡아서는 안 된다.

심리학자 김경일 교수는 유튜브 '사피엔스 스튜디오 타인의 심리를 읽어드립니다'에서 한국이 특히 비교 문화가 강하게 자리 잡고 있다고 말했다. 그 이유는 비교하는 사람이 상대방에게 가르치고 싶어 하기 때문이라고 한다. 가까운 사람일수록 특히 비교를 잘하는데, 가까우니까 상대방이 내가 생각한 것을 못 깨달을까 봐 극단적으로 비교해 말해준다는 것이다. 가까울수록 더 조심해야 한다는 말처럼, 가족 간의 관계에서는 더욱 주의가 필요하다. 부모와 자식 간의 관계는 그 누구보다 가까운 관계이기에 더욱 조심해야 하지 않을까.

자아의 힘 : 올바른 정체성을 세우는 법

〈어쩌다 어른〉이라는 TV 프로그램이 있다. 우리는 모두 어쩌다 보니 어른이 되었지만, 여전히 배우고 성장하고 있다. 배워야 할 것들이 많지만, 이 시대에 알려줄 사람이 없기에 이 프로그램은 더욱 필요하다고 느낀다.

김미경 강사가 이 프로그램에 출연해 아들과 딸들의 자존감이 낮은 이유에 대해 강의한 적이 있다. 70분의 강의 중에서 가장 와닿았던 부분은 아이들이 태어날 때부터 이미 자존감을 가지고 태어난다는 것이었다. 10개월의 산고 끝에 엄마가 아이를 낳는 것이 아니라, 아이가 스스로 태어나는 과정을 거쳐 세상 밖으로 나오는 것이며, 그때의 첫울음이야말로 아이의 자존감을 표현하는 울음이라고 한다. "엄마, 나 태어났어요! 힘들었지만 무사히 태어났어요! 나는 진짜 대단한 일을 해냈어요! 나는 괜찮은 사람이에요!"라는 메시지를 담고 있는 울음이라는 것이다.

이렇게 가지고 태어난 자존감은 엄마가 조금만 칭찬해줘도 쉽게 올라간다. 아이가 어릴 때는 먹고 자고 싸는 것만 잘해도 수많은 칭찬 속에서 성장하다가, 자라면서 다른 집 아이와 비교하게 되고, 그렇지 않을 때는 "너는 왜 그러니?"라는 말로 자존감을 깎아내리게 된다. 물론 그렇지 않은 엄마들도 많겠지만, 많은 경우가 이렇다. 나도 예외는 아니다.

아이의 자존감이 자라날수록 올바른 자아가 형성되고, 이는 사회생활에서도 행복하게 해준다고 한다. 자아는 부모가 아이에게 끼치는 영향에 따라 다르게 만들어진다. 올바른 자아가 형성되느냐 그렇지 않으냐는 부모의 태도에 달려 있다. 비교, 더 이상 하지 말자. 비교하려는 마음이 드는 순간 내 아이의 자존감이 한없이 내려갈 것이라는 생각을 하며 심호흡을 해보자.

꿈꾸는 대로, 원하는 삶을 만들어라

우리는 수많은 경험을 통해 자라왔고, 그 경험을 바탕으로 의사결정을 하며 가치관이 형성된다. 40대가 된 지금 나는 가장 영향력 있는 단어를 묻는다면 "죽음"이라고 답할 것이다. 가장 오래 기억에 남는 죽음은 대학교 1학년 때 외할아버지의 죽음이다. 돌아가시기 며칠 전까지도 멀쩡하셨던 외할아버지는 심장 문제로 갑작스럽게 세상을 떠나셨다. 마지막 기억은 외할아버지가 키우시던 닭장에서 달걀을 꺼내어 내 손에 쥐어주셨던 장면이다. 그날의 날씨, 외할아버지가 입고 계셨던 옷, 그리고 달걀의 온기와 색깔이 생생하게 떠오른다.

그 후에도 많은 분들의 죽음을 경험했지만, 나의 가치관을 완전히 바꾼 두 번의 죽음이 있다. 하나는 몇 년 전 돌아가신 외할머니의 죽음이고, 또 하나는 작년에 세상을 떠난 사촌 동생의 죽음이다. 외할머니의 죽음을 겪으면서 극심한 우울증을 앓았고, 정신과를 방문해 약을 복용할 정도로 힘든 시간을 보냈다. 어느 정도 괜찮아졌다고 생각했을 때, 사촌 동생이 갑작스럽게 세상을 떠났다. 나이가 어렸던 만큼 모두의 충격이 컸다. 지금도 생각하면 가슴이 막히고 눈물이 나올 정도로 아직 회복되지 않았다. 하지만 시간이 지나면 점점 나아질 것이라고 믿는다.

이러한 여러 죽음을 겪으면서 나의 가치관은 많이 바뀌었다. 예전에는 성공이 중요하고 돈을 좇으며 바쁘게 살았지만, 죽음을 경험하고 나니 진정 중요한 것은 물질적인 것이 아니라 가까운 사람들의 행복과 소소한 가족과의 시간이라는 것을 깨닫게 되었다. 내 아이가 오늘 짓는 옷음, 맛있게 먹는 음식, 재잘거리며 말하는 모습이 중요하고, 아프지 않고 건강한 것이 가장 중요하다.

예전에는 아이들에게 "커서 뭐가 되고 싶니?"라고 물었다. 아이들은 "화가", "선생님", "회사원", "유튜버", "아이돌" 등 다양한 꿈을 이야기했지만, 나는 그 대답에 대해 "그건 이래서 별로야"라며 평가하곤 했다. 하지만 지금은 질문이 달라졌다. "OO이는 뭐 하면서 살고 싶어?", "어떤 일을 할 때 가장 행복해?"라고 묻는다. 아이들은 여전히 "유튜버", "아이돌", "선생님", "간호사" 등의 대답을 한다. 이제는 어떤 직업이든 상관없이 스스로 만족하고 행복하면 된다고 말한다. 돈이 많다고 해서 꼭 행복한 것은 아니며, 하고 싶은 일을 하며 가족과 함께 웃으며 지내는 것이 진정한 행복이라고 강조한다. 한 번 사는 인생이니 행복하게 살아야 한다고 믿는다. 물론 행복의 기준은 사람마다 다를 수 있다. 그 기준을 결정하는 것은 부모가 아니라 아이 스스로라는 점도 알아야 한다.

삶이 녹록지 않다는 걸 나이가 들면서 어느 정도 깨닫게 된다. 인생은 마치 정비가 덜 된 자동차가 끊임없이 달려야 하는 비포장도로와 같다. 돌부리가 없을 때는 순탄하게 달리지만, 수많은 돌부리가 나타나면서 자동차는 흔들린다. 피할 수 있다면 좋겠지만, 많은 일들은 피할 수 없고, 처음 살아보는 인생이기에 피하는 방법조차 알기 어렵다.

부모는 아이가 그런 비포장도로를 잘 달릴 수 있도록 돕는 존재여야 한다. 바퀴 두 개 달린 자전거가 아닌, 바퀴 네 개 달린 튼튼한 오프 로드용 자동차로 키워내야 한다. 자존감, 공감 능력, 역경을 이겨낼 힘, 꿈 등 여러 바퀴를 잘 갖추어야 큰 돌부리가 있어도 잘 지나갈 수 있을 것이다.

예전부터 엄마란 어떤 존재인지 고민해 왔다. 우리는 아이들이 20살이나 30살이 되었을 때 독립할 수 있도록 잘 응원해줘야 한다. 아이는 부모에게 귀속된 존재가 아닌, 태어나는 순간부터 하나의 독립된 존재이다. 아이를 잘 독립시킨 뒤에 삶이나 사람 때문에 힘들어질 때 잠시 찾아와 쉬어갈 수 있는 곳이 되어야 한다. 떨어진 자존감을 다시 북돋아 주고, 또 다른 비포장도로를 힘차게 달릴 수 있도록 기름을 넣어줄 수 있는 존재가 되어야 한다. 따뜻한 집밥으로 몸과 마음을 채워줄 수 있는 그런 존재가 되어야 한다. 항상 같은 자리에서 아이를 기다려야 한다. 그것이 바로 내가 생각하는 이상적인 엄마다. 그렇게 하리라 다짐한다. 어려울 것이지만, 할 수 있을 것이다. 우리에게는 수많은 육아 선생님들과 동지들이 있으니까. 오늘도 잠든 아이의 얼굴을 보며 생각한다. '건강하게 자라줘서, 나에게 와줘서 너무 고맙다'라고 느낀다. 사랑한다고 말하고 싶다.

갈팡질팡 육아, 불안해하지 않아도 돼
안선희

갈팡질팡 육아. 유연하게 육아하기

우리는 정보의 홍수 속에 살고 있다. 육아에 관한 많은 이론과 방법론부터 온갖 카페에 '카더라'로 도배되는 수많은 정보들이 넘쳐난다. 이로 인해 부모들은 더욱 혼란스럽기만 하다. '아이를 성공으로 이끌려면 엄격해야 한다', '자유로운 육아가 창의적인 아이로 키운다' 등 육아에 관한 다양한 관점들이 존재한다. 이 속에서 보석을 찾듯이 내 아이와 주양육자에게 알맞은 육아법을 찾는 것은 현명한 육아를 하는 지름길이 된다. 나역시도 많은 정보들 속에 허우적거렸고, 무엇이 옳고 그른지 모르고 아이에게 적용했던 때도 있었다.

하지만 누구에게나 처음은 있다. 나도 처음이라는 것을 깨달은 순간 육아에 대한 시선이 달라졌다. 모든 아이는 다르고, 모든 가정의 상황도 다르다. 그래서 성장 과정이 다르고 각각의 고유성을 가진 다른 사람으로 성장하는 것이다. 정답이라고 할 수 있는 육아는 존재하지 않는다.

육아는 모험이자 기나긴 인생의 여행이다. 아이와 함께 성장하며, 때론 불안과 혼란 속에 헤매기도 한다. 그러한 과정에서 가장 중요한 것은 '본질'을 잃지 않는 것이다. 부모는 자신의 아이를 가장 잘 알고, 아이에게 가장 적합한 육아 방법을 찾아야 한다. 이 과정에서 중요한 것은 아이와의 소통이다. 소통을 통해 아이의 의견을 경청하며, 육아 방식을 유연하게 조정한다면 서로에게 즐거운 육아가 될 것이다.

모든 아이는 태어날 때부터 고유의 개성과 특기가 잠재되어 있다. 잠재된 요소들은 가정의 문화, 부모의 양육 태도, 경제적 상황, 형제자매의 유무 등 여러 요소들이 아이의 성장 과정에 영향을 미치고, 서로 다른 사람으로 성장하게 된다. 육아에 있어서 오지선다와 같은 일률적인 정답은 없다.

우리 아이는 신생아부터 5~6세 무렵까지 너무 먹지 않아 걱정이었다. 안 먹는 만큼 키와 몸무게도 자라지 않았기 때문이다. 아이들은 모두 잘 먹는 줄 알았던 내 머릿속의 기본 공식이 깨지던 순간이다. 주변의 걱정도 많았다. 하지만 매일 새로운 음식을 먹이면서 먹는 것에 흥미를 느끼게 했다. 현재는 편식 없이 잘 먹는 아이가 되었다. 그 뒤를 따라 둘째도 잘 먹는 아이로 성장하고 있다.

아이의 성장 과정에서 부모는 관찰자이자 안내자의 역할을 한다. 만약 내가 막무가내로 남의 말만 듣고 아이에게 음식 먹기만을 강요했다면 절대 잘 먹는 아이가 될 수 없었을 것이다. 아이의 반응을 세심하게 관찰하고, 아이가 생각과 감정을 자유롭게 표현할 수 있도록 들어주는 것이 중요하다. 아이가 표현하는 반응과 의견은 부모가 아이에게 적용하는 육아 방식을 조정하는 데 중요한 정보가 된다.

식습관뿐만 아니라 아이가 특정 활동에 흥미를 보이지 않는다면, 부모는 다른 활동을 제안해 보거나 아이의 관심사에 맞춰 접근 방식을 변경해 보아야 한다. 육아 방식을 유연하게 조정하는 것은 아이의 성장에 맞춰 계속해서 변화하는 과정이다. 아이가 성장함에 따라 그들의 필요와 관심사는 달라지기 때문이다. 어린 시절에는 놀이를 통한 학습이 중요할 수 있으나 학령기에 접어들면서 학업에 대한 지원이 더욱 중요해진다. 아이의 성장 단계에 맞춰 부모는 새로운 양육 전략을 모색하고 적용해야 한다.

아이와의 진정한 소통을 위한 첫걸음

부모와 자식의 관계는 아이의 평생 성격을 결정한다고 할 만큼 육아에서 중요한 요소 중 한 가지이다. 육아는 부모와 아이가 함께하는 긴 여정이다. 이 여정 속에서 부모는 아이의 성장을 지지하고 안내하는 역할을 하며, 아이는 자신만의 길을 탐색하고 성장해 나간다. 육아의 목적은 아이가 자신의 잠재력을 최대한 발휘하여 독립적이고 행복한 개인으로 성장할 수 있도록 지원하는 것이다. 이 과정에서 부모와 자녀 사이에 사랑과 신뢰가 형성된다.

부모와의 신뢰는 대화가 첫 번째다. 갓난아이일 때 아이와의 소통은 어떠했는가? 아이의 울음소리만으로도 배가 고픈지 기저귀를 갈아야 하는지 이리저리 살펴 아이의 불편한 것을 해결해 주었다. 그것만으로도 부모와 아이와의 신뢰는 100% 형성되었다. 하지만 동질시 되던 그 감정들은 어느 순간부터 부모와 분리된다. 아이에게도 자아가 생기는 것이다. 자아가 생겼다는 것은 부모로부터 분리되어 성숙해진다는 의미이다. 자아가 생겨난 아이들과 소통 방법은 달라져야 한다.

우리 집 둘째는 유독 고집이 세고 떼도 잘 쓴다. 어릴 적에는 둘째 때문에 첫째가 괴롭다는 생각에 무조건 혼낼 수밖에 없었다. 하지만 자라면서 자신이 할 수 있는 말들이 점점 늘면서 표현이라는 것을 할 수 있고, 이해라는 것을 하기 시작했다. 자신의 감정을 말로 표현하지 못할 때는 다시 떼쓰기가 시작됐다. 전쟁터가 따로 없었다. 이것을 참아내며 아이의 이야기를 들어줘야 했고, 둘의 다툼이 있는 날은 양쪽의 이야기를 다 들어줘야 한다. 그렇게 자신들의 생각과 감정을 표현하고 나면 언제 그랬냐는 듯 평화로워진다. 자신의 자아가 생긴 후 그것을 표현해내야 욕구 충족이 되는 것이다.

TV 드라마에서 "너는 왜 자아가 있니?"라며 며느리를 타박하는 장면을 보며 충격을 받은 적이 있다. 자아가 있다는 것은 자신의 감정을 드러내고 자율적인 행위를 할 수 있다는 의미인데, 시어머니는 이것이 싫다는 의미로 그 말을 며느리에게 한 것이다.

우리 자녀들에게 자아가 생긴다는 것은 부모가 기뻐해야 하는 순간이다. 아이가 감정을 잘 느끼고 표현할 수 있도록 집안 분위기를 만들어 줘야 한다. 이것의 첫 번째는 아이를 인정하고 존중해 주는 것이다. 아이들이 신나게 TV를 보고 있을 때 "TV 꺼!"라고 말하는 것보다 "더 보고 싶지? 그래도 우리는 할 일이 있으니 다음에 또 보는 건 어때?"라고 말한다면 아이와의 공감대 형성과 함께 아이들의 정서를 이해하며 아이들이 부모에게 대화하는 방식도 바뀐다.

그렇다고 무조건 아이에게 맞춰주는 것은 옳지 않다. 정중하고 단호히 거절하는 법도 배워야 한다. 세상을 살면서 본인과 맞는 사람만을 만나면서 살 수는 없기 때문이다. 거절하는 법도 연습과 경험이 필요하다. 그것을 가장 잘 연습할 수 있는 곳은 가정이다. 아이가 희로애락을 솔직하고 편하게 배울 수 있는 곳이다. 그래서 부모도 아이의 감정을 이해하는 만큼 자신의 감정에도 솔직해져야 한다.

아이와의 지속적인 대화를 통해 아이가 자신의 감정과 생각을 표현하는 법을 배울 수 있도록 도와야 한다. 이것은 아이가 자신의 감정을 이해하고 조절하는 능력을 기르는 데 중요하며, 사회적 상호작용에 있어서도 핵심적인 역할을 한다.

아이가 자신의 감정을 적절히 표현하고 다른 사람의 의견을 존중하는 법을 배울 때, 그들은 더욱 건강한 인간관계를 형성할 수 있다. 감정을 이해하는 대화야말로 커뮤니케이션을 통해 세상을 슬기롭게 헤쳐 나갈 수 있는 원동력이 되고, 부모와의 공감대 형성과 나아가 사회성을 구축하게 되는 것이다.

자율성은 평생의 재산

혼자 크는 아이는 없다. 그렇다고 모든 것을 다 해줄 수도 없다. 모든 아이는 완벽할 수 없고, 부모의 도움을 받으며 성장한다. 부모의 개입과 도움은 아이가 성장할수록 점점 줄어들면서 아이의 자율성은 증가한다. 아이의 자율성을 존중하는 육아는 아이가 스스로 결정을 내리고, 자신의 행동에 대한 책임을 지도록 돕는 과정이다. 아이의 자율성은 스스로 생각하고 결정할 수 있는 환경을 조성해 주는 것에서 시작된다. 이는 아이의 성장과 발달에 긍정적인 영향을 미치며, 자신감과 독립심을 키우는 데 중요한 역할을 한다.

부모는 평생을 아이를 물가에 내어놓은 마냥 쉽사리 마음을 놓지 못하고 쫓아다니며 잔소리를 한다. 일어나라, 밥 먹어라, 숙제는 했나, 책가방은 챙겼나 등 모든 생활에 부모는 관여하게 된다. 아이들이 자라면서 점점 줄여야 하지만 쉽게 물러설 수가 없고, 과잉보호로 이어지는 경우도 있다.

과잉보호는 아이가 힘든 것을 이겨내는 것과 사회와 타협하고 절제하는 것으로부터 멀어지게 한다. 신체는 성인이 되어가지만 정신은 어린아이로 머무르게 된다. 우리가 육아를 잘하고 싶어 행하던 행동이 독이 되는 것이다.

아이들의 자율성을 높이기 위해 부모는 어떻게 해야 할까? 자율성은 일상생활에서부터 시작된다. 가장 쉽게 실천해 볼 수 있는 것은 생활 습관이다. 초등학교 입학을 앞둔 엄마들의 가장 화두는 '입학 전에 무엇을 시켜야 하나?'이다. 나는 첫 번째로 스스로 책가방 챙기기를 꼽는다. 책가방을 챙기는 일은 별것 아닌 것 같이 보일 수도 있으나 다음 날 학교에서 공부할 것, 방과 후 활동, 과제물 등을 머릿속에 떠올리며 계획을 세우게 된다. 이 계획적인 생활의 습관은 학습으로도 이어진다. 내일의 생활 패턴이 본인 스스로 예측이 가능하기에 심적으로 안정이 되고, 자연스럽게 학습도 안정적으로 하게 된다.

그렇다고 부모가 완전히 손을 놓으라는 뜻은 아니다. 아이가 생활에 익숙해질 때까지 체크해주고 도와주는 역할을 해야 한다. 아이 스스로 계획을 세우고 실천하고 확인하는 생활이 익숙해지면서 부모의 도움은 자연스럽게 줄어들게 된다. 이렇게 자율적으로 자란 아이들은 삶을 주도적으로 이끌고 간다. 미래를 스스로 설계하고 실천하기 위해 노력하게 된다.

자율성은 학습뿐 아니라 미래의 인생 설계에도 영향을 미친다. 그래서 자율성을 스스로의 삶을 주도적으로 살아가는 데 필수적인 능력이라고도 하는 것이다. 아이들이 꿈을 꾸며 사는 것은 당연한 것인데 요즈음은 과잉보호로 꿈을 마음껏 꾸지 못한다. 내가 최근에 들은 가장 충격적이었던 말은 "재능도 없는데 배워서 뭐하냐?"였다. 부모가 먼저 아이의 능력과 미래를 제한하고 있는 의미의 생각은 아이의 잠재력을 끌어낼 수 없다.

그에 반해 학교 방과 후 수업부터 사교육까지 전반에 걸쳐 아이의 의견을 반영하여 자율성을 부여해 자기 주도적인 생활이 될 수 있도록 소통하고 도와준다면 아이의 미래는 빛나게 될 것이다. 이런 자율성이 축적되어 모든 문제에 주도적으로 해결하는 능력이 향상되고, 성인이 되었을 때도 능동적으로 자신의 삶을 주도하게 될 것이다.

아이의 잠재력을 꽃피워주자

아이들은 많은 재능을 가지고 태어난다. 그것은 특정 아이에게만 있는 것이 아니라 모든 아이들이 다 가지고 있다. 그럼에도 주변을 둘러보면 부모의 욕심에 의해 아이의 진로를 정하는 경우가 많다. 부모가 하지 못했던 것을 자식들에게 강요하는 경우도 있다. '이것이 옳은 것인가?'에 대한 답은 당사자들이 성인이 되었을 때 아이가 잘 성장했다면 부모가 옳았을지 몰라도, 그 반대라면 부모가 잘못된 것이라 말한다.

하지만 분명한 것은 똑같은 재능을 타고나더라도 재능을 발전시켜주느냐 방치하느냐에 따라 아이의 미래는 분명히 달라진다는 것이다. 우리 둘째 아이는 유독 목소리가 크다. 신생아 때 업혀있으면서 울기라도 하면 바로 내려야 할 정도로 목소리가 컸기 때문에 내가 신경이 예민한 날은 귀마개를 하고 업기도 했다. 어느 날부터 노래를 하기 시작했는데 또래에 비해 습득력이 높다는 것을 알았고, 지금은 아이의 미래를 위해 인도 중이다.

독일의 교육학자 칼 비테는 항상 아이들의 교육에 열정적이었다. 칼 비테의 교육은 현대사회에서는 당연한 것이었지만 그 당시에는 획기적인 방식이었다. 태어나는 순간부터 아이의 장단점을 발견하고 발전시켜

쥐야 하며 그 책임은 부모에게 있다고 할 정도로 아이의 잠재력 끌어내기 위한 부모의 역할은 매우 크다.

부모가 아이의 잠재력을 끌어내기 위해 지금 당장 실천해 볼 수 있는 것은 타인이 되어보는 것이다. 내 아이가 이쁘고 귀엽고 귀하다는 생각을 다 버리고 그냥 아이 자체로만 관찰해야 한다. 객관적으로 아이의 장점과 특기를 파악하고, 그것을 토대로 어떤 분야에서 빛을 발할 수 있는지 부모의 판단력도 중요하다. 이것이 어렵다면 가족이나 담임선생님 등의 조언을 듣고 다각적으로 접근하는 것도 필요하다.

아이들마다 성향이 다르기에 부모는 아이 개개인의 특성을 이해하고 그에 맞는 방식으로 접근해야 잠재력을 잘 끌어낼 수 있다. 조용히 앉아 책을 읽거나 그림 그리는 것을 즐기는 아이를 액티비티한 운동을 하며 대화를 시도하려 한다면 오히려 거부감만 커질 수 있기 때문이다.

만약 부모가 발견한 내 아이의 잠재력이 아이가 잘할 수 있다고 말하는 것과 다르다고 걱정하거나 목소리를 높여서도 안 된다. 부모의 말에 "NO!"라고 말할 수 있다는 자체만으로 그 아이는 이미 본인의 주장을 할 수 있고 생각을 하는 건강한 주체가 되었다는 증거이기도 하다. 이렇게 객관적인 시각으로 아이의 잠재된 능력을 발견하고 발전시키는 것은 아이의 성장과 발전에 큰 도움이 될 것이다.

잠재력은 항상 새로운 것을 경험하면서 좋아하는 것이 무엇인지 어떤 것을 하면 즐거운지 그 즐거운 것들이 아이의 미래에 좋은 것인지 부모와 아이가 함께 경험하고 생각하며 이끌어내는 것이 중요하다. 아이들은 백지와 같기에 부모가 어떤 환경을 만들어 주느냐에 따라 잠재 능력이 달라지기 때문에 이것을 언제 시작하느냐보다 지금 당장 시작하는 것이 좋다. 빨리 시작할수록 내 아이의 잠재력을 발견할 수 있는 시간이 빨라진다는 것을 기억해야 한다.

사랑의 힘

육아는 단순한 과정이 아니라 서로의 사랑을 키워가는 과정이다. 부모들이 겪는 육아의 경험은 각기 다르지만, 본질은 모두 같은 사랑이다. 서로 성장하는 과정을 통해 부모와 자식의 사랑을 바탕으로 한 유대감은 더욱 깊어진다.

육아는 정원을 가꾸듯 사랑의 씨앗을 키우는 것과 같다고 한다. 처음에는 작은 씨앗으로 시작하지만, 시간이 지나면서 씨앗은 자라나 아름다운 꽃을 피우고 열매를 맺는다. 육아에서 부모의 사랑은 씨앗이 건강하게 자라도록 돕는 물과 햇빛이 된다.

부모와 초기의 애착 형성은 아이의 정서적 건강에 결정적인 영향을 미치는 것은 물론 평생 건강하게 성장할 수 있는 토대가 되며, 부모의 양육 방법과 철학에 따라 각각의 다른 열매들로 성장하게 된다.

육아는 때로 힘들고 도전적일 수 있다. 이러한 도전은 엄마와 아이 모두에게 성장의 기회를 제공한다. 아이가 새로운 것을 배우고, 실패를 경험하며, 다시 일어나는 과정을 지켜보는 것은 엄마에게도 큰 기쁨이자 배움이 된다. 이 과정에서 엄마는 아이의 성장을 통해 자신의 인내심과 문제 해결 능력을 기를 수 있으며, 이는 이후의 육아 과정에서도 큰 도움이 된다.

육아의 본질은 사랑이다. 부모가 아이에게 쏟는 사랑은 단순한 감정 이상의 것이다. 사랑은 부모와 아이 간의 깊은 유대감을 형성하며, 이는 아이가 성장하면서 다양한 경험을 통해 내면화하게 되는 가치와 태도를 형성하는 기초가 된다.

집집마다 각각의 다양한 육아 철학을 가지고 있고 접근 방식도 다양하다. 부모의 가치관, 문화적 배경, 개인적 경험에 따라 다르게 형성된다. 부모의 긍정적인 가치관과 경험들은 아이들에게도 긍정적인 영향을 미친다.

예를 들어, 자유로운 탐구를 중시하는 가정에서는 아이가 스스로 배우고 성장할 수 있는 환경을 조성해 아이가 호기심을 가지고 세상을 탐험할 수 있도록 지원하며, 실패를 통해 배우는 경험을 소중히 여기도록 유도한다. 규칙과 정확성을 강조하는 가정에서는 일정한 구조와 규칙을 통해 아이가 안정감을 느끼고, 목표 지향적인 태도를 기르도록 도와준다.

이러한 육아의 접근 방식들이 아이에게 미치는 영향은 다르지만 각 가정이 사랑을 바탕으로 아이를 양육한다는 점은 공통적이다. 어떤 방식이 더 좋다고 단언할 수는 없지만, 부모가 아이를 향한 사랑은 세상 어느 것과도 비교될 수 없을 만큼 크다는 사실은 변하지 않는다.

부모의 올바른 사랑은 아이가 자신을 인정하고, 타인을 이해하며, 세상에 긍정적으로 기여할 수 있는 사람으로 성장하는 데 도움을 준다. 부모가 아이에게 믿음과 사랑으로 응원한다면 아이는 스스로에게 긍정적인 존재 가치를 느끼게 된다. 이러한 경험은 아이가 자신감을 가지고 세상을 탐구하고, 새로운 도전에 직면할 때 긍정적인 태도를 가질 수 있다.

부모의 사랑은 아이가 사회적 관계를 형성하는 데도 중요한 역할을 한다. 부모가 사랑을 통해 아이에게 타인을 이해하는 법을 가르치면, 아이는 친구 및 주변 사람들과의 관계에서도 긍정적인 공감 능력을 기를 수 있다. 이는 아이가 성장하면서 더욱 풍부한 인간관계를 형성하고, 사회적 상호작용에서 긍정적인 경험을 쌓는 데 기여한다.

또 이렇게 성장한 아이들은 도전과 어려움을 잘 극복해낸다. 부모가 지속적으로 사랑과 지지를 보내면 아이는 자신이 실패해도 사랑받고 있다는 사실을 깨닫게 된다. 이는 아이가 두려움 없이 새로운 도전에 나설 수 있도록 하는 중요한 요소다. 아이는 이러한 경험을 통해 자신감과 자존감을 키워나가며, 어려운 상황에서도 긍정적인 태도를 유지하는 힘을 기르게 된다.

결국 부모의 사랑은 아이가 사회로 나가는 밑거름이 된다. 아이가 성장하여 세상에 나아갈 때, 부모가 제공한 사랑의 토대는 그가 마주하는 다양한 상황에 대처하는 능력을 키우는 데 필수적이다. 올바른 사랑은 아이가 자신의 감정을 이해하고 조절할 수 있는 능력을 배양하며, 사회에서 건강한 관계를 유지하는 데 큰 도움이 된다.

부모는 사랑의 힘을 인식하고 양육의 과정을 이어나가야 한다. 사랑이 주는 긍정적인 영향을 통해 아이는 더욱 건강하고 행복한 삶을 살아갈 수 있다. 육아의 여정에서 사랑의 본질을 잊지 않는 것이야말로 부모와 아이 모두에게 의미 있는 성장의 길임을 명심해야 한다. 이러한 과정에서 부모와 아이는 함께 자신의 한계를 넘어서는 법을 배우게 되고, 부모는 아이가 성장하는 모습을 보며 자신의 육아 철학을 재정립하고 새로운 방법을 모색하게 된다. 이는 아이가 미래의 다양한 상황에 잘 대처할수 있도록 준비시키는 중요한 과정이기도 하다.

부모와 아이가 함께 도전하고 서로를 지지하는 과정은 인생에서 가장 소중한 경험이 되어 더욱 성숙해지고, 사랑의 힘을 느끼게 되는 것이다. 육아의 도전은 힘들지만, 그 안에는 귀중한 성장의 기회가 가득하다는 점을 기억해야 한다. 육아는 사랑으로 시작되고, 사랑으로 완성된다. 부모의 육아 철학은 그 여정의 나침반 역할을 하며, 아이와의 관계를 더욱 깊고 의미 있게 만들어 준다.

가치중심의 교육과 생활 습관

참된 성인으로 성장하기 위해서는 가정에서부터 기본적인 가치, 도덕, 윤리 등이 교육되어야 한다. 가정에서 가치 중심 교육과 잘 형성된 생활 습관은 단순히 학문적 지식만을 습득하는 것을 넘어서 사회의 구성원으로서 올바른 가치관을 형성할 수 있다. 올바른 가치관은 책임감 있는 행동과 윤리적 판단을 할 수 있는 능력을 기를 수 있다.

가치 중심의 교육Value-Centered Education은 '정직, 책임감, 존중, 공감, 협력, 봉사'가 포함된다. 이것은 단순히 주입하거나 학문으로 가능한 영역이 아니다. 몸소 실천하고 경험에서 축적되는 영역이다. 그래서 가정에서 가장 먼저 이루어진다.

'부모는 자식의 거울'이라는 말이 있듯이 부모는 아이가 모방을 하는 최초의 사람이다. 부모의 행동이 그만큼 중요하다는 이야기다. 부모가 매일 독서를 하는 가정에는 책을 읽는 아이로, TV를 보는 가정에서는 TV를 보는 아이로 성장하기 마련이다. 아이들의 모방과 습관은 본인도 모르는 사이에 형성된다.

가치 중심 교육은 교과 과정에 통합되어 특별 활동, 프로젝트, 대화, 토론 등 다양한 방법으로 이루어지고 있다. 실제로 교실에서 모둠 활동을 수행하게 될 때 가치 중심 교육이 잘 이루어진 아이들은 적극적이고 책임감 있게 활동들을 수행하려 노력하지만, 그렇지 못한 아이들은 관심조차 두지 않는 경우도 있다. 모둠 활동은 협력과 책임감, 공감과 같은 영역이 중점이 되기 때문에 학습력과는 별개의 문제이다. 이러한 여러 성향의 아이들이 성장했을 때 본인의 개인 업무를 수행하는 능력에도 차이를 보이게 되는 것이다. 가치 중심의 생활 습관을 통해 개인은 더욱 의미 있고 충족감 있는 삶을 영위할 수 있으며, 사회 구성원으로서의 역할을 보다 책임감 있게 수행할 수 있는 능력을 키우는 것이라 할 수 있다.

그래서 무엇이든 일상생활 속에서 자연스럽게 가치를 실천하는 것이 중요하다. 가치 중심의 생활 습관은 일상생활에서 가치와 원칙을 우선시하는 행동 양식과 결정 과정을 의미한다. 이는 개인이 자신의 행동과 결정을 내릴 때 단순히 편리함이나 즉각적인 이익을 추구하는 것이 아니라, 정직, 책임감, 존중, 공감, 협력과 같은 근본적인 가치를 기반으로 하여 생각하고 행동하게 된다. 가정에서 가치 중심 교육을 실천하는 것은 아이들이 일상생활 속에서도 중요한 가치를 배우고 실천하는 기회가 된다.

우리는 가치 중심의 교육과 생활 습관 형성을 위해 어떠한 것을 실천해야 할까? 생각보다 간단하고 일상에서 매일 실천할 수 있는 일들이 많다. 먼저, 부모님이나 가정의 어른들이 정직, 책임감, 존중과 같은 가치를 일상생활에서 실천함으로써 아이들에게 좋은 본보기를 보여주는 것이다. 앞서 언급했듯이 부모는 자식의 거울이기 때문에 특별히 어떠한 지시나 조언을 하지 않아도 자연스럽게 모방하게 된다.

다음으로, 일상생활에서 자녀와 항상 대화하는 습관을 기르는 것이 좋다. 다양한 상황에 대해 아이들과 대화를 나누며, 그 상황에서 어떤 가치가 중요한지, 어떻게 대응하는 것이 옳은지를 함께 고민해 본다면 자녀들의 판단력과 상황 대처 능력이 상승할 것이다. 가정 내에서 의사결정을 할 때 가치를 기준으로 삼아 아이들이 과정을 이해하고 참여하게 유도하는 것이 중요하다. 예를 들어, 외식이나 여행 장소 등을 결정할 때 단순히 어른들의 의견만이 아닌 자녀들의 의견을 수렴하여 결정하는 것이다.

이외에도 가치 중심의 동화나 소설을 함께 읽고, 캐릭터들의 행동과 결정에 대해 이야기를 나누며 다양한 상황에서의 도덕적 판단과 가치를 이해하는 데 도움을 주는 것도 좋다. 또한 아이들이 올바른 행동을 했을 때 긍정적인 피드백과 적절한 포상을 제공하고, 반대로 잘못된 선택을 했을 때는 그에 상응하는 책임을 지게 함으로써 행동에 대한 결과를 이해하도록 도와주는 것도 좋은 방법이다.

모든 가족이 함께하는 본질 키움

　육아라는 관문은 부모가 처음인 미완성의 성인들이 부모가 되어 기쁨과 슬픔, 고난과 행복을 느끼며 헤쳐 나가는 과정이다. 육아의 방법도 너무 다양해서 부모의 성향에 따라 달라진다. 최근 화두가 되는 본질 키움은 아이를 키우는 과정에서 아이의 본질, 즉 아이가 타고난 성향이나 기질, 잠재력을 중요시하고 이를 최대한 발휘할 수 있도록 지원하는 육아 방법이다. 아이를 단순히 외부적인 기준이나 성과에 맞추어 교육하고 평가하기보다 아이 자신이 가진 독특한 특성과 장점을 이해하고 존중하면서 그것을 바탕으로 아이의 성장을 도와준다.

　본질 키움은 아이가 자신의 본질에 따라 다양한 경험을 하고, 실패와 성공을 통해 자신만의 길을 찾아가도록 도와주기도 한다. 그래서 부모는 아이의 개인성을 인정하며 아이의 특성, 관심사, 열정을 이해하고 존중해야 한다. 또한 학습에 있어서 아이가 자신의 관심과 호기심을 따라 자기 주도적으로 학습하고 성장할 수 있도록 지켜볼 수 있는 인내심이 있어야 한다. 이러한 접근 방식은 아이의 자아 존중감과 자신감을 높이고, 창의력과 독립성을 발전시킬 수 있다.

　본질 키움에서 가장 기본이 되는 것은 아이가 자신의 본질에 맞는 환경에서 성장할 수 있도록 안전하고 지지적인 환경을 조성하는 것이다. 모든 가족의 지지와 참여가 요구되는 부분이기도 하다. 예를 들어, 아이가 그림 그리기를 좋아하고 예술적인 재능을 보인다고 했을 때 부모가 해줄 수 있는 영역은 많다. 아이가 그림을 그릴 수 있도록 다양한 미술 도구와 재료와 공간을 제공해 줄 수 있다. 또 다양한 아이디어를 위해 미술관을 간다든지 예술적 영감을 얻을 수 있는 활동을 함께 하며 새로운 아이디어를 얻을 수 있도록 해준다.

아이는 이러한 지원을 통해 자신의 창의력을 발휘하며 자신만의 예술적 표현을 개발할 수 있고, 자아 존중감과 자신감을 높이며 독립적인 사고를 키울 수 있다. 또 실패와 성공을 통해 자기표현의 다양한 방법을 배우게 된다.

본질 키움은 예체능에 국한되지 않는다. 만약 과학적 호기심과 탐구를 원하는 아이라면 부모는 아이가 과학 실험을 할 수 있는 키트를 제공하고, 도서관에서 관련 책을 빌려준다거나 과학박물관이나 자연사 박물관을 방문해 아이가 직접 경험하고 배우는 기회를 만들어 줄 수 있다. 여기에 덧붙여 부모는 아이가 질문할 때마다 성실하게 답변하고, 더 많은 탐구를 할 수 있게 유도하면 된다. 이러한 경험은 아이의 자아 존중감과 자신감을 높이며, 창의적 사고와 독립성을 발전시키게 된다.

본질 키움은 아이의 흥미와 재능에 맞춘 다양한 경험을 통해 자아 존중감, 자신감, 창의력, 독립성을 키우는 데 중점을 두고 있어 자신의 본질을 발견하고 주체적으로 성장해 나갈 수 있다. 부모는 이 과정에서 아이를 조건 없이 사랑하고, 아이의 선택을 존중하며, 필요한 지원과 안내를 제공하는 역할을 해야 한다. 아이의 행동이나 결과에 대해 구체적인 피드백을 제공하여 긍정적인 부분과 개선이 필요한 부분을 명확하게 전달해줘야 한다. 그것을 바탕으로 아이가 스스로 자신의 행동과 결과를 평가하도록 격려하고, 자기 인식을 높이고 스스로 개선할 수 있는 능력을 키우도록 한다.

　여기서 부모는 과도한 간섭은 피해야 한다. 아이가 필요할 때 적절한 지원을 하여 스스로 문제를 해결할 수 있도록 유도한다. 이 과정들을 통해 아이가 스스로 결정하고 행동하는 기회가 되어 독립성을 키우고, 자기 주도적인 학습 태도를 기를 수 있다. 또 아이는 실패와 성공을 자연스럽게 받아들이고, 그 과정을 통해 자신만의 길을 찾아가는 능력을 키울 수 있다. 중요한 것은 아이가 성장하는 과정에서 부모가 지지하고 격려하는 역할을 충실히 하는 것이다.

　본질 키움은 아이가 무의식적으로 자신의 본질을 이해하고 자신의 길을 찾아가는 데 필요한 기반을 마련해 주어 아이는 자신의 장점과 특성을 활용하여 성공적이고 만족스러운 삶을 영위할 수 있게 된다.

육아, 사랑으로 보듬다

　육아는 행복을 찾아가는 여정과도 같다. 육아를 하며 부모로서의 삶을 살아가는 과정은 힘들고 지치는 순간을 맞이하기도 한다. 이 속에서 진정으로 행복한 삶이 무엇인지를 생각하고 찾는 것은 육아뿐 아니라 가족 구성원 전체에 있어서도 중요한 일이다. 아이와 함께하는 시간 속에서 느끼는 작은 기쁨과 성취감은 말로 표현할 수 없을 정도로 크다. 아이의 성공이 부모의 성공은 아니지만, 그 과정을 함께 해나간다는 것은 인생의 동반자가 되어 간다는 것이다.

세상의 모든 부모들은 아이가 행복하게 성장하고 행복한 삶을 살기를 바란다. 하지만 현실에서는 아이들의 행복보다 눈앞의 학습이 먼저인 경우가 대부분이다. 아이들이 행복해야 하지만 공부를 잘해야 한다고 다그치기도 한다.

육아에서 가장 힘든 일은 내려놓는 것이다. 매 순간 내려놓기를 하기란 쉽지 않다. 내려놓기에 가까워질 때 본질 키움이 가능해진다. 한걸음 물러서서 아이를 사랑으로 바라보면 행복에 대한 가치는 달라진다. 공부를 잘해야 한다고 책상에 앉혀놓기보다 공부를 왜 해야 하는지를 알려줘야 한다. 편식한다고 다그치거나 억지로 먹이려고 들기 전에 왜 음식을 골고루 섭취해야 하는지를 알려주고 음식에 대한 흥미를 느끼도록 해줘야 한다.

부모와 자식은 조건에 의해 성립되는 관계가 아니다. 사랑으로 무엇이든 보듬을 수 있는 관계다. 이 무조건적인 사랑이 삐뚤어지면 욕심이 되고 아이에 대한 기대치만 높아지게 된다. 침대에 누워 곤히 잠든 아이의 모습을 보고 있으면 세상에 이렇게 이쁜 아이가 있을까 싶을 정도로 사랑스럽다. 그 마음 그대로 모든 생활을 해나간다면 사랑으로 보듬은 '내려놓기'를 통한 본질 키움이 가능해진다.

요즈음 아이들 중 장래희망이 없는 아이들이 꽤 많다고 한다. 간혹 본인의 꿈이 아닌 부모의 꿈을 자신의 꿈인 듯 알고 자라는 아이들도 있다. 본인이 커서 무엇을 해야 하는지 모르겠다고도 한다. 이것은 꿈이 없다는 뜻이다. 공부는 항상 많이 하나 배움의 즐거움도 느끼지 못하고 떠먹여 주는 공부를 하고 있어 자신의 미래에 대해 진지하게 생각해 볼 겨를

이 없다.

하지만 부모가 한 걸음만 물러서면 아이의 숨겨진 재능을 발견하고, 학습의 즐거움도 느낄 수 있다. 무조건적인 공부를 강요하기보다 배움에 대한 흥미를 유도해 아이 스스로 적극적으로 배움을 찾아가는 삶이 된다면 자연스럽게 재능도 발견할 수 있다.

아이의 재능과 미래를 찾아가는 과정 중 첫 번째는 부모와의 소통이다. 아이들과 대화가 없다고 하는 대부분의 경우는 어린 시절부터 대화보다는 일방적인 명령에 의해 행동하는 쪽이다. 아이의 나이를 불문하고 항상 상호 소통 속에 사는 것이 중요하다.

부모로서의 삶은 단순히 아이를 돌보는 것에 그치지 않고, 자신의 행복을 추구하는 길이기도 하다. 아이와 함께하는 매 순간을 소중히 여기며, 진정한 행복을 찾아 나아가는 것이야말로 가장 중요한 일이다.

육아 속에서 부모로서의 행복을 찾는 것은 어렵지 않다. 아이와 함께하는 작은 일상 속의 기쁨과 사랑 자체로 행복하다. 부모는 아이의 눈높이에 맞추어 함께 성장하며, 아이는 부모의 사랑과 지지를 받으며 자라는 상호작용 속에서 행복한 육아가 될 수 있다. 이런 소소한 기쁨이 모여 부모로서의 삶은 단순히 아이를 돌보는 것에 그치지 않고, 자신의 행복을 추구할 수 있다. 매 순간을 소중히 여기고 육아의 본질을 잊지 않는 것이 진정으로 행복한 육아임을 깨달아야 한다.

엄마 노릇의 본질, 알고 계시나요?
신민희

혼돈의 쌍둥이 육아, 엄마의 불안 다루기

날마다 날이 선 엄마

육아를 하는 사람이라면 대체로 비슷한 경험이 있을 것이다. 육아는 얌전하고 순하던 우리를 정말이지 날카롭게 만든다. 나는 지구가 둥근 만큼 내 성격도 둥글다고 자신 있게 말하고 다녔고, 어지간한 상황에서 불편함을 느껴 본 적이 없었다. 나의 세상은 유유했다. 그렇게 순탄한 줄로만 알았던 나의 인생은 예정에 없던 쌍둥이를 키우며 180도 달라졌다.

육아는 내 인생 최초이자 최대의 달콤함을 머금은 쓴맛, 탄맛, 신맛의 결정체였다. 나는 육아를 통해서 내가 몰랐던 내 성격의 바닥과 마주했다. 육아는 나를 칼날보다 더 날카로운 성격을 가진 예민 덩어리로 만들었다. 그 칼날이 내 마음에 생채기를 내는지도 모른 채로 육아라는 시공간에 갇혀 눈을 돌릴 줄 몰랐다.

쌍둥이 육아는 처음부터 피곤했다. 수면 부족은 물론이고 잠깐의 외출도 허락하지 않았다. 집 앞 마트라도 가려면 유모차라도 태워야 하는데, 유모차만 타면 핏줄까지 세워가며 우는 아이들 덕에 외출의 시작부터가 불가능이었다. 막무가내로 울어대는 두 아이를 동시에 봐줄 누군가를 찾는 것은 쉽지 않다. 어떻게 간신히 찾은 누군가에게 잠시 맡겨두는 건 지원군이 둘셋이 함께 있을 경우에나 가능하다.

혼자 쌍둥이를 키워낸다는 것은 시작부터 육아 최고 레벨에 도전하는 셈이다. 평소에는 잘하지도 않는 부탁을 해야 하고, 하기 싫은 소리도 하고, 듣기 싫은 소리도 듣는 일의 반복이었다. 수면 부족, 체력 고갈로 예민해질 대로 예민해진 나는 매 순간 날이 서 있었고, 행여나 아이들이 다치기라도 할까 매사 신경 쓰고 살아야 했다. 어느 날 누군가의 무신경한 한마디는 내 마음에 생채기를 내기도 했다. 웃고 넘어가면 그만인 말들도 그렇게 잔뜩 날이 선 채로 내 마음에 스스로 생채기를 내고 있었다.

평소라면 가볍게 무시할 수 있는 말들이 바짝 날 선 상태에서는 마음에 자꾸만 부정적인 생각을 만든다. 나만 빼고 다들 육아에 정답이 있는 것 같은 느낌은 정답을 찾지 못한 엄마가 된 나를 불안하게 하고, 한없이 초라하게 만들기도 했다.

쌍둥이 육아에서 피해야 할 마음가짐

쌍둥이를 키울 때 가장 피해야 할 마음은 비교이다. 당연한 소리로 들리겠지만 한날한시에 태어난 쌍둥이를 마주하면 누구나 하는 첫마디가 비교이다. 생김새부터 시작해 키, 몸무게, 식습관, 학습 능력, 신체 능력 등 모든 부분에서 '1호는 이런데, 2호는 저렇네'라는 생각이 기본값이다. 타인만 그러한 것이 아니라, 엄마조차도 무의식적인 비교에서 벗어나기 어렵다.

영유아 무렵, 2호가 분수 토를 했다. 1호는 정해진 양 이상을 먹는데, 2호는 3분의 1도 버거워했다. 그렇게 겨우 8번을 먹이면 8번 모두 분수 토를 해서 병원이라는 병원은 다 다녔을 정도였다. 고통스러웠던 시간을 넘기고 이유식과 유아식을 지나 2호는 지금 과거가 무색할 만큼 무척이나 잘 먹고 있다. 시간이 지나 찾은 원인은 소화기관의 성장이 더뎌 일어난 소화력의 문제였다. 미숙아로 태어나 소화가 어려운 아이였기에 소화기관이 튼튼해지기까지 시간이 필요했던 것이었다.

나는 1호가 잘 먹는 것과, 2호가 못 먹는 것을 비교하며 마음에 지옥을 만들었다. 1호만큼 먹는 것이 또래 아이들의 보통이라는데 2호는 왜 못 먹지? 무슨 문제가 있을까 하는 비교로부터 시작된 마음이 불안을 낳아 나를 지옥으로 밀어 넣었다. 그저 1호는 태생이 잘 먹는 아이고, 2호는 느린 아이일 뿐인데 말이다.

지옥의 시간을 벗어나 쌍둥이를 초등학교까지 보내고 보니 내가 가장 아까웠던 시간이 바로 비교인지도 몰랐던 비교를 하며 보낸 그 시간이었다. 물론 시간이 흐르고 그 속에서 분명 배운 것도 있지만 시작부터 쌍둥이에 대해 조금 더 잘 알고 시작했더라면 나를 지옥으로 밀어 넣는 일은 없지 않았을까 하는 아쉬움은 어쩔 수 없다.

불안을 잠재우는 본질의 기술

사실 육아에 정답이 없다는 것을 우리는 다 안다. 그저 마음이 날카로워져서 불안할 뿐이라는 사실도 어쩌면 알고 있을지 모른다. 아이마다 기질이 다르고, 모든 환경이 다른데 '정답 육아'라는 것이 과연 있을까. 이것을 해야 아이에게 좋고, 저것을 해야 좋다는 유명한 육아 방식들이 내 아이에게는 맞지 않을 수도 있다. 좋은 방법이라고 해서 누구에게나 좋다는 보장은 없다. 좋은 말들을 읽고서도 그대로 실천이 어려운 것이 바로 현실 육아이다.

마치 육아에 정답이 있는 것 같은 육아 서적들을 읽다 보면 하나같이 나의 현실 육아와는 다르다. 머리로는 알겠는데, 육아에 대한 교양과 지식을 쌓으려 집어 들었던 책 한 권으로 마음 한 편에 잘 숨겨 놓았던 '잘 키우고 있는가?'에 대한 불안이 또 스멀스멀 올라온다.

불안은 형체 없이 다가와 없어지는 것도 순식간이다. 그날은 내가 아이들을 잘 키우고 있다는 '믿음'이 생긴 날이었다. 여행을 간 쌍둥이의 생일날 들은 말 한마디가 내 마음에 믿음을 만들었다. "생일 축하해. 우리 아기들, 지금까지 크느라 고생했어"라는 나의 말에 "엄마도 우리 키우느라 고생했어요. 고마워요"라는 생각지도 못한 답이 돌아왔다. 그날 밤 '나는 아이를 잘 키우고 있다는 믿음'과 '아이가 바르게 잘 자라주고 있다는 믿음'이 아이와 나를 더욱 끈끈하게 만들어 주었다.

아이들은 비교하지 않고, 닦달하지 않을수록 잘 자란다. 그저 믿고 기다려줘야만 잘 자라는 부분도 있다. 쉬운 길이 있는데 돌아가는 것을 보면 먼저 살아 본 사람으로서 안타깝기 그지없지만, 부모는 그마저도 지켜보며 기다려줘야 한다. 우리는 불안해 말고 아이를 믿고 기다려주면 되는 것이다.

답답한 육아, 소통으로 정답 찾기

대화 속에 담긴 진심

육아를 하는 부모들은 마음 한편에 늘 답답함을 품고 있다. 육아 여정은 아이에 대한 답답함, 상황에 대한 답답함, 관계에 대한 답답함 등 세상 모든 답답함의 집약체이며, 그 속에서 길러야 하는 인내의 과정이다. 그 과정을 우리는 '소통을 통한 육아' 방법으로 조금 더 현명하고 지혜롭게 보낼 수 있다. 아이와의 소통은 답답하고 힘든 육아 여정을 조금 더 수월하고 의미 있게 만들어 주는 황금열쇠이다.

아이와의 소통에 가장 쉬운 접근법은 바로 '대화'이다. 대화의 힘은 강력하다. 특히 진심이 담긴 대화는 더욱 그러하다. 상대의 닫힌 마음을 열기도 하고, 없던 마음이 생기기도 한다. 언젠가 2호의 행동에 화가 난 내가 2호의 변명을 들어주지 않았다. 사건이 마무리 지어진 후 '잠자리 대화' 시간에 오늘 행동에 대한 각자 반성의 시간을 가졌다. 우리는 서로가 고쳐줬으면 하는 부분에 대해 이야기 나눴고, 2호가 나에게 바랐던 것은 자기 얘기를 들어달라는 것이었다. 변명의 여지를 주지 않은 나에게 섭섭했던 것이었다. 아이의 속마음 이야기에 나는 너무나 미안해졌다. 나는 2호를 안아주며 사과했고, 2호 또한 나에게 앞으로는 그렇게 행동하지 않겠다고 약속했다.

그날 밤 대화를 통해서 나는 아이의 마음을 이해할 수 있었다. 대화를 시도하지 않았더라면 모르고 넘어갔을 아이의 섭섭함이었다. 대화를 통해서 아이 또한 내 마음을 이해할 수 있었다. 우리는 서로 마음에 공감하고 반성했으며, 서로를 한층 더 깊이 이해했다. 어린아이일지라도 대화에는 진심을 담아야 하며, 아이의 말에 귀 기울이는 것의 중요성을 깨달은 밤이었다.

좋은 부모가 따로 있을까. 대화를 통해서 아이의 마음을 이해할 수 있는 부모가 좋은 부모라고 생각한다. 그렇게 자란 아이는 저절로 부모의 마음을 이해할 수 있으리라 믿는다. 진심을 담은 대화는 결국 육아를 풍요롭게 만드는 경험이자 자산이다.

실수를 대하는 엄마의 자세

스스로에 엄격한 나는 아이에게도 엄격한 엄마였다. 엄격함은 육아에 있어서 반드시 필요하다고 생각하지만 때로는 나와 아이 모두를 지치게 만들기도 했다. 특히 실수에 있어서 그랬다. 한동안 아이의 반복적인 실수에 한숨으로 반응이 나오는 내 모습을 인지한 날, 나는 자책감에 빠졌다. 사람이라면 누구나 실수하는 법이고, 세상 모든 일들은 실수를 통해 배우기 마련이다. 특히 나는 언어 교육을 전공한 입장에서 더욱 내 아이들의 실수에 너그러워야 했다. 사람이 태어나서 한 언어를 배우기 위해서는 수만 번을 실수하고 반복해야 한다. 그런데 고작 실수 몇 번에 대해 지적하고, 고치지 못하는 아이를 보며 한숨을 쉬는 내 모습이라니. 나는 그날부터 마음가짐을 바꾸기로 결심했다.

그날 이후 나는 아이가 실수를 통해 배우고, 오히려 발전의 기회로 삼을 수 있도록 가르치기로 했다. 아이의 실수는 나에게도 도전인 셈이었다. 가령 아이들이 컵에 든 우유라도 쏟을 때면 질책하지 않았다. 대신 "괜찮아, 이걸 어떻게 하면 좋을까?" 하고 질문을 통해 스스로 뒷정리할 수 있도록 알려주었다. 우산 따위의 물건을 깜빡하고 돌아온 날도 마찬가지였다. "괜찮아, 다시 챙겨오면 돼. 내일도 깜빡하지 않으려면 어떻게 하는 게 좋을까?" 하고 아이들에게 물어보며 방법을 모색했다.

"괜찮아"라는 말은 정말 괜찮아지는 마법이다. 아이가 실수했을 때에도 괜찮은 순간으로 바꾸어 스스로 해결책을 생각하게 하며, 아이의 자존감까지도 보호할 수 있다. 결국 "괜찮아"라는 말은 아이의 행동마저 괜찮아지도록 만든다.

실수했을 때에도 효과적인 대화는 아이를 성장시킬 수 있다. 실수를 대하는 부모의 자세를 통해 아이들은 자신의 실수를 긍정적으로 대할 수 있고, 배움에 대한 기회를 마주한다. 그 과정에서 아이들은 책임감을 배우고, 문제 해결 능력을 키우기도 한다. 이처럼 부모의 자세에 따라 실수가 아이들을 성장시킬 수도 있기에 부모는 내 아이의 실수에 조금 너그러울 필요가 있는 것이다.

노력하는 아이, 인정하는 엄마

아이와의 소통에는 여러 가지 방법이 있다. 아이의 노력을 인정하는 것 역시 소통의 중요한 모습이다. 인정이라는 것은 행동으로 보여주는 가장 큰 믿음이다. 부모의 인정은 아이들에게 큰 영향을 미친다. 태어나 최초의 상호작용을 하는 대상인 부모의 인정은 아이들이 스스로 가치 있다고 여기는 마음의 근간이 된다. 아이들은 부모로부터 받는 인정을 통해 자신의 노력이 가치 있다고 느끼고, 더 많은 노력을 기울인다. 인정을 통해 아이들은 주어진 일에 적극적으로 참여하고, 자신감을 키울 수도 있다.

우리 집 쌍둥이는 축구와 피아노를 배우고 있다. 축구에서 골을 넣고 오거나, 피아노에서 칭찬이라도 듣고 오는 날이면 그날은 각자의 영웅담을 얘기하기 바쁘다. 얘기를 다 들어준 후 나의 반응은 한결같다. "우리 아들, 열심히 노력하더니 어제보다 발전했네. 멋지다, 노력하는 모습이."

한 마디의 인정으로 아이들의 하루를 의미 있게 만들 수 있다. 나의 인정 한 마디로 아이들이 한 어제의 노력을 오늘의 가치로 만들어 준 것이다. 아이들이 자신의 노력과 열정을 부모에게서 인정받을 때, 자신을 소중히 여기며 자신감을 키울 수 있다고 믿는다. 부모로부터의 인정은 내 아이의 자아 존중감을 높인다. 그것은 아이들이 인생을 살아가며 목표를 설정하고 이루기 위해 노력하는 데 동기를 부여하기도 한다. 인정은 자신의 능력을 믿고, 더 높은 목표를 향해 나아갈 수 있는 발판이다.

끌려가는 육아? 끌어가는 육아

자율성에 맡긴 내 아이의 성장 기반

아이들의 성장에 있어 자율성은 매우 중요한 요소이다. 자율성을 바탕으로 성장한 아이들은 자신감을 가지고 스스로 결정을 내리고, 행동에 대한 책임을 질 줄 안다. 이러한 과정의 반복은 아이들이 건강한 사회 구성원으로 성장하는 데 필수 요소이다.

부모는 아이들이 건강한 사회 구성원으로 자랄 수 있도록 독립적으로 선택하고 결정할 기회를 제공해야 한다. 아이에게 자유를 주고, 그 안에서 스스로 할 수 있는 일을 찾아서 하게끔 한다.

육아를 하면서 '끌려가는 양육'을 하는 부모들이 있다. 자라는 아이들 또한 마찬가지이다. 자신의 인생을 스스로 끌어가기보다는 부모의 뜻에 끌려가는 모습을 보이기도 한다. 교육 현장에서 학부모와 상담할 때 가끔 아이와 부모의 이상이 다른 것에 대한 고민을 토로하는 부모님들이 있다. 그럴 때마다 나의 답은 항상 한결같다. "아이가 스스로 결정하게 하는 게 좋지 않을까요?" 이는 아이에게 무조건적인 자유를 주라는 말은 아니다. 자신의 인생에서 선택과 결정을 내릴 수 있는 일에 대한 자유는 아이의 자율성을 끌어내어 건강한 성장을 도모한다.

교육을 전공한 개인적인 입장에서 아이의 교육에 부모의 역할이 커지는 것은 지양했으면 한다. 부모는 아이에게 동기부여와 학습의 기회를 제공할 수 있지만, 학습 의지와 꿈은 아이가 스스로 정해 가야 한다. 자율성을 토대로 결과에 대한 책임까지도 배워가는 것이다.

부모는 아이의 성장을 끌어줘야 하는 존재이다. 시대에 유행하는 갖가지 육아 방법, 교육 방법에 끌려가서는 안 된다. 부모는 내 아이에게 맞는 본질을 찾아 아이의 성장을 끌어줘야 하고, 아이가 성장하는 가장 기본적 본질은 자율성에 있다.

좌절에서 배우는 성공의 기회

우리는 살아가며 많은 시행착오를 겪는다. 새로운 일에 도전하며 실패를 겪기도 하고, 실수를 범하기도 한다. 아이들의 걸음마 역시 수많은 시행착오의 결과이고, 우리가 말하는 언어 역시 마찬가지이다. 시행착오는 아이든 어른이든 모든 새로운 상황에서 겪는 오류이다. 그 과정을 어떻게 극복하느냐에 따라 인생을 대하는 방법이 달라질 수 있다.

우리 집 쌍둥이의 경우 사소한 실패에서 잦은 좌절을 경험한다. 레고 설명서를 보다가 마주한 좌절, 종이접기를 하며 느낀 실패, 수학 문제를 풀다가 정답을 틀리는 속상함 등 많은 시행착오를 마주하며 좌절을 맛보고 눈물을 흘리기도 한다. 그럴 때 아이들에게 항상 하는 말이 있다.

"실패해도 괜찮아. 성공에 가까워진 거야. 그러니까 다시 해보자."

나는 우리 아이들에게 많은 실수와 실패를 경험하라고 말한다. 실패에서 아이들은 배우는 것이 있고, 나아가 성공 방법까지도 배우는 것이라 얘기하고 있다. 실패는 곧 성공의 기회에 가까워지는 기회인 셈이다.

실패에 대한 내성을 어떻게 쌓느냐에 따라 문제 상황에 대한 인식이 달라진다. 실패 이후 다시 도전해서 성공 경험을 한 아이는 실수나 실패에 대한 두려움이 줄어든다. 실패를 극복하는 과정은 내면의 단단함을 만들고, 도전의 기회를 다시 만들어 낸다. 무수히 많은 실패를 반복하며 성취하게 된 성공의 기쁨은 자아 존중감으로 이어진다. 성공이 만든 '할 수 있다'는 믿음은 아이의 내면에 용기를 심어준다. 부모는 아이에게 이러한 자아 존중감을 키울 용기를 심어줄 '기회 제공자'여야 하지 않을까.

선택과 집중, 발전의 시간

우리는 부모가 되는 순간부터 육아라는 끝없는 여정을 시작한다. 아이와 부모 서로를 위한 조화로운 선택과 집중, 그리고 발전의 연속적인 과정이 필수로 따라온다. 우리는 이 과정을 통해 각자의 인생을 풍요롭게 만들 수 있다.

육아는 많은 선택의 순간들로 가득 차 있다. 아이의 건강, 교육, 행복 등의 다양한 선택지 속에서 부모는 매 순간 무엇을 우선으로 선택해야 할지 결정해야 한다. 그뿐 아니라 우리의 삶도 고려하지 않을 수 없으니 부모라는 존재는 일과 육아 사이의 균형을 맞추며 살아야 하는 큰 숙제를 안고 있다. 이 균형을 맞추는 것에 가장 필요한 것이 바로 선택과 집중이다.

나 또한 앞으로의 선택이 달라질 수도 있겠지만, 현재 나는 아이와 함께 보내는 시간에 집중하는 것을 우선으로 선택했다. 엄마로서 아이와 함께 보내는 시간에 집중하는 것은 가족 모두에게 안정감을 주었다. 무엇보다 아이들에게 집중하기로 마음먹은 후, 되려 아이들이 내 인생의 나침반이 되었다. 아이를 돌보며 나의 전공을 조금 더 전문적으로 공부하게 되었고, 내 삶 또한 발전해 가고 있다. 육아를 통해 나는 진정으로 선택과 집중, 발전 세 가지 모두를 성취해 가는 중이다.

아이의 인생에 부모의 삶을 송두리째 희생하는 것은 아이를 위한 삶도, 부모를 위한 삶도 아니다. 부모가 자신의 시간을 가지고 개인적 발전을 위해 노력하는 것이야말로 가족 모두를 위한 삶이기도 하다. 부모의 발전적 모습은 아이에게도 긍정적 영향을 미친다. 책을 읽는 부모의 모습을 보며 아이는 모방하고 배운다. 삶이란 배움의 연속임을 부모의 모습을 보면서 배우는 것이다.

육아를 하면서 아이와 나의 발전 모두를 잡기가 쉽지 않은 여정이지만, 우선해야 할 본질적 선택과 집중을 한다면 아이도 나도 성장하고 발전할 수 있다. 육아라는 고리에 끌려가는 부모가 될 것인가, 아이와 나의 인생을 끌어가는 부모가 될 것인가는 우리의 선택과 집중에 달렸다.

아이의 잠재력은 참견이 아닌 발견

각자의 잠재력

지금껏 살아오며 조금 아쉬웠던 점이 있다면 나의 재능이나 잠재력 등을 조금 일찍 발견하지 못한 부분이다. 먹고사는 것이 급했던 IMF 시대를 보냈고, 스스로 내 재능은 뭘까 생각하기에는 어린 나이였기에 당시에 나의 재능 찾기는 역부족이었다. 성인이 되고 다양한 학생들을 가르치며 저절로 아이들의 재능이나 잠재력에 눈길이 갔다. 이제 부모가 된 나는 우리 아이들의 재능이나 잠재력의 발견에 관심이 많다. 아이들의 잠재력을 발견해 내는 과정에서 내가 지키는 규칙은 바로 '참견하지 말 것'이다.

성장 과정에서 아이의 잠재력을 발견하는 것은 어쩌면 그 어떤 값보다 귀한 보물을 찾은 것과도 같다. 아이의 잠재력을 발견하고 이를 일찍이 키워나가는 것은 원석을 보석으로 다듬는 것이다. 아이의 재능과 잠재력은 경험에서 시작된다. 아이들은 다양한 것을 경험해 보아야 하고,

스스로 재미를 찾아보아야 한다. 부모는 경험을 통한 아이의 행동에서 아이의 잠재력을 '발견'할 수 있는데, 여기에서 많이 보이는 실수는 '참견'이다. 아이의 재능을 발견했으면 부모로서 길을 열어줘야 하는 것이 맞지만, 그 과정에서 결코 참견이 있어서는 안 된다.

참견은 아이뿐만 아니라 부모를 지치게 만들고, 아이의 삶에서 스스로 의사결정을 할 자율성과 독립성을 저해한다. 또한 부모의 참견은 아이와 관계를 악화시키기도 한다. 즐겁게 하는 일에 대하여 부모가 잦은 참견을 할수록 아이는 거부감을 느낄 수 있어 갈등이 발생할 수 있다. 반복된 참견은 결국 아이의 자존감을 떨어뜨리는 일이기도 하다.

아이의 재능을 발견하고, 지속적인 경험을 주는 것은 부모가 열어주는 길이다. 아이의 성취감을 올려주거나 과제를 완수하는 경험 또한 부모가 열어줘야 한다. 하지만 그 재능이 지속되기 위해서는 반드시 부모의 의사가 아닌, 아이의 의사가 필요하다. 아이는 각자 고유의 재능과 잠재력을 가지고 있다. 그리고 아이의 재능에 대한 잠재력을 발견하는 것은 부모의 잠재력이다. 그것을 성장시키는 것에 필요한 것은 부모와 아이 모두의 노력이다. 부모는 길은 열어주되 참견하지 않도록 노력해야 하고, 아이는 잠재력을 키워가는 과정에서 스스로 즐거움을 찾는 노력을 해야 한다.

부족함과 마주할 수 있는 마음

우리는 잠재력을 키워가는 과정에서 스스로의 약점이나 한계와 마주하기도 한다. 이것은 아이뿐만 아니라 부모에게도 해당하는 말이다. 우리는 결코 완벽할 수 없고, 사람은 부족한 것임을 인정해야 한다.

잠재력을 키워가는 과정에서는 스스로에 대한 이해가 가장 중요하다. 나의 강점과 약점, 한계를 잘 파악하고, 그것을 그대로 받아들이는 것에서 성장은 시작된다. 가끔 가르치던 학생들 가운데 안타까웠던 아이들은 대단한 잠재력을 가지고 있는데, 자신의 부족한 부분이 싫어서 전체를 외면해 버리는 친구들이었다. 특히 사춘기의 나이에는 더욱 그러한데, 한 학생의 경우에는 너무나 좋아해 전공을 하겠다고 하던 악기에 대해 자신의 부족함을 발견했고 그것을 외면해 버리고는 극복하지 못했다. 그 모습에 실망한 부모님과 심하게 다투고는 한동안 그 악기에 손도 대지 않고 전공을 전혀 다른 방향으로 택했고, 대학교 입학 후 후회하는 모습을 보였다.

자신의 부족함을 미워할 필요가 없다는 것을 알려줄 수 있는 가장 가까운 사람은 부모이다. 성장 과정에서 스스로를 비난하거나 완벽해지려 노력하는 아이들에게 부모는 스스로를 인정할 줄 아는 법을 알려줘야 한다. 그리고 그 부족함에서 성장의 기회를 발견할 수 있도록 도와줘야 한다. 스스로를 인정하는 자세는 부모로부터 배운다.

부모도 '부모'라는 권위에 속아서는 안 된다. 부족한 부분이 있다면 그것을 인정하고, 이를 개선하려 노력해야 한다. 부모의 노력하는 모습에서 아이들은 배워간다. 부모와 아이가 서로 성장 과정에서 부족한 부분을 인정하고, 그것을 개선하기 위해 노력한다면 아이의 잠재력은 무한히 커갈 수 있다.

성장의 시작은 인정

돌이켜보면 내가 인생에서 한층 성장했다는 시기들에 매번 했던 것은 스스로에 대한 인정이었다. 스스로 모자란 부분을 인정했고, 잘난 부분 또한 인정하며 나를 객관적으로 보는 일이었다. 이 일련의 과정들은 내가 나에 대한 전략을 새롭게 짤 수 있도록 도와주었고, 그 결과는 긍정적이었다.

아이는 자신의 가치와 능력을 인정받는 것으로부터 성장하기 시작하므로 부모는 아이의 능력과 노력을 인정해 주며 자신감을 가질 수 있게 도와야 한다. 인생의 첫 공동체 경험인 가족으로부터의 인정은 자신감과 안정감을 키우는 계기가 될 수 있다. 아이의 영유아기 시절만큼은 무조건적인 인정이 필요할지도 모른다.

아이가 조금 더 자라서 가족 공동체를 벗어나면 어떨까. 모두가 내 부모처럼 "내 새끼 잘한다, 최고다!"라는 말을 해주지는 않는다. 그런 상황을 처음 마주한 아이들은 인생의 첫 쓴맛, 실패, 좌절 따위를 경험할지도 모른다. 아이들은 거기에서부터 배워 나가야 한다. 부모는 아이가 자신의 부족한 부분을 인정하고 개선하려는 노력을 배울 수 있게 키워야 한다.

인정은 양날의 검 같아 달콤한 열매가 되기도 하고, 쓰디쓴 약이 되기도 한다. 내 아이가 잘한 부분에 대한 인정과 부족한 부분에 대한 인정이 모두 필요하다. 하지만 우리가 알아야 하는 것은 인정이라는 열매와 약이 모두 성장을 위한 '필수과정'이라는 것이다. 그 과정에서 부모는 내 아이가 자신의 강점과 약점을 파악해 성장의 기회로 삼을 수 있도록 방향을 알려줘야 하는 나침반인 셈이다.

갈아 넣는 육아? 각자의 인생 구분하기

내 삶과 네 삶 구분하기

육아는 신체적 피로는 물론이고, 정신적 피폐를 주기도 한다. 한때 나는 아이를 키워내는 일은 자신을 갈아 넣는 것이라 생각했다. 나의 자유, 책임, 금전, 젊음 등을 갈아 넣어 길러내는 것이 내 아이들이라고 생각했다. 그런 생각은 나의 신체와 정신을 피폐하게 만들었다. 잘 키워내야 한다는 압박감을 당연시하게 된 나의 희생은 나와 아이 모두에게 독이 되었다. 자는 것과 먹는 것 하나까지 애쓰고 있는데, 그런 것들이 흐트러지는 날이면 엄청난 스트레스로 돌아왔다. 당시 나는 나와 아이를 동일시하고 있었다. 아이가 잘 안 먹으면 나 자신에게 압박을 주었고, 아이가 잠들어야 하는 시간에 잠을 못 자면 나는 스스로 피로를 쌓았다.

육아는 주 양육자인 부모가 즐거워야 한다. 건강해야 하고, 사소한 일에도 행복할 줄 알아야 한다. 그러나 부모의 희생이 가득한 육아는 아이와 부모 양측 누구 하나 즐거울 수 없다. 궁극적으로 육아는 독립을 위한 여정이다. 아이는 나의 투사 대상이 아닌, 하나의 독립체인 것이다. 아이의 독립을 위해서는 부모 역시 자기 삶에 집중할 줄 알아야 한다. 이를 통해 아이들 역시 부모에게서 자신의 삶을 대하는 법을 배우는 것이다.

나는 삶에 집중하기 시작하며 오히려 육아 스트레스에서 벗어났다. 내가 좋아하던 일, 공부, 책 등을 다시 접하며 잃어가던 나를 되찾은 후에야 비로소 내가 어떤 사람인지를 알 수 있었다. 나는 아이의 성장만큼 나의 성장도 중요한 사람이었다. 육아는 부모와 자녀가 서로를 존중하며,

함께 성장하는 과정이다. 우리는 자신의 삶에 충실할 때 더욱 풍요로운 가정과 삶을 만들어 나갈 수 있고, 이것은 부모와 자녀 모두에게 긍정적인 영향을 줄 수 있다.

존중받는 각자의 휴식

육아는 부모와 아이 사이의 소중한 관계를 형성하는 과정이지만, 각자의 인생을 존중하며 휴식을 가지는 것 역시 가족의 관계 형성에 있어 중요하다. 나는 가족을 위한 시간을 가짐과 더불어 내 삶을 위한 시간을 내기로 했고, 아이들 역시 가족과 함께하면서도 자신만의 공간과 시간을 즐기며 우리 가족은 더 돈독해졌다. 특히 교육을 전공한 나는 그것을 조금 더 깊이 배우며 나의 시간을 보내는 동안 더욱 아이들에 대한 애틋함이 생겼다. 아이들 역시 엄마의 24시간 레이더망에 의한 지나친 간섭보다는 적당한 자유와 휴식이 있는 지금 더 많이 웃고, "엄마 좋아"라는 말을 더 많이 한다.

부모와 아이는 서로의 이해와 존중을 통해 건강하고 행복한 관계를 유지할 수 있다. 함께하는 시간은 분명 소중하지만, 각자의 자유와 휴식을 존중하는 것 역시 부모와 자녀 사이의 조화를 위해 필요하다.

부모의 휴식뿐 아니라 아이 역시 부모로부터 독립된 상태의 휴식이 필요하다. 아이는 자신만의 휴식을 통해 자아 정체성을 형성하고 성장할 수 있다. 아이가 부모로부터 독립된 시간을 가지면 스스로 관심사와 취미를 발견하고, 발전시킬 수 있다. 자기만의 방식으로 휴식을 취하고 스트레스를 해소할 수도 있다. 결국 '각자의 휴식'이란 가족 간 이해와 존중이며, 이것은 건강하고 행복한 가족관계를 유지하는 중요한 요소이다. 부모와 자녀는 서로의 이해와 존중을 바탕으로 함께하는 시간을 소중히 여기되, 각자의 자유와 휴식을 존중하는 방식으로 건강하고 조화로운 관계를 유지해야 한다.

노터치는 사실 건강한 터치

부모와 아이는 서로 다른 개인 독립체이다. 우리는 각자의 인생을 살아가야 한다. 부모와 자녀의 관계에 가장 악영향을 미치는 부분은 간섭이라고 생각한다. 부모가 자녀의 삶을 지나치게 통제하거나 개입하는 것은 가족 사이의 건강한 관계를 해치는 가장 근본적인 문제이다.

내가 육아에 힘을 주는 포인트는 스스로 해결하는 '문제 해결력 기르기'이다. 특히 사춘기 아이들을 많이 보고 겪어온 나로서는 내 아이의 사춘기가 미리부터 무척이나 걱정이기도 하다. 사춘기는 없던 반항심이 생기기도 하고, 자신과 미래에 대한 진지한 고민, 가족과 친구와의 갈등 등 세상 모든 고민과 번뇌가 찾아오는 시기이다. 이 시기의 아이들에게 반드시 필요한 능력은 '문제 해결 능력'이다. 고민의 상황이나 갈등의 문제에 마주했을 때, 부모의 간섭을 많이 받고 자란 아이와 스스로 해결하고 자란 아이는 해결 방법에서 차이가 난다. 문제 해결 능력이 있는 아이들은 문제를 자신만의 방식으로 해결해 나간다. 나의 문제를 넘어서 친구, 학교라는 작은 사회의 문제 속에서 해결법을 찾아 나서는 아이들은 어려서부터 스스로 해결하는 힘을 길러온 아이들이다.

자녀의 일에 관심은 필요하지만, 지나친 개입은 오히려 자녀의 독립성을 키우는데 독이 될 수 있다. 자율성과 독립성을 기르기에는 '노터치'가 진정한 터치인 셈이다. 가끔 간섭을 관심으로 착각하는 사람들이 있는데, 부모의 관심과 간섭은 'ㄱ ㅅ'으로 초성만 같을 뿐 전혀 다르다. 간섭을 관심으로 착각해서는 안 된다. 관심은 나무에 물을 주며 잘 자라고 있는지 살펴보는 것이지, 뿌리가 얼마나 내렸는지 흙을 뒤집어보는 일이 아니다. 뿌리 내림의 모양이나 정도가 궁금해서 흙을 자꾸 파헤치다 보면 결국 뿌리는 양분을 제대로 얻지 못해 나무가 자라지 못한다. 간섭은 아이들의 자율성, 독립성, 사생활 등을 침해해 건강한 성장을 저해할 수 있다. 부모와 자녀는 간섭과 관심 사이의 경계에서 적절한 균형을 찾아야 한다.

전공자가 들려주는 교육 이야기

곳곳에 숨어 있는 습관 교육

삶을 살아가는 데 있어서 유년기의 습관은 매우 중요하다. 습관은 어릴 때 형성되어 평생 지속되기 때문이다. '세 살 버릇 여든까지 간다'는 말도 있듯이 아이들의 습관 교육은 예로부터 중시하는 것임을 알 수 있다. 습관이란 어떤 행위를 오랫동안 되풀이하는 과정에서 저절로 익혀진 행동 방식을 뜻한다. 즉, 학습된 행위의 반복으로 생기는 고정된 반응이다.

유년기의 습관 교육은 아이들 인생 전반에 미치는 영향이 무척 큰 부분이기에 올바른 습관을 잡아야 한다. 수면, 식사, 운동, 위생 등의 생활 습관은 기본 중의 기본이며, 그 밖의 다른 중요한 여러 습관을 길러가야 한다.

내가 유아기 시절부터 하고 있는 습관 교육의 하나는 '스스로에 대한 관리 습관 기르기'이다. 스스로 할 수 있는 독립성과 자율성을 키우기 위해 관리 습관을 기르는 쌍둥이는 아침 시간이 바쁘다. 기상부터 등교까지 40분 남짓 동안 엄마인 나의 역할은 밥상에 밥을 차리는 것 이외에는 없다. 모든 학교 갈 준비는 아이들이 직접 하고 있다. 조금 늦은 날에는 서두를 수 있도록 사이사이 시간을 알려주는 알람을 설정해 두었는데, 이것은 일종의 시간 관리 트랩인 셈이다.

초등학생이 된 후 쌍둥이에게 중시하는 또 하나의 습관은 '언어 습관 기르기'이다. 유아기 시절부터 강조하던 언어 습관이지만, 최근 친구에게 나쁜 말을 듣고 온 일이 있은 이후 더욱 강조하는 중이다. 상대의 기분을 헤아리는 이해라는 개념을 알아가는 아이들에게 존중과 예의의 언어를 사용할 수 있도록 지도 중이다. 친구와의 의사소통뿐 아니라 선생님과의 소통에서도 예의 있는 표현을 사용할 수 있도록 어휘를 확장하고 표현력을 배우고 있다. 책을 통해 표현을 익히기도 하고, 사전을 검색해 모르는 어휘의 정의를 찾아보기도 한다. 이제 막 사회생활을 시작한 아이들에게 건강한 언어 습관을 기르는 것은 원활한 의사소통을 위한 중요한 발판이다.

아이들의 성장에 맞춘 다양한 습관 교육은 반드시 필요하다. 앞으로 배워갈 여러 습관 교육을 통해 아이들은 건강하고 행복한 성장을 할 수 있다. 그러니 잊지 말자. 세 살 버릇 여든까지 간다.

습관으로 만드는 성공 경험

작고 사소한 습관일지라도 하루하루 쌓여 결과물을 낳는다. 쌍둥이가 쌓아온 예쁘게 말하기 스킬인 '언어 습관'은 지금까지는 나름 성공적이다. 최근 담임선생님과의 담화에서 쌍둥이의 한 일화를 전해 들었다.

어느 날 선생님 훈계를 듣기 싫어하는 친구에게 1호가 다가가서 "선생님께서 너를 많이 사랑하셔서 너를 위해서 알려주시는 거야"라며 친구를 다독였다고 한다. 오랜 교직 생활을 하셨지만 그렇게 말하는 아이들은 정말 보기 드물다며, 쌍둥이는 반에서 유독 말을 예쁘게 한다고 칭찬해 주셨다. 엄마인 나는 그 칭찬이 몹시 쑥스러우면서도 한편으로 바르게 커가는 아이들에게 고맙기도 했다. 언어 습관에 무척이나 공들인 결과가 보람으로 돌아왔다.

상대를 배려하는 좋은 언어 습관으로 아이들은 칭찬을 들었다. 자신이 한 말과 행동에 대한 타인의 인정으로 인해 아이들은 스스로에 대한 믿음이 생겼다. 이 칭찬은 아이들에게 성공 경험으로 쌓인 셈이다. 그 이후 쌍둥이는 말할 때 어떤 표현을 쓸지 조금 더 생각해서 말하고, 자신이 뱉은 말에 대한 무게와 가치를 느끼고 있다. 사소한 습관에서 나온 성공 경험은 아이들의 자기 효능감을 높인다. 자기 자신을 믿는 힘, 그것은 사소한 습관에서 나오는 것이다.

프롤로그 교육법

영화나 드라마의 스토리에는 모두 어떤 행위에 대한 '동기'가 들어간다. 동기는 어떤 일이나 행동을 하게 된 계기를 말한다. 쉽게 말해 어떤 일을 하고자 마음먹은 배경이다. 아리스토텔레스의 〈시학〉에 보면, 최초 동기를 통한 플롯의 발현 전에 '프롤로그'라는 도구를 이용해 동기를 끌어낸다. 즉, 프롤로그는 동기의 배경인 셈이다.

우리 아이를 교육하거나 학교에서 학생들을 가르칠 때 나는 동기부여를 위해서 '프롤로그 교육'을 하고 있다. 아이들이 학습이나 행동에 대한 동기를 끌어낼 배경을 제공하는 것이 내 역할인 셈이다. 그 속에서 배우고자 하는 내용을 스스로 선택하게끔 하고, 학습 과정을 주도적으로 끌어나가도록 한다. 나는 하나의 프로젝트를 만들어 이를 완성하는 과정을 통해 아이들의 호기심과 자발성을 높이고, 성취감을 도모하며, 능동적인 태도를 기르도록 가르치고 있다. 프로젝트를 완성하는 과정에서 성취감을 느낀 대다수는 학습에 흥미가 생기고, 배우고자 하는 의욕이 생긴다. 스스로 재미를 느껴 더 배우고자 하는 동기가 부여되는 것이다.

어떤 일을 행함에 있어 동기는 무척이나 중요하다. 동기는 외적 동기와 내적 동기로 나눌 수 있다. 말 그대로 외적 동기는 외부에서 동기가 부여되는 것, 내적 동기는 내부, 즉 학습자의 마음에서 부여되는 것이다. 둘 중에 강력한 힘을 가진 것은 당연히 내적 동기이다. 아이의 내적 동기가 잘 작용할 수 있도록 부모인 우리는 외부 요소인 외적 동기를 잘 활용할 필요가 있다. 무언가를 배우려는 마음, 행동하려는 마음은 억지로 하라고 강요한다고 해서 나오지 않는다. 스스로 재미를 느끼고 흥미가 있어야 꾸준한 행동으로 이어질 수 있다. 하기 싫은데 누군가의 강요로 하는 행동은 결국 모두에게 상처를 남기게 마련이다.

아이의 진정한 성장은 자발적인 동기부여에서 비롯된다. 부모는 교육과 학습에 있어서 아이의 관심사와 흥미를 존중하고, 자율성을 보장하며 내적 동기를 끌어내는 것이 중요하다. 아이가 스스로 배우고자 하는 의지를 가질 수 있도록 배경을 만들어 주는 것이야말로 바람직한 부모의 역할이 아닐까.

가족으로부터 시작하는 본질 키움

하나의 유기체, 가족

가족은 우리 인생의 뿌리가 되는 가장 근원이라고 할 수 있다. 개인마다 가족의 의미는 다르겠지만. 형태가 어떻든 우리는 모두 어떠한 가정 속에서 태어나 자란다. 인간은 모두 불완전하지만, 가족이라는 집단을 통해 하나의 유닛을 만들고 그 속에서 각자의 역할을 해낸다. 그런 의미에서 나는 현재 가족 구성원으로서 아내와 엄마의 역할을 착실히 수행하는 중이다.

비유하자면 가족은 마치 식물과도 같음을 느낀다. 식물도 조직 세포가 모여 각 부분이 특정한 기능을 수행하며 환경과 상호작용을 통해 자신의 생명을 유지하듯, 가족 역시 마찬가지이다. 개인마다 다른 특성을 바탕으로 구성원들 간의 상호작용을 해야 하는 유기체나 다름없다. 그렇기에 가족일지라도 서로의 다름을 인정하고 이해할 필요가 있다.

결혼을 기점으로 가족의 핵심 구성원들이 변한다. 나 또한 그러했고, 누구나가 그럴 것이다. 다른 삶을 살아온 이와 함께 새로운 삶을 꾸려 나가야 하는 것이 바로 결혼이기 때문이다. 결혼해서 아이를 낳아 기르며 가족을 만드는 시간은 유기체 속에서 살아 숨을 쉬는 시간이다. 가족이라는 나무의 구성원이 점점 늘어나는 것이다. 잎도 틔우고, 꽃도 피고, 열매도 맺기 위해서는 가족 구성원 모두의 노력이 필요하다. 이 속에서 우리는 서로를 사랑하고 이해하며, 함께 성장할 수 있는 소중한 시간을 보내야 함을 명심해야 한다.

사랑을 배우는 최초의 근원

모든 일에 있어서 시작은 중요하다. 가족은 인간이 태어나 처음으로 경험하는 사랑의 모습이다. 그렇기에 누구에게나 이 시작은 매우 의미있고, 값지고, 소중한 경험이어야 한다. 가족에게서 배운 사랑은 이후 살아가는 전반적 삶에 영향을 미칠 수 있기 때문이다.

가족 내에서 경험한 사랑 방식은 개인의 성격 형성과 사회화 능력에 많은 영향을 준다. 특히 유년기 시절 가족에게서 받은 사랑은 아이가 자라면서 대부분의 일상에 영향을 주기도 한다. 부모의 올바른 사랑을 많이 받고 자란 아이들은 학업성취도, 대인 관계, 자아 존중감, 자아 효능감 등의 모든 부분이 긍정적으로 나타나는 경우가 많다.

반면, 가족의 사랑이 일그러져 제 기능을 못 한다면 되레 역효과가 날 수도 있다. 사랑을 통한 희생과 통제를 강요하고 강요당함으로써 외로움만 남는 불행의 근원이 될 수도 있다. 행복하고 건강한 삶을 살아가는 아이로 키우기 위해서는 가족과의 관계와 올바른 사랑은 부모로서 가장 먼저 다듬어야 할 초석이다.

나는 쌍둥이 육아를 하고 있기에 아이들에게 주는 사랑의 무게에서 동등하고자 노력한다. 경쟁을 유발하지 않기 위해 같은 크기의 사랑을 주되, 각자의 개성과 특성을 인정하고 존중하려 한다. 한 아이는 운동, 다른 아이는 음악을 좋아해 둘의 관심사가 전혀 다르기에 거기에서 오는 개인차와 기질의 차이를 인정하고 바라보면 한결 수월해진다. "너는 이런 장점이 있구나, 너는 또 다른 장점이 있구나" 하는 방식으로 서로 다름을 인정하고 상기시키되, 사랑도 칭찬도 똑같이 나눈다. 균형 잡힌 사랑은 아이들의 경쟁을 유발하지 않는다. 아이들이 자신의 상황에 몰입할 수 있도록 도와줄 뿐이다.

나는 부모와의 사랑, 형제와의 사랑을 배워가는 내 아이들의 유년기에 다듬는 이 초석이 언젠가 보석이 되어 자신만의 명품 가정을 꾸릴 수 있는 날이 오기를 기다린다.

함께가 가진 힘

얼마 전 1호가 친구로부터 상처받는 말을 듣고 돌아왔다. 잠들기 전 아이들과 침대에 누워서 함께 하루를 돌이켜보는 시간에 그 이야기를 들었다. 생각보다 상처받은 얼굴이 아니기에 괜찮으냐 물었더니 아이에게서 이런 말이 돌아왔다.

"괜찮아요. 나는 같이 사는 단짝 친구가 있으니까요"라며 2호의 이름을 말했다. 다른 친구가 상처를 줘도 2호가 있기에 든든하다는 1호. 그러면 2호는 수줍은 듯이 웃다가 1호 들으라는 듯, 자기가 다 혼내줄 거라며 으름장을 놓는다. 쌍둥이를 낳아서 아이들에게도, 내 마음에도 큰 위안이 되는 부분이었다. 가족 속에서 함께할 친구가 있다는 것은 어쩌면 축복인 셈이다.

'함께'의 힘은 이처럼 강력하다. 상처의 말도 훌훌 털어낼 수 있는 마법 같은 치유 능력이 있다. 혼자서는 어려운 일도 함께라면 쉬워지는 법이다. 내 편이라는 든든함은 고난과 역경도 이길 수 있을 만큼 단단한 길잡이가 되기도 한다.

가족은 우리 삶에서 가장 중요한 터전이자 안식처이다. 가정은 행복과 위안을 주는 곳이어야 한다. 아이들은 그 속에서 사랑을 배우고, 우정도 배우며 함께 성장해 가는 것이다. 나는 엄마로서, 배우자로서, 사회 구성원으로서 성장하고, 아이들 역시 마찬가지이다. 아이들과 함께 성장하는 부모에게도 가족의 위안은 반드시 필요하다. 그렇기에 가족의 개념을 조금 더 중히 여기고 그 속에서 사랑과 존중을 기반으로 행복을 영위해 나가야 한다.

믿음 속에 크는 아이들

엄마 노릇의 본질은 믿음

내가 누군가에게 무한한 사랑과 지지를 쏟은 적은 쌍둥이가 태어나고서 처음이었다. 두 생명이 내 품에 처음 안겼을 때, 나는 이 아이들에게 평생 무한한 사랑을 주겠다고 다짐했다. 늘 잘하고 싶은 마음은 굴뚝같지만 처음 해보는 엄마 노릇에는 실수도 빈틈도 많았다. 두 아이를 동시에 보는 일은 생각보다 쉽지 않은 일이다. 특히 아이들이 어릴 때는 더욱 그랬다. 둘이 동시에 울기라도 할 때면 혼란스럽고 지치기도 했다. 처음 해보는 쌍둥이의 엄마 노릇은 시작부터 정말 어려웠다.

육아를 시작한 이래로 '엄마 노릇'에 한결같은 마음가짐이 하나 있다면 그것은 내 아이들에 대한 '믿음'이다. 첫걸음을 떼는 순간, 첫 말을 하는 순간의 작은 성취들에는 믿음이 바탕하고 있다. 그리고 그 믿음은 여전히 진행 중이다. 아이들이 성장할수록 나는 아이들의 선택과 능력을 존중하려고 노력하고 있다. 아이들이 스스로 문제를 해결해 나가는 모습을 보면서 부모로서 아이들에게 주는 믿음이 얼마나 중요한지를 깨닫고 있다.

나는 아이들이 좌절 앞에서 힘들어할 때 "괜찮아, 다시 해보자. 할 수 있어. 성공에 더 가까워진 거야"라는 말을 해준다. 믿음을 기조로 한 부모의 응원은 아이들에게 자신감을 주고, 다시 일어설 힘을 준다.

엄마 노릇은 결코 완벽할 수는 없지만, 그 과정에서 서로 믿음을 쌓아가는 것이 중요하다. 나 역시 엄마가 처음이기에 분명 실수도 하고, 때로는 좌절도 한다. 하지만 아이들이 내게 주는 믿음은 육아 과정의 실수와 좌절 등 모든 어려움을 이겨낼 수 있는 원동력을 만든다.

아이들과 나는 신뢰를 바탕으로 함께 성장하고 있다. 각자의 성장 속에서 애틋함과 사랑을 바탕으로 우리는 서로를 믿고 있다. 그 믿음은 우리 가족의 연결고리라 할 수 있다. 서로에 대한 믿음을 통해 형성된 유대관계가 언제나 우리의 원동력이기도 하다. 지금까지 그랬듯이 앞으로도 나는 아이들과 함께 성장해 가고, 그들의 삶에 긍정적인 영향을 줄 수 있는 엄마가 되기를 바란다.

꽤 괜찮은 어른이 될 내 아이들

나는 내 아이들이 꽤 괜찮은 인생을 살아갈 것임을 안다. 이것은 어떠한 신념과도 같은 확신인데, 믿음의 연장선이라 볼 수 있다. 부모의 믿음 속에 자란 아이들은 괜찮은 어른이 될 수밖에 없다. 사실 '괜찮은'의 의미는 개인마다 기준이 다르다. 내가 생각하는 괜찮은 인생이란 일상에서 소소한 것에 행복을 느끼고 마음의 여유를 느낄 줄 아는 삶 정도이다. 행복과 여유는 어디에서 기인할까.

며칠 전 아이들의 숙제로 행복했던 일에 대한 일기를 썼다. 1호가 행복했던 일은 운동장에서 친한 형을 만나 즐겁게 달리기 훈련을 한 일이었고, 2호는 피아노 학원에서 연습을 끝내고 친구들과 대화하며 시간을 보낸 일이었다. 아이들의 일기를 보며 웃음이 났다. 아이들의 행복은 정말 사소한 일상이었다. 사소한 일상에서 피어난 감정이 그들의 행복감을 만든 것이다.

행복과 여유는 결국 부모의 믿음에서 비롯된다. 부모가 아이에게 주는 믿음은 아이들이 감정을 느끼게 만들고, 세상을 바라보는 눈을 만들며, 어려움을 극복하는 힘을 만든다. 큰 성취나 화려한 삶이 행복의 필요조건이 아니다. 나는 아이들의 일기 내용처럼 작은 일들에서 찾아오는 것이 행복임을 아이들이 알았으면 한다. 친구와의 사소한 대화, 소중한 사람과 보내는 시간 등 일상적인 순간들이 모여 인생의 의미를 만들어간다. 이런 순간들 속에서 자신의 존재와 의미를 찾아가는 과정에 행복을 느낀다면 제법 괜찮은 어른이 될 것이다.

나는 아이들에게 이러한 순간들을 소중히 여기고, 작은 행복을 누릴 줄 아는 방법을 알려주고 싶다. 아직은 어리지만 마음의 여유를 가질 수 있도록 돕는 것이 내가 해야 할 중요한 역할이 아닐까.

'괜찮은 인생'은 단순히 외적인 성공이 아닌, 내면의 평화와 행복을 찾는 과정이다. 부모로서 나는 아이들이 자신을 믿고, 삶의 작은 행복을 찾으며 여유롭게 살아갈 수 있도록 지지할 것이다. 부모의 믿음으로 자란 아이들이 언젠가 자신이 택한 길을 나아가게 될 것이며, 그 길에서 내 아이들이 진정한 행복을 느끼기를 바란다.

그토록 바라고 원하던 것은
본질 키움이었다

박비주

아이가 태어나기 전 우리가 가장 바랐던 본질 키움

아이가 태어나기 전, 열 달 동안 우리는 작고 여린 생명을 품에 안을 날을 손꼽아 기다렸다. 뱃속 아이의 미래를 그려보며 수많은 꿈을 꾸었다. 그 꿈들은 하나같이 아이의 건강과 행복을 향한 간절한 바람이었다. 모든 부모의 마음속에 새겨진 본능적인 소망과 같았다.

첫 번째 소망은 아이가 건강하게 태어나는 것이었다. 세상의 빛을 보기도 전에 꺼져버릴지도 모른다는 불안감, 작은 몸에 깃든 생명의 연약함은 우리를 끊임없이 괴롭혔다. 아이의 울음소리를 듣기 전까지 우리는 안도할 수 없었다.

두 번째 소망은 아이에게 최고의 환경을 선물하는 것이었다. 따스한 햇살이 스며드는 방, 아이의 웃음소리로 가득한 정원, 함께 떠나는 여행길에서 만나는 눈부신 풍경들… 아이의 세상을 아름다운 것들로 채워주고 싶었다. 아이의 손을 잡고 푸른 들판을 뛰어다니며, 세상의 모든 아름다움을 함께 느끼고 싶었다.

세 번째 소망은 아이와 친구처럼 가까운 사이가 되는 것이었다. 아이의 마음 깊은 곳까지 들여다보고, 아이의 목소리에 귀 기울이는 엄마가 되고 싶었다. 아이의 기쁨과 슬픔을 함께 나누고, 든든한 버팀목이 되어주고 싶었다.

아이를 향한 우리의 세 가지 소망은 밤하늘의 별처럼 빛났다. 그 빛은 어둠 속에서 부모를 이끌어주는 등불이었고, 앞으로 나아갈 힘을 주는 원천이 되었다.

품에 아이를 안는 순간 본질 키움은 흔들린다

아이를 품에 안는 순간 꿈꾸던 세상의 모든 색깔이 바랜 듯했다. 열 달 동안 애지중지 간직했던 본질 키움에 대한 소망은 얇은 얼음처럼 금이 가 부서져 내렸다. 갓 태어난 아이의 숨결은 너무나 가냘팠고, 부모라는 이름의 우리는 한없이 무력했다. 작은 몸짓 하나, 미세한 표정 변화에도 마음을 졸였다. 밤에는 아이의 울음소리에 잠을 설쳤고, 낮에는 아이의 눈빛을 따라 시선이 움직였다.

모빌 하나를 고르는 일조차 쉽지 않았다. '흑백 모빌이 아이의 시각 발달에 도움이 될까?', 혹은 '색깔 모빌은 너무 자극적이지는 않을까?' 하는 많은 고민 끝에 겨우 모빌 하나를 골랐지만, 마음속에는 여전히 불안감이 가득했다. 책, 침구, 옷, 장난감 등 선택해야 할 것들은 끝없이 이어졌고, 우리는 점점 지쳐갔다. 본질 키움은 멀어져갔고, 육아용품과 교육 정보의 홍수 속에서 우리는 방향을 잃었다.

하지만 아이의 잠든 얼굴을 바라보며 우리는 다시 본질을 떠올린다. 아이의 고른 숨소리, 평화로운 표정은 부모인 우리에게 깊은 안정감을 주었다. 아이를 위해 최선을 다하고 싶은 마음, 아이가 건강하게 자라기를 바라는 마음은 바로 우리가 잊고 있었던 본질 키움의 핵심이었다.

아이는 우리에게 세상의 모든 기준을 잊게 했다. 타인의 시선, 사회적 기준, 성공에 대한 욕망 등 모든 것이 부질없게 느껴졌다. 오직 아이만이 중요했다. 아이의 웃음, 아이의 눈물, 아이의 성장… 아이를 통해 우리는 삶의 진정한 의미를 깨달았다.

육아는 쉽지 않은 길이다. 하지만 우리는 아이의 손을 잡고 묵묵히 걸어갈 것이다. 넘어지고, 때로는 길을 잃을지라도 아이를 향한 사랑은 우리를 다시 일으켜 세울 것이다. 우리 가족만의 이야기를 만들어갈 것이다. 세상의 기준에 얽매이지 않고, 우리 아이만을 위한 길을 찾을 것이다. 그것이 바로 우리가 꿈꾸는 본질 키움이다.

흔들렸던 육아임에도 불구하고

폭풍우 치는 바다의 배처럼 흔들리고 또 흔들렸다. 육아의 항해는 고독하고 많이 위태로웠다. 그러나 배 안에는 세상 가장 소중한 보물인 나의 아이들이 곤히 잠들어 있다. 아이의 숨소리, 아이의 온기, 아이의 존재는 흔들리는 바다 위 칠흑 같은 어둠 속 한 줄기 빛이 된다.

아이는 우리에게 세상 무엇과도 비교할 수 없는 기쁨과 행복을 선물했다. 아이의 작은 손짓 하나, 눈빛 하나에도 남편과 나는 마법에 걸린 듯 황홀했다. 아이의 성장을 지켜보는 것은 경이로운 경험이었다. 마치 메마른 땅에 촉촉한 봄비가 내리듯이 아이는 우리 삶에 생기를 불어넣었다. 아이와 함께하는 모든 순간은 기적이었다.

우리는 완벽한 육아를 꿈꿨다. 하지만 현실은 녹록지 않았다. 수많은 선택의 기로에서 우리는 끊임없이 방황하고 좌절했다. 완벽한 부모가 되고 싶은 욕심에 아이의 있는 그대로의 모습을 보지 못할 때도 있었다. 그러나 아이는 순수한 눈망울과 웃음소리, 따뜻한 포옹으로 우리에게 진정한 삶의 가치를 일깨워 주고, 삶의 본질을 가르쳐 준다.

한때 가족을 위해 요리 수업에 다녔다. 강사이신 염지인 선생님께서, 아이를 키우며 욕심이 날 때에는 아이가 뱃속에 있을 때 내가 바라던 것을 떠올리면 된다는 말씀을 해주셨다. 아이가 초등학교 4학년을 바라보는 요즘에 자꾸 욕심이 차오른다. 그때마다 아이를 뱃속에 품고 있었을 때를 떠올리면 그저 행복하고 건강한 아이였음을 깨닫는다. 흔들리는 엄마들이여, 잠시 숨을 고르고 자신에게 질문을 던져보자.

"아이가 태어나기 전, 무엇을 가장 기대했는가?"

"아이와 함께했던 가장 행복했던 순간은 언제였는가?"

"아이를 키우면서 가장 힘들었던 순간은 무엇이었는가?"

"아이에게 어떤 가치를 전해주고 싶은가?"

"아이에게 진정으로 바라는 것은 무엇인가?"

아이는 우리에게 삶의 가장 큰 선물이다. 아이의 존재만으로도 우리는 충분히 행복하다. 아이가 자신의 꿈을 찾아 씩씩하게 나아가기를 바란다. 그것이 우리가 아이에게 줄 수 있는 가장 큰 사랑이다. 우리는 완벽한 부모가 될 수 없으니 아이를 사랑하는 마음, 아이의 행복을 바라는 마음, 그것만은 잊지 말자. 아이의 손을 잡고 함께 웃고, 울고, 성장하는 것, 바로 우리가 꿈꾸는 육아의 본질이다.

아이 마음은 깊고 푸른 바닷속이다

파도로 읽어내는 엄마

아이의 마음은 깊고 푸른 바닷속 같다. 겉으로 보기엔 고요해 보이지만, 그 속에는 다채로운 물고기들이 헤엄치듯 기쁨, 슬픔, 분노, 좌절이라는 많은 감정이 숨 쉬고 있다. 마치 잔잔한 파도 아래 숨겨진 산호초처럼 아이의 감정은 섬세하고 복잡하다. 엄마인 나는 아이의 마음속 바다를 탐험하는 잠수부다. 아이의 표정, 몸짓, 말투 하나하나에 집중하며, 아이의 감정을 읽어내는 예민한 감각을 곤두세운다. 때로는 아이의 웃음에 함께 물장구를 치고, 때로는 아이의 눈물에 함께 바닷속 깊이 가라앉는다.

아이가 학교에서 있었던 일을 이야기할 때, 나는 단순히 듣는 것을 넘어 아이의 감정에 공감한다. "친구랑 싸워서 속상했구나. 엄마도 어렸을 때 그런 적이 있었어. 얼마나 속상했을지 엄마가 이해해." 아이의 감정을 인정하고 공감해 주는 따뜻한 말 한마디는 아이의 마음을 어루만지는 부드러운 해초와 같다.

아이가 시험 결과에 좌절할 때, 나는 아이의 마음을 다독이는 따뜻한 위로를 건넨다. "괜찮아. 한 번의 시험 결과가 너의 모든 것을 결정하는 건 아니야. 다음에는 더 잘할 수 있을 거야. 엄마는 항상 네가 자랑스러워. 지난번 결과는 20점이었는데 이번 50점은 대단해! 30점이나 업그레이드했어." 아이의 마음에 희망의 씨앗을 심어주는 격려는 아이가 다시 헤엄칠 수 있는 힘을 준다.

아이가 기쁜 일을 이야기할 때, 나는 아이의 기쁨을 함께 나누며 축하한다. "정말 잘했어! 엄마는 네가 정말 자랑스러워. 네가 이렇게 기뻐하는 모습을 보니 엄마도 너무 행복해." 아이의 기쁨을 함께 나누는 진심이 담긴 축하는 아이의 행복을 더욱 크게 만들어 준다.

아이의 감정을 읽고 공감하는 것은 아이와의 진정한 소통을 위한 마법의 나침반이다.

"울 일 아니다." → "속상한 네 마음 알겠다."

"울지 말고 뚝 그쳐." → "방에서 마음껏 울고 와. 기다릴게."

"빨래통에 옷 넣으랬지?" → "익숙하지 않아 그럴 거야. 빨래통에 넣어 보자."

"어떻게 하라는 거니? 방법이 없는데." → "엄마도 해결할 수 없는 일이 있단다."

"잘못했다고 말 안 하니?" → "잘못한 거 알면 엄마 손을 잡고라도 표현해 볼래?"

"화나게 하지 말라고 했지?" → "~~게 행동하면 엄마는 화가 나. ~~게 행동하지 말아 줘."

나침반을 이용해 아이의 마음속 바다를 함께 탐험하며 아이의 감정을 이해하고 공감하는 따뜻한 엄마가 되어주자. 아이의 마음은 엄마의 사랑과 공감으로 더욱 깊고 넓게 펼쳐질 것이다.

엄마도 그랬어! 아빠도 그랬단다

눈높이 맞춤 소통이 왜 중요할까? 아이의 마음은 아직 채 여물지 않은 새싹과 같다. 어른의 시각으로 바라보면 그 섬세한 속내를 놓치기 쉽다. 마치 어른의 손으로 새싹을 만지면 쉽게 상처 입듯이 아이의 마음도 어른의 기준으로 재단하면 상처받기 쉽다. 아이의 눈높이에서 세상을 바라보고 이해하는 것은 아이의 마음을 보호하고 건강하게 성장시키는 밑거름이 된다.

아이의 눈높이에 맞춰 소통하면 아이는 생각과 감정을 자유롭게 표현한다. 부모와의 관계에서 안정감과 신뢰를 느낀다. 또한 아이의 발달 단계에 맞는 적절한 정보와 지식을 제공해 아이의 인지 능력과 사회성 발달을 촉진할 수 있다.

아이와 눈높이를 맞춰 소통하는 가장 좋은 방법은 아이의 경험에 공감하고 이해하는 것이다. 아이가 어려움을 겪을 때 "엄마도 어렸을 때 그런 적이 있었어"라고 말하며 아이의 마음에 공감해 주는 것이 중요하다. 아이는 자신의 경험이 특별한 것이 아니라는 사실에 안도감을 느끼고 부모에게 더욱 마음을 연다고 생각한다.

아이가 친구와 싸우고 속상해할 때 "엄마도 친구랑 싸우고 며칠 동안 말도 안 한 적이 있었어. 지금 네 마음이 얼마나 속상할지 엄마가 이해해"라고 말해주면 아이는 위로를 받을 수 있다.

아이가 시험 결과에 실망할 때도 "엄마도 어렸을 때 시험을 망치고 엄청 속상했던 기억이 있어. 하지만 그때 엄마는 포기하지 않고 더 열심히 노력했더니 좋은 결과를 얻을 수 있었어. 너도 할 수 있을 거야!"라고 격려해 주는 것이 좋다.

아이들은 어른들이 생각하는 것보다 훨씬 더 많은 감정을 느끼고, 작은 일에도 크게 좌절한다. 작은 유치원은 물론 순수한 영혼들이 함께 생활하는 초등학교에서 크고 작은 감정을 느끼고 자란다. 부모가 아이의 경험에 공감해 주고, 자신도 똑같은 경험을 했다고 이야기해 주는 것은 아이에게 큰 힘이 된다. 아이는 '나만 이런 게 아니구나'라는 생각에 안도감을 느끼고, 부모를 더욱 신뢰하게 된다. 이러한 신뢰를 바탕으로 아이는 부모에게 자신의 마음을 솔직하게 털어놓고, 어려움을 함께 헤쳐 나갈 수 있다.

연령별 맞춤 소통, 아이 마음에 쏙쏙

아이 키우는 일은 쉬운 게 아니다. 특히 아이가 뭘 원하는지, 무슨 생각을 하는지 도통 알 수 없을 때는 답답하기만 하다. 아이 마음을 알고 싶다면 아이의 눈높이에 맞춰 소통하는 게 중요하다. 스피치 강사인 만큼 눈높이를 공부해서 우리 아이들에게 그에 맞추어 이야기해 준다. 아이의 연령에 따라 소통 방식을 조금씩 바꿔주면 아이와 더 가까워지고, 아이의 마음도 쑥쑥 자랄 수 있다. 아래에 AI도 모르는 본질 키움의 연령별 맞춤 소통 노하우를 소개한다.

옹알옹알 아기 시절(0~5세) - 사랑으로 채우는 본질 키움의 시작

아직 말도 제대로 못 하는 우리 아기, 어떻게 소통해야 할까? 엄마의 따뜻한 눈빛과 목소리, 그리고 부드러운 스킨십만으로도 충분히 소통할 수 있다는 것을 꼭 기억해야 한다. 이 시기의 따뜻한 소통 경험은 아이의 본질적인 힘을 키우는 밑바탕이 된다.

"아가, 배고팠구나?", "어이구, 우리 아가 졸려요?"처럼 짧고 쉬운 말로 아기에게 말을 걸어줄 때, 아기는 엄마의 목소리를 들으며 세상과 소통하는 법을 배우고, 엄마의 사랑을 느낀다. 엄마의 따뜻한 목소리는 아이에게 안정감을 주고, 세상에 대한 긍정적인 인식을 심어준다. 이는 아이가 자신감을 가지고 세상을 탐험하고 배우는 데 중요한 역할을 한다.

알록달록 그림책을 보여주면서 "우와, 귀여운 강아지가 멍멍 짖네!", "따르릉따르릉, 빨간 자동차가 지나간다!"처럼 재미있게 이야기해 주는 것은 아이의 호기심을 자극하고 상상력을 키워준다. 아이의 눈과 귀를 사로잡는 그림책은 최고의 소통 도구가 될 수 있다. 그림책을 통해 아이는 다양한 세상을 간접적으로 경험하고, 풍부한 감성을 키울 수 있다.

아기는 말로 표현하는 것보다 몸짓이나 표정으로 자신의 감정을 드러내는 경우가 많다. 아기가 웃으면 함께 웃어주고, 울면 따뜻하게 안아주면서 아기의 마음을 읽어 주는 것은 아이의 정서 발달에 매우 중요하다. 아기는 엄마의 따뜻한 반응을 통해 '나의 감정을 이해해 주는구나' 하고 느끼며 안정감을 찾을 수 있다. 이러한 경험은 아이가 자신의 감정을 이해하고 조절하는 능력, 즉 정서 지능을 키우는 데 도움을 준다.

아이가 그림책을 보며 좋아하는 동물을 가리키면 "어머, 우리 아가는 코끼리가 좋은가 보네? 코가 길쭉한 게 신기하지?"라고 말하며 아이의 눈높이에 맞춰 반응해 주는 것은 아이의 흥미와 관심을 존중하는 것이다. 아이의 작은 행동에도 관심을 가져주고 반응해 줌으로써 아이는 '나는 사랑받는 존재'라는 것을 느끼고, 자존감을 형성해 나간다.

이처럼 0~5세 시기의 따뜻하고 세심한 소통은 아이의 정서적 안정감, 자존감, 호기심, 상상력 등 본질적인 힘을 키우는 데 중요한 역할을 한다. 이 시기에 형성된 긍정적인 경험은 아이가 앞으로 성장해 나가는 동안 세상과 소통하고 관계를 맺는 데 든든한 밑바탕이 될 것이다.

뛰어놀고 싶은 아동기(6~12세) - 질문과 경험으로 배우는 본질 키움

호기심 많고 에너지 넘치는 6~12세 아이들은 엄마 아빠와 더 많은 이야기를 나누고 싶어 한다. "엄마, 왜 하늘은 파란색이야?", "아빠, 비는 어떻게 내리는 거야?"와 같이 끊임없이 질문하는 아이에게는 성실하고 친절하게 답변해줘야 한다. 아이의 호기심을 채워주는 것은 아이의 지적 성장을 돕는 가장 좋은 방법이다. 이 시기 아이들의 질문은 세상에 대한 이해를 넓히고 스스로 생각하는 힘을 키우는 중요한 발판이 된다. 부모가 아이의 질문에 귀 기울이고 함께 답을 찾아가는 과정을 통해 아이는 탐구심과 학습 능력을 키울 수 있다.

"오늘 유치원에서 친구랑 블록 놀이를 했는데 내가 만든 성이 더 멋졌어!", "나는 나중에 커서 과학자가 되고 싶어!"처럼 말할 때 아이의 생각과 의견을 존중하고 귀 기울여 줘야 한다. 아이의 이야기를 들어주는 것은 아이의 자존감을 높여주고, 생각하는 힘을 길러준다. 아이들은 생각을 자유롭게 표현하고 존중받을 때 자신감을 가지고 더욱 적극적으로 세상과 소통하게 된다. 이는 아이의 사회성을 키우고, 또래 관계를 형성하는 데에도 긍정적인 영향을 미친다.

"밤늦게까지 TV를 보면 다음 날 피곤해서 학교에서 졸 수 있다", "횡단보도는 초록불일 때 건너야 안전하다"처럼 규칙을 설명할 때는 아이가 이해할 수 있도록 논리적인 이유를 함께 알려줘야 한다. 아이는 규칙을 이해해야 스스로 지키려고 노력하고, 책임감 있는 아이로 성장할 수 있다. 규칙을 단순히 강요하는 것이 아니라, 왜 그 규칙이 필요한지 아이 스스로 이해하도록 돕는 것이 중요하다. 이는 아이의 문제 해결 능력과 비판적 사고 능력을 키우는 데 도움이 된다. 예를 들어, 아이가 숙제하기 싫어 "숙제는 왜 해야 하는 거예요?"라는 질문을 할 때 "숙제는 네가 배운 내용을 다시 한번 떠올려 보고, 더 잘 이해할 수 있도록 도와주는 거야. 마치 맛있는 음식을 먹고 나서 디저트를 먹는 것처럼 말이지!"처럼 재미있는 비유를 들어 설명해 주면 아이가 숙제에 대한 거부감을 줄일 수 있다. 아이의 눈높이에 맞는 설명은 아이의 흥미를 유발하고 학습 동기를 부여하는 데 효과적이다.

아동기 시절의 다양한 경험과 소통은 아이의 지적 호기심, 자존감, 사회성, 책임감 등을 키우는 데 중요한 역할을 한다. 부모는 아이의 질문에 귀 기울이고, 생각을 존중하며, 규칙을 이해하도록 돕는 과정을 통해 아이의 본질적인 성장을 이끌 수 있다.

생각이 많아지는 청소년기(13~18세) - 스스로 답을 찾아가는 본질 키움

사춘기에 접어든 아이는 이제 혼자만의 시간이 필요하고, 자신의 생각과 감정을 표현하는 방식도 달라진다. "오늘 친구랑 싸

웠는데 내가 잘못한 건가 싶어", "요즘 공부가 너무 하기 싫고, 내가 뭘 좋아하는지도 잘 모르겠어"처럼 아이가 고민을 털어놓을 때는 조용히 들어주고 공감해줘야 한다. 섣불리 조언하거나 비난하기보다는 아이의 마음을 이해하려고 노력하는 모습을 보여주는 것이 중요하다. 아이들은 자신의 고민과 감정을 부모님이 진심으로 이해해 줄 때 마음의 문을 열고 진솔한 대화를 할 수 있다. 이러한 소통은 아이가 스스로를 이해하고 자신의 감정을 조절하는 능력, 즉 자기 주도성을 키우는 데 도움을 준다.

"네가 어떤 결정을 내리든 엄마 아빠는 널 믿고 응원한다", "힘든 일이 있으면 언제든 엄마 아빠에게 이야기해도 괜찮아"처럼 아이의 자율성을 존중하고 든든한 지원군이 되어줘야 한다. 아이는 혼자가 아니라는 사실에 힘을 얻고 스스로 문제를 해결해 나가는 법을 배울 수 있다. 청소년기는 아이가 독립적인 개인으로 성장하는 중요한 시기이다. 부모는 아이의 선택을 존중하고 지지함으로써 아이가 스스로 책임감을 가지고 결정을 내리는 경험을 할 수 있도록 도와야 한다. 이는 아이의 자립심과 문제 해결 능력을 키우는 데 중요한 역할을 한다.

아이가 진로에 대해 고민할 때 "요즘 진로 때문에 고민이 많구나. 엄마 아빠도 그 나이 때 똑같은 고민을 했단다. 네가 좋아하는 일이 뭔지, 잘하는 일이 뭔지 천천히 생각해 보고, 궁금한 게 있으면 언제든 물어보렴. 엄마 아빠는 네가 어떤 길을 선택하든 항상 응원한다!"라고 말하며 아이의 마음을 다독여 줘야 한다. 부모가 아이의 고민에 공감하고 진솔한 조언을 해줄 때 아이는 자신감을 가지고 미래를 향해 나아갈 수 있다. 이러한 과정을 통해 아이는 주체적인 삶을 살아가는 방법을 배운다.

청소년기 자녀와의 소통은 어렵고 힘들게 느껴질 수도 있다. 하지만 인내심을 가지고 아이의 마음에 귀 기울이고 자율성을 존중하며 끊임없이 소통하려고 노력한다면, 아이는 자신의 잠재력을 발휘하고 건강한 사회 구성원으로 성장할 수 있을 것이다.

아이의 마음 바다, 엄마라는 이름의 잠수부

엄마는 아이 마음속 바다를 탐험하는 잠수부로서 예민한 감각으로 아이의 작은 신호들을 감지하고, 깊은 곳까지 들여다보려 애쓴다. 아이의 표정, 몸짓, 말투 하나하나에 담긴 의미를 읽어 내려 노력한다. 아이의 웃음에 함께 웃고, 아이의 눈물에 함께 아파하며, 아이의 마음 깊은 곳까지 다가가려 한다.

때로는 거센 파도에 휩쓸려 길을 잃기도 한다. 아이의 마음은 너무나 깊고 복잡해서 헤아리기가 쉽지 않다. 하지만 포기하지 않고 끊임없이 아이에게 손을 내민다. 아이의 눈높이에서 세상을 바라보고, 아이의 목소리에 귀 기울이며, 아이의 마음을 이해하려 노력해야 한다.

아이와의 소통은 마치 바닷속에서 신호를 주고받는 것과 같다. 때로는 명확하게, 때로는 희미하게, 때로는 엉뚱한 신호를 보내기도 한다. 하지만 끊임없이 신호를 주고받으며 서로를 알아 가는 것이다. 엄마의 따뜻한 시선, 부드러운 목소리, 다정한 손길로 아이는 사랑과 공감 속에서 안전하게 숨 쉬고 자유롭게 헤엄치며 성장한다. 아이의 마음 바다는 엄마의 사랑으로 더욱 깊고 넓게 펼쳐질 것이다.

아이의 마음 바다 깊은 곳까지 잠수하여 아이의 마음을 읽고, 아이와 함께 성장하는 기쁨을 느껴보자. 아이의 마음 바다는 당신에게 세상 무엇과도 비교할 수 없는 감동과 행복을 선사할 것이다.

내 아이는 컬러다. 있는 그대로 색을 인정하기

아이는 세상에 단 하나뿐인 색

인간은 색으로 태어난다. HUMAN(사람) 그 자체가 HUE(빛깔)와 MAN(사람)의 조합이듯이 우리는 색을 품고 세상에 나온다. 세포 깊은 곳 염색체에는 삶의 비밀이 숨겨져 있다. 염색체는 이름처럼 색을 머금고 끊임없이 색 반응을 일으킨다. 세상은 빛과 색의 조화로 이루어져 있고, 모든 생명체는 그 빛과 색으로부터 에너지를 얻는다.

아이들도 마찬가지다. 저마다의 색깔을 가지고 태어난다. 햇살처럼 밝은 아이, 밤하늘처럼 고요한 아이, 붉은 꽃처럼 열정적인 아이, 푸른 잎처럼 차분한 아이… 아이들의 색깔은 자신들의 타고난 기질과 성향을 드러낸다. 마치 무지개처럼 다채롭다. 아이들의 색깔을 이해하고 존중해야 한다. 그래야 아이는 자신감을 가지고 자신의 색깔대로 빛날 수 있다. 아이를 존중하는 것은 아이의 색깔을 이해하는 것에서부터 시작된다.

나는 오랫동안 색깔을 통해 사람을 보는 공부를 해왔다. 내 아이의 색깔을 인정하고, 그 색깔대로 살아갈 수 있도록 돕고 있다. 많은 부모들이 아이의 색깔을 이해하고 존중하며 키울 수 있도록 컬러 양육을 상담하고 교육하고 있다.

세상에 단 하나뿐인 아이의 색깔을 인정하고 키우는 것, 그것이야말로 아이에게 진정한 자유를 선물하는 길이 아닐까? 이제 색깔별 아이의 특징과 양육법을 통해 우리 아이의 색깔을 알아보자. 아이의 행동, 말투, 관심사, 좋아하는 놀이 등을 주의 깊게 관찰하고, 아이와 많은 대화를 나누면서 아래 체크리스트 항목을 확인해 보면 된다.

아이의 웃음 뒤에 숨은 슬픔, 화냄 뒤에 숨은 두려움, 고요함 뒤에 숨은 외로움을 이해하려 노력하자. 아이의 다채로운 색깔을 배우는 시간을 통해 우리는 아이의 마음 깊은 곳까지 다가갈 수 있을 것이다.

컬러별 아이의 특징 체크리스트

▶ 레드 아이
새로운 경험과 도전을 즐긴다 (예/아니요)
에너지가 넘치고 활동적이다 (예/아니요)
창의적이다 (예/아니요)

규칙에 얽매이는 것을 싫어한다 (예/아니요)

경쟁심이 강하다 (예/아니요)

리더십이 있다 (예/아니요)

▶ 오렌지 아이

밝고 사교적이다 (예/아니요)

친구들과 함께하는 것을 좋아한다 (예/아니요)

긍정적이다 (예/아니요)

협동심이 있다 (예/아니요)

유머 감각이 있다 (예/아니요)

사람들과 쉽게 친해진다 (예/아니요)

▶ 옐로 아이

지적 호기심이 풍부하다 (예/아니요)

배우는 것을 좋아한다 (예/아니요)

탐구심이 강하다 (예/아니요)

다양한 분야에 관심이 많다 (예/아니요)

독립적이다 (예/아니요)

분석적이다 (예/아니요)

▶ 그린 아이

평화롭고 안정적이다 (예/아니요)

자연과 교감하는 것을 좋아한다 (예/아니요)

따뜻하고 배려심이 많다 (예/아니요)

조화롭다 (예/아니요)

인내심이 강하다 (예/아니요)

공감 능력이 뛰어나다 (예/아니요)

▶ 블루 아이

책임감 있고 진실하다 (예/아니요)

자신의 생각과 감정을 솔직하게 표현한다 (예/아니요)

성숙하다 (예/아니요)

배려심이 있다 (예/아니요)

정직하다 (예/아니요)

규칙을 잘 지킨다 (예/아니요)

▶ 인디고 아이

논리적이고 통찰력 있다 (예/아니요)

문제 해결 능력이 뛰어나다 (예/아니요)

창의적이다 (예/아니요)

비판적 사고를 한다 (예/아니요)

호기심이 많다 (예/아니요)

독립적이다 (예/아니요)

▶ 바이올렛 아이

창조적이고 직관력 있다 (예/아니요)

예술적인 감각이 뛰어나다 (예/아니요)

표현력이 풍부하다 (예/아니요)

감수성이 예민하다 (예/아니요)

상상력이 풍부하다 (예/아니요)

개성이 강하다 (예/아니요)

▶ 블루 그린 아이

인내심 강하고 순수하다 (예/아니요)

꿈을 향해 끊임없이 노력한다 (예/아니요)

어려움을 극복하는 힘이 있다 (예/아니요)

목표 의식이 뚜렷하다 (예/아니요)

성실하다 (예/아니요)

계획적이다 (예/아니요)

▶ 핑크 아이

사랑스럽고 섬세하다 (예/아니요)

타인을 배려하는 마음이 크다 (예/아니요)

따뜻하고 친절하다 (예/아니요)

공감 능력이 뛰어나다 (예/아니요)

감정 표현이 풍부하다 (예/아니요)

애정이 많다 (예/아니요)

▶ 골드 아이

지혜롭고 통찰력 있다 (예/아니요)

리더십이 뛰어나다 (예/아니요)

책임감이 강하다 (예/아니요)

카리스마 있다 (예/아니요)

자신감이 있다 (예/아니요)

조직력이 있다 (예/아니요)

▶ 터콰이즈 아이

소통 능력이 뛰어나다 (예/아니요)

아이디어가 풍부하다 (예/아니요)

창의적인 문제 해결 능력을 가지고 있다 (예/아니요)

혁신적이다 (예/아니요)

유연한 사고를 한다 (예/아니요)

변화에 잘 적응한다 (예/아니요)

▶ 마젠타 아이

모든 것을 소중히 여긴다 (예/아니요)

따뜻하고 포용적인 마음을 가지고 있다 (예/아니요)

조화롭게 살아가려고 노력한다 (예/아니요)

사회성이 좋다 (예/아니요)

관대하다 (예/아니요)

타인의 감정에 민감하다 (예/아니요)

각 문항에 "예/아니요"로 답하며 아이의 특징을 파악한다. 가장 많이 "예"라고 답한 색깔이 우리 아이를 나타내는 색깔이다. 이제 체크리스트 결과를 통해 아이의 강점과 약점을 파악하고, 잠재력을 키워줄 수 있는 양육 전략을 세우는 데 활용하자. 이 체크리스트가 아이의 개성을 이해하고 존중하는 양육에 도움이 되기를 바란다.

색깔별 아이의 특징과 양육법

다만 꼭 한 가지 색깔이 우리 아이를 완벽하게 나타내는 것은 아니다. 아이들은 여러 가지 색깔의 특징을 복합적으로 가지고 있을 수 있기 때문이다. 따라서 체크리스트 결과를 참고하여 아이의 강점과 약점을 파악하고, 잠재력을 최대한 발휘할 수 있도록 돕는 것이 중요하다.

이 체크리스트를 효과적으로 활용하기 위해 몇 가지 팁을 알려준다. 먼저, 체크리스트 결과를 바탕으로 아이의 내면적인 특징, 외면적인 특징, 행동 특징, 그리고 아이가 추구하는 가치 등을 다양한 관점에서 분석해보자. 이를 통해 아이의 강점과 약점을 파악하고, 강점을 더욱 발전시키고 약점을 보완할 수 있는 맞춤형 양육 전략을 세울 수 있다.

무엇보다 중요한 것은 아이의 단점보다는 장점에 집중하고 긍정적인 시각으로 아이를 바라보는 것이다. 아이가 다양한 경험을 통해 자신의 잠재력을 발견하고 꿈을 키워나갈 수 있도록 지원해 주자. 이 체크리스트를 통해 우리 아이의 다채로운 색깔을 발견하고, 아이의 개성을 존중하는 양육을 실천하기 바란다.

▶ 레드 아이

에너지 넘치는 레드 아이는 새로운 경험과 도전을 즐긴다. 마치 석양처럼 타오르는 불꽃 같은 아이, 잠시도 가만히 있지 못하고 끊임없이 움직이며 세상을 탐험한다. 이들의 넘치는 에너지를 긍정적인 방향으로 이끌어줘야 한다. 운동이나 야외 활동을 통해 에너지를 발산하고, 창의적인 활동을 통해 도전 정신을 키워주면 좋다.

▶ 오렌지 아이

밝고 사교적인 오렌지 아이는 친구들과 함께하는 것을 좋아한다. 따스한 햇살처럼 주변을 환하게 만드는 아이, 웃음소리 가득하고 모두에게 따뜻하게 손 내민다. 이들의 긍정적인 에너지를 북돋아주고, 협동심과 사회성을 키울 수 있도록 격려해줘야 한다. 팀 스포츠나 그룹 활동을 통해 사회성을 키우면 더욱 좋다.

▶ 옐로 아이

지적 호기심이 풍부한 옐로 아이는 배우는 것을 좋아한다. 반짝이는 별처럼 호기심 가득한 눈으로 세상을 바라보며 끊임없이 질문한다. 이들의 지적 성장을 지지하고 다양한 분야에 대한 호기심을 충족시켜줄 수 있도록 격려해줘야 한다. 독서, 퍼즐, 과학 실험 등 다양한 활동을 통해 지적 호기심을 충족시켜주면 좋다.

▶ 그린 아이

평화롭고 안정적인 그린 아이는 자연과 교감하는 것을 좋아한다. 고요한 숲처럼 평화로운 아이, 자연 속에서 편안함을 느끼고 작은 생명도 소중히 여긴다. 이들에게 따뜻한 포옹과 격려를 아끼지 말고, 자연 속에서 마음의 안정을 찾을 수 있도록 도와줘야 한다. 자연 친화적인 활동이나 명상을 통해 심리적인 안정감을 키워주면 더욱 좋다.

▶ 블루 아이

책임감 있고 진실한 블루 아이는 자신의 생각과 감정을 솔직하게 표현한다. 깊은 바다처럼 묵직하고 진실한 아이, 자신의 생각을 솔직하게 표현하고, 옳다고 믿는 것을 위해 용기 있게 나아간다. 이들의 성숙을 위해 이해와 지지를 보내주고, 타인과의 관계 속에서 배려심을 키울 수 있도록 도와줘야 한다. 토론이나 역할극을 통해 의사소통 능력과 공감 능력을 키워주면 좋다.

▶ 인디고 아이

논리적이고 통찰력 있는 인디고 아이는 문제 해결 능력이 뛰어나다. 밤하늘처럼 신비로운 아이, 예리한 눈빛으로 세상을 관찰하고 남들이 보지 못하는 것을 보는 통찰력을 지녔다. 이들의 뛰어난 능력을 믿고 지지하며, 창의적인 문제 해결 능력을 키울 수 있도록 격려해줘야 한다. 토론이나 브레인스토밍을 통해 비판적 사고 능력과 문제 해결 능력을 키워주면 좋다.

▶ 바이올렛 아이

창조적이고 직관력 있는 바이올렛 아이는 예술적인 감각이 뛰어나다. 보랏빛 아지랑이처럼 몽환적인 아이, 예술적인 감수성이 풍부하고, 자신만의 세계를 창조하는 것을 좋아한다. 이들의 재능을 칭찬하고 격려하며, 예술적인 표현을 통해 자신을 표현할 수 있도록 도와줘야 한다. 미술, 음악, 연극 등 다양한 예술 활동을 통해 창의력과 표현력을 키워주면 더욱 좋다.

▶ 블루 그린 아이

인내심 강하고 순수한 블루 그린 아이는 꿈을 향해 끊임없이 노력한다. 잔잔한 호수처럼 차분하고 인내심 강한 아이, 포기하지 않고 꿈을 향해 나아가는 끈기를 지녔다. 이들에게 격려와 지지를 아끼지 말고, 어려움을 극복하고 목표를 달성할 수 있도록 도와줘야 한다. 멘토링이나 목표 설정 활동을 통해 목표 의식과 성취감을 키워주면 좋다.

▶ 핑크 아이

사랑스럽고 섬세한 핑크 아이는 타인을 배려하는 마음이 크다. 마치 연분홍 꽃잎처럼 여리고 섬세한 아이, 다른 사람의 아픔을 작은 가슴으로 깊이 느낀다. 이들에게 사랑과 관심을 듬뿍 주고, 따뜻한 마음을 표현할 수 있도록 격려해줘야 한다. 봉사 활동이나 돌봄 활동을 통해 타인에 대한 공감 능력과 배려심을 키워주면 좋다.

▶ 골드 아이

지혜롭고 통찰력 있는 골드 아이는 리더십이 뛰어나다. 황금빛 햇살처럼 따뜻하게 주변을 비추고, 어둠 속에서 길을 잃은 사람들을 이끈다. 리더를 존경하고 신뢰하며, 리더십을 발휘하는 기회를 제공해줘야 한다. 토론이나 리더십 프로그램을 통해 리더십과 책임감을 키워주면 더욱 좋다.

▶ 터콰이즈 아이

소통 능력이 뛰어나고 아이디어가 풍부한 터콰이즈 아이는 창의적인 문제 해결 능력을 가지고 있다. 청량한 바닷물처럼 시원하게 막힌 벽을 허물고, 기발한 아이디어로 세상을 놀라게 한다. 이들의 창의성을 지지하고 격려하며, 자유롭게 아이디어를 표현할 수 있도록 도와줘야 한다. 브레인스토밍이나 아이디어 공모전을 통해 창의적 사고 능력과 문제 해결 능력을 키워주면 좋다.

▶ 마젠타 아이

모든 것을 소중히 여기는 마젠타 아이는 따뜻하고 포용적인 마음을 가지고 있다. 붉은 자줏빛 노을처럼 신비로운 아이, 세상 모든 존재를 따스하게 품는다. 이들의 따뜻한 마음을 지지하고 격려하며, 타인과의 관계 속에서 조화롭게 살아갈 수 있도록 도와줘야 한다. 봉사 활동이나 공동체 활동을 통해 사회성과 협동심을 키워주면 더욱 좋다.

태어난 계절, 아이의 컬러를 닮다

아이가 태어난 계절의 환경적 요인이 아이의 기질에 영향을 미친다는 과학적 이론이 있다. 계절별 기질 이론은 햇빛, 기온, 자연환경 등이 태아의 뇌 발달과 호르몬 분비에 영향을 주어 성격 형성에 기여한다고 본다.

아이는 계절의 품에 안겨 세상에 나온다. 봄볕의 따스함, 여름밤의 눅눅한 공기, 가을바람의 서늘함, 겨울 눈송이의 차가움 등 아이는 그 계절의 모든 것을 온몸으로 느끼며 태어난다. 아이의 탄생은 마치 작은 우주가 열리는 것과 같다. 그 안에는 계절의 흔적이 고스란히 새겨져 있다.

계절별 기질 이론에 따르면, 아이가 태어난 계절의 환경적 요인은 아이의 기질에 섬세하게 영향을 미친다. 햇살 가득한 봄에 태어난 아이는 따스하고 밝은 기운을, 매미 소리 울려 퍼지는 여름에 태어난 아이는 뜨겁고 활기찬 에너지를 지니고 있을 가능성이 높다. 쓸쓸한 바람이 부는 가을에 태어난 아이는 고독하고 사색적인 기질을, 눈보라 치는 겨울에 태어난 아이는 차분하고 예민한 감수성을 보인다.

물론 이는 모든 아이에게 적용되는 절대적인 법칙은 아니다. 아이의 기질은 유전, 환경, 양육 등 수많은 요소들이 얽히고설켜 만들어지는 복잡하고 미묘한 결과물이다. 하지만 아이가 태어난 계절은 아이의 마음을 이해하는 데 소중한 실마리를 제공한다. 마치 아이의 탄생 순간에 찍힌

희미한 사진처럼 계절은 아이의 내면에 깊은 흔적을 남긴다.

계절별 기질 이론을 바탕으로 아이의 유형을 나누고, 각 유형에 맞는 본질 키움 전략을 세울 수 있다. 봄 아이에게는 따스한 햇살처럼 포근한 사랑을, 여름 아이에게는 넓은 바다처럼 자유로운 공간을 제공해야 한다. 가을 아이에게는 낙엽처럼 고요한 시간을, 겨울 아이에게는 따뜻한 품을 내어줘야 한다.

아이가 태어난 계절의 빛깔과 온도, 향기를 떠올리며 아이의 기질에 맞는 양육 방식을 찾아 나아가는 것은 부모의 몫이다. 아이의 마음은 계절의 변화만큼이나 예측하기 어렵고 섬세한 손길을 필요로 한다. 아이의 마음속 계절에 귀 기울이고, 아이가 자신의 색깔을 마음껏 펼칠 수 있도록 지지해줘야 한다.

봄을 닮은 컬러의 아이

봄에 태어난 아이는 따스한 봄볕을 닮아 긍정적이고 밝다. 마치 봄바람에 흩날리는 꽃잎처럼 호기심 많고 새로운 경험을 좋아한다. 변화에 유연하게 대처하는 적응력도 뛰어나다. 사람들과 쉽게 친해지고, 웃음꽃을 피우며 주변을 환하게 만든다. 자신의 감정을 솔직하게 표현하는 것에도 거침이 없다.

본질 키움 전략

- 아이의 긍정적인 에너지를 칭찬하고 격려하며, 따스한 봄 햇살처럼 아이를 감싼다.
- 다양한 경험을 통해 세상을 탐험하도록 돕고, 아이의 호기 심을 채워줄 자양분을 제공한다.
- 아이의 머릿속에 피어나는 창의력과 상상력을 키울 수 있 도록 지원한다.
- 또래와의 교류를 통해 사회성을 키우고, 더불어 살아가는 법을 배우도록 돕는다.
- 아이가 자신의 감정을 자유롭게 표현하고 조절할 수 있도 록 지지한다.

여름을 닮은 컬러의 아이

여름에 태어난 아이는 뜨거운 태양처럼 열정적이고 에너지가 넘친다. 마치 장마철 쏟아지는 빗줄기처럼 거침없는 에너지로 주변을 압도한다. 새로운 도전을 두려워하지 않고, 리더십을 발휘해 주변 사람들을 이끈다. 경쟁에서 이기는 것을 좋아하고, 자신의 생각을 솔직하고 직설적으로 표현한다.

본질 키움 전략

- 아이의 열정과 에너지를 긍정적인 방향으로 이끌어주고, 넘치는 힘을 세상에 도움이 되는 방향으로 사용할 수 있도록 돕는다.
- 리더십을 발휘하는 기회를 제공하고, 책임감을 가지고 행동하는 법을 가르친다.
- 목표를 설정하고 성취하는 과정을 경험하도록 하며, 좌절과 실패를 통해 성장하는 법을 배우도록 돕는다.
- 규칙과 질서를 배우고 지키는 것의 중요성을 알려주고, 사회 구성원으로서 책임감을 가지도록 지도한다.
- 타인의 감정을 이해하고 배려하는 법을 가르치고, 다른 사람들과 조화롭게 살아가는 법을 배우도록 돕는다.

가을을 닮은 컬러의 아이

가을에 태어난 아이는 푸른 하늘처럼 높고 맑은 영혼을 지녔다. 차분하고 온화하며 깊은 생각에 잠기는 것을 좋아한다. 예술적인 감각이 뛰어나고, 아름다움을 추구한다. 조화와 균형을 중시하며 다른 사람들의 마음을 잘 헤아린다.

본질 키움 전략

- 아이의 섬세한 감성을 이해하고 존중하며, 아이의 마음을 따뜻하게 보듬어준다.
- 예술적 감수성을 키울 수 있도록 다양한 예술 활동을 경험하도록 하고, 아이의 재능을 발견하고 지지한다.
- 조화로운 인간관계를 형성하고 유지하는 법을 가르치고, 다른 사람들과 더불어 살아가는 기쁨을 느끼도록 돕는다.
- 깊이 생각하고 문제를 해결하는 능력을 키워주고, 스스로 답을 찾아가는 과정을 지지한다.
- 자연과의 교감을 통해 정서적 안정을 도모하고, 자연의 아름다움을 느끼며 마음의 평화를 찾도록 돕는다.

겨울을 닮은 컬러의 아이

겨울에 태어난 아이는 겨울나무처럼 꿋꿋하고 강인하다. 차가운 바람에도 흔들리지 않고, 자신의 길을 묵묵히 걸어간다. 독립적이고 자기 주도적이며, 어려운 일도 스스로 해결하려는 의지가 강하다. 높은 집중력과 뛰어난 분석력을 바탕으로 문제 해결에 능숙하며 지식에 대한 갈증이 크다.

본질 키움 전략

- 아이의 독립심을 존중하고 스스로 선택하고 결정할 수 있도록 자율성을 길러준다.
- 지적인 호기심을 자극하고 끊임없이 배우고 탐구할 수 있는 환경을 제공한다.
- 스스로 생각하고 판단할 수 있도록 격려하고, 아이의 의견을 존중한다.
- 책임감과 인내심을 길러주고, 어려움에 굴하지 않고 목표를 향해 나아가는 힘을 키워준다.
- 타인과의 소통 방식을 익히고 사회성을 키울 수 있도록 도와, 다른 사람들과 조화롭게 어울려 살아가도록 지도한다.

위와 같이 계절별 기질 이론은 아이의 성향을 이해하는 데 유용한 도구가 될 수 있다. 하지만 아이의 개성은 복합적인 요인으로 형성되므로 이론에 얽매이기보다는 아이의 개별적인 특성을 존중하고, 그에 맞는 양육 방식을 찾는 것이 중요하다.

다둥이 다채로운 빛 육아

엄마인 나는 차가운 바람이 불어오는 가을, 낙엽이 흩날리는 날에 세상에 태어났다. 가을 아이 특유의 고요함과 깊은 사색, 그리고 세상을 향한 예리한 시선을 가진 인디고 아이였다. 동시에 숲의 고요함처럼 평화롭고 안정적인 그린 아이의 기질도 가지고 있었다. 가을 숲길을 걸으며 떨어지는 낙엽을 바라보듯이 세상을 조용히 관찰하고 사색하는 것을 좋아했다.

그리고 뜨거운 여름날, 작열하는 태양을 가진 7월에 쌍둥이 '이루고' 와 '이루다'가 태어났다. 푸른 바다처럼 깊고 넓은 마음을 가진 블루 그린 아이 이루고는 끊임없이 꿈을 꾸고, 그 꿈을 향해 묵묵히 나아가는 아이였다. 이루다는 여름의 뜨거운 열정과 봄의 싱그러운 생명력을 동시에 지닌 블루 아이였다. 사람들과 깊은 관계를 맺고 진실한 소통을 좋아했다. 쌍둥이들은 잠시도 가만히 있지 못하는, 에너지 넘치는 아이들이었다. 마치 쉴 새 없이 울어대는 매미 소리처럼 끊임없이 쌍둥이의 웃음소리와 울음소리가 집안을 가득 채웠다.

2월 차가운 겨울에 태어난 막내 '이루라'는 핑크빛 꽃잎처럼 사랑스럽고 섬세한 아이였다. 겉으로는 오빠들과 함께 밝게 웃고 뛰어놀았지만, 내면은 냉철하고 예리했다. 마치 차가운 겨울 호수 밑바닥에 가라앉은 돌멩이처럼 겉으로는 평온해 보이지만 속으로는 세상을 날카롭게 분석하고 있었다. 보랏빛 아지랑이처럼 몽환적인 분위기를 풍기는 퍼플 아이의 면모를 보이며 예술적인 감각과 풍부한 상상력, 자신의 세계관을 드러내기도 했다.

나와는 너무나 다른 계절을 닮은 아이들을 보며, 나는 육아의 본질에 대해 고민했다. 가을 아이이자 인디고, 그린 기질을 가진 엄마인 나는 아이들의 다름을 이해하고, 그것을 존중하는 방식으로 아이들을 키워야 한다는 것을 깨달았다. 마치 떨어지는 낙엽 하나하나를 소중히 바라보듯이 아이들의 개성을 존중하고, 아이들 스스로 자신의 색깔을 찾아낼 수 있도록 기다려줘야 했다.

쌍둥이들에게는 넘치는 에너지를 발산할 수 있도록 넓은 마당을 제공하고 마음껏 뛰어놀도록 격려했다. 아이들은 마치 풀밭 위를 뛰어다니는 어린 사슴처럼 자유로웠다. 아이들이 사회성을 키울 수 있도록 또래 친구들과 어울릴 기회를 만들어 주었다. 친구들과 함께 웃고 울고, 다투고 화해하는 과정을 통해 아이들은 세상을 배우고 성장했다.

막내 이루라에게는 혼자만의 시간을 충분히 주고 생각을 정리할 수 있도록 도왔다. 아이의 냉철함과 예리함을 존중하고, 그 이면에 숨겨진 따뜻한 마음과 풍부한 감수성을 키워주려 노력했다. 아이의 호기심을 자극하고 탐구심을 키울 수 있도록 다양한 경험을 제공했다. 아이는 작은 탐험가처럼 세상에 대한 호기심으로 가득했다. 때로는 아이의 예민한 감수성에 마음 아픈 날도 있었다. 하지만 아이의 감정을 인정하고 스스로 감정을 조절할 수 있도록 꾸준히 지지했다.

아이들은 서로 다른 계절을 닮았지만, 서로를 이해하고 아끼며 성장했다. 쌍둥이들은 막내의 냉철함과 예리함 뒤에 숨겨진 따뜻함을 이해했고, 막내는 쌍둥이들의 활발함 속에 숨겨진 섬세함을 보았다. 마치 봄, 여름, 가을, 겨울이 조화롭게 어우러져 4계절을 만들어 내듯이 아이들은 서로의 다름을 인정하며 함께 성장했다.

아이들의 본질을 존중하고 각자에게 맞는 육아 방식을 선택한 것은 내 삶에서 가장 잘한 일 중 하나이다. 아이들은 '나다움'을 인정받으며,

'타인의 다름'을 존중하는 법을 배웠다. 그리고 세상을 향해 자신만의 빛깔을 펼쳐 나가고 있다.

못하는 것에 집중할 필요는 없다

아이의 약점은 마치 깨진 항아리와 같다. 아무리 물을 부어도 채워지지 않는다. 아이는 자신의 부족함에 상처 입고, 자신감을 잃을 수 있다. 반면, 아이의 강점은 숨겨진 보석과 같다. 발견하고 닦아낼수록 빛나는 보석처럼 아이의 눈빛을 반짝이게 하고, 세상을 향해 나아갈 힘을 준다.

모든 아이는 자신만의 보석을 가지고 있다. 부모는 아이의 강점을 발견하고, 그 보석이 세상에 빛날 수 있도록 도와야 한다. 아이가 자신의 강점을 펼치며 성공 경험을 쌓을 때 아이는 자신감을 얻고 긍정적인 자아상을 형성한다. 아이의 강점에 집중하자. 아이는 스스로의 잠재력을 발견하고, 자신만의 빛깔로 세상을 아름답게 물들일 것이다.

다른 빛이 모여 큰 빛이 된다

우리 집 쌍둥이 이루고와 이루다는 뱃속에서부터 함께하는 단짝이었다. 1분 차이의 빛을 보고 태어났다. 이루고는 이루다에 비해 말수가 적고 차분한 아이였다. 마치 고요한 숲속에 홀로 서 있는 나무처럼 혼자만의 시간을 즐기며 생각에 잠기는 것을 좋아했다. 그림 그리는 것을 좋아했고, 섬세한 감정 표현은 보는 이의 마음을 움직였다. 반면, 이루다는 활발하고 사교적인 아이였다. 마치 햇살 아래 쉴 새 없이 지저귀는 참새처럼 친구들과 어울려 노는 것을 좋아했고, 날갯짓하듯 혼자서 복싱 연습을 하고, 가족들에게 재잘재잘 이야기하는 것을 즐겼다.

같은 집에서 같은 학교, 그것도 같은 반에서 공부하지만 둘의 차이는 뚜렷했다. 학교에서 돌아온 쌍둥이는 각자의 책상에 앉아 서로 다른 활동을 했다. 이루고는 책상에 앉아 좋아하는 그림 그리기에 집중했다. 그의 손끝에서 탄생하는 그림들은 마치 마법과 같았다. 이루다는 운동 분야 전문 영상과 스토리가 있는 영화를 요약한 영상을 보면서 좋은 내용, 재미있는 말을 습득하는 것을 좋아했다. 이루다의 머릿속에는 이야기 보따리가 가득했고, 입가에는 항상 미소가 떠나지 않았다. 이루고는 미술 학원에서 애니메이션 그림 실력을 키웠고, 이루다는 영어회화 공부로 새로운 단어를 배우고, 스피치 학원에서 자신감 있는 말하기 연습을 했다.

아이들에게 "너희는 쌍둥이지만 똑같을 필요는 없어. 사람은 누구나 저마다의 빛깔과 재능을 가지고 있단다. 이루고는 그림을 잘 그리고, 이루다는 언어 표현을 잘하잖아. 서로 잘하는 점이 다르고, 서로의 강점으로 서로를 보완해 주면 된단다. 중요한 건 서로의 다름을 인정하고 존중하는 거야. 그러면 너희는 이루고 이루다 이름이 합쳐지듯 더 많은 것을 이루게 될 거야"라고 말해주었다. 다른 빛이 모여 큰 빛을 이루는 것처럼.

강점 강화 교육, 행복한 미래를 향한 나침반

강점을 강화하는 교육은 단순히 학업 성취도를 높이는 것을 넘어, 아이의 행복한 미래를 위한 가장 확실한 투자다. 약점을 보완하려는 교육은 아이의 발목을 잡는 족쇄가 될 수 있지만, 강점을 강화하는 교육은 아이의 꿈을 향해 나아가는 나침반이 되어준다. 어두운 밤바다를 항해하는 배에게 나침반이 길을 안내하듯 아이의 강점은 험난한 세상을 헤쳐 나가는 힘이 된다.

지금 당장 아이의 본질 강점을 키워주는 것이 희망찬 미래를 향한 첫걸음이다. 아이의 마음속 보물 지도를 펼쳐보자. 아이가 잘하는 일, 좋아하는 일, 즐겁게 할 수 있는 일을 찾아 보물처럼 숨겨진 아이의 강점을 찾아 떠나자. 아이의 선생님이나 친구들에게 아이의 강점이 무엇인지 물어보는 것도 좋은 방법이다. 주변 사람들의 이야기는 아이의 강점을 발견하는 데 도움을 주는 소중한 힌트가 된다.

아이의 강점을 발견했다면 이를 더욱 빛나게 해줄 교육 환경을 조성해야 한다. 관련 분야의 책을 함께 읽고, 아이의 호기심을 자극하는 체험 활동에 참여하는 것은 아이의 강점을 키우는 영양분이 된다. 전문가의 도움을 받아 아이의 잠재력을 더욱 키울 수도 있다. 강점을 활용해 새로운 도전을 시도하고, 성공 경험을 통해 자신감을 키워나가도록 격려해 주자. 아이는 성공을 통해 자신감을 얻고, 더 큰 꿈을 향해 나아갈 용기를 얻는다.

강점을 강화하는 교육은 아이의 잠재력을 꽃피우는 마법의 물과 같다. 꾸준한 관심과 사랑으로 아이의 강점을 키워주자. 아이는 당신의 믿음 속에서 무한한 가능성을 펼치며 행복한 미래를 향해 힘차게 날아오를 것이다. 아이의 강점을 믿자

워킹맘, 내 인생 있는 그대로 즐기기

지금 이 시대에 슈퍼우먼을 찾는다고?

나는 교육 회사를 운영하는 대표, 강사, 행사진행자, 방송일을 하는 다둥이 워킹맘이다. 평일에는 많은 직업으로 인한 업무에 몰두한다. 늦은 밤, 집으로 돌아와 아이의 잠든 얼굴을 바라보며 하루의 피로를 잊는다. 아이를 품에 안고 재우고 싶지만, 쏟아지는 잠을 이기지 못하고 친정엄마에게 맡기고 나도 모르게 눈을 감는다. 주말에는 가족과 함께 시간을 보내며 잠시 일상의 무게를 내려놓는다.

겉으로 보기에는 모든 것을 완벽하게 해내는 슈퍼우먼처럼 보일지 모르지만, 사실 나도 다른 워킹맘들처럼 매일매일 위태로운 줄타기를 하고 있다. 주말에는 밀린 육아와 집안일, 아이와의 시간 사이에서 균형을 잡기 위해 애쓴다. 쉽게 이루는 슈퍼우먼은 아니다.

슈퍼우먼은 없다. 때로는 지치고 힘들 때도 있다. 일과 육아라는 두 마리 토끼를 잡는다는 것이 결코 쉬운 일이 아니다. 하지만 나는 워킹맘의 삶을 포기하고 싶지 않다. 일을 통해 얻는 성취감과 경제적 안정은 나에게 삶의 원동력이 되고, 아이에게 더 나은 미래를 선물하는 기회를 제공한다는 것을 믿기에 계속하는 것이다.

워킹맘, 내 인생이다

워킹맘으로 살아간다는 것은 끊임없는 선택과 책임감의 연속이다. 마치 두 개의 무거운 짐을 양어깨에 메고 가파른 산길을 오르는 것과 같다. 일과 육아, 어느 것 하나 소홀히 할 수 없기에 늘 시간에 쫓기고, 체력적으로 지칠 때도 있다. 하지만 워킹맘으로서 느끼는 피곤함은 단순히 힘든 감정이 아니다. 내 삶의 주인공으로서 치열하게 살아가는 과정에서 느끼는 자연스러운 감정이다. 마치 폭풍우를 뚫고 나아가는 배처럼, 힘든 순간에도 좌절하지 않고 앞으로 나아가는 힘이다.

일과 육아, 두 가지 영역에서 모두 최선을 다하는 워킹맘은 그 자체로 존경받아 마땅하다. 워킹맘은 아이에게 밤하늘의 별처럼 빛나는 롤 모델이 되어주고, 아이에게 꿈을 향해 도전하는 용기와 긍정적인 삶의 태도를 보여줄 수 있다.

워킹맘의 삶은 힘들지만 그만큼 값진 경험과 성장의 기회를 제공한다. 일과 육아, 그리고 자기 자신까지 균형 있게 돌보며 살아가는 워킹맘은 진정한 '슈퍼우먼'이 아닐까? 마치 세상의 모든 것을 품는 넓은 바다처럼, 워킹맘은 강인함과 따뜻함을 동시에 가지고 있다. 슈퍼우먼이라는 힘으로 우리는 죄책감보다는 영웅심을 가져야 한다. 때로는 일에서도 육아에서도 도망가고 싶을 때가 있다. 하지만 도망가는 영웅은 없다. 몰아치는 역할이 영웅의 인생이다. 도망친 곳에 천국이 없듯 워킹맘 자체가 내 인생이고, 워킹맘의 삶이 천국이다.

슈퍼우먼 워킹맘의 십계명

① 나는 나 자신을 사랑한다. 워킹맘의 삶에 지치지 않도록 몸과 마음을 건강하게 돌본다.

② 나는 완벽하지 않다. 실수를 인정하고, 자신에게 너무 엄격하지 않도록 한다.

③ 나는 도움을 요청할 줄 안다. 육아는 혼자 하는 것이 아니다. 주변의 도움을 적극적으로 활용한다.

④ 나는 시간을 효율적으로 관리한다. 시간은 금이다. 계획적인 시간 관리를 통해 일과 육아, 그리고 나만의 시간까지 확보한다.

⑤ 나는 긍정적인 마음을 유지한다. 긍정적인 마음은 어려움을 극복하고 행복을 느끼는 원동력이 된다.

⑥ 나는 아이와의 시간을 소중히 한다. 짧은 시간이라도 아이와의 교감에 집중하고, 사랑을 표현한다.

⑦ 나는 아이의 본질을 존중한다. 아이의 강점을 키워주고, 꿈을 응원한다.

⑧ 나는 일에서 성취감을 느낀다. 일을 통해 경제적 안정을 도모하고, 자아실현을 한다.

⑨ 나는 끊임없이 배우고 성장한다. 워킹맘으로서 겪는 어려움을 통해 배우고 더욱 성숙해진다.

⑩ 나는 행복한 워킹맘이다. 일과 육아, 그리고 나 자신까지 조화롭게 살아가는 삶에 감사한다.

워킹맘의 슬기로운 균형 잡기

경제력은 아이의 꿈을 향한 길을 밝혀주는 등불과 같다. 아이에게 더 나은 교육 환경과 풍요로운 경험을 선물하고, 아이의 꿈을 지지할 수 있는 든든한 버팀목이 되어준다. 좋아하는 학원에 보내고, 다양한 체험 활동을 통해 아이의 숨겨진 재능을 발견하고 키워줄 수 있다. 아이가 미래를 향해 나아가는 데 필요한 경제적 지원을 아끼지 않을 수 있다.

등불을 밝히기 위해 나는 오늘도 위태로운 줄타기를 한다. 한 손에는 일, 다른 한 손에는 육아, 발밑에는 나 자신을 위한 시간. 아슬아슬한 외줄 위에서 균형을 잡기 위해 애쓴다. 하지만 균형을 잡는 것은 불가능한 일이 아니다. 마치 흔들리는 외줄 위에서도 균형을 잡는 곡예사처럼 워킹맘도 일과 육아, 그리고 자기 자신 사이에서 균형점을 찾을 수 있다.

시간 관리 : 나만의 시간표

시간은 누구에게나 똑같이 주어진 24시간이다. 하지만 그 시간을 어떻게 쓰느냐에 따라 삶의 모습은 완전히 달라진다. 워킹맘에게 시간은 금보다 소중하다. 나는 즉흥적인 사람이지만 매일 아침 시간표를 쓴다. 마치 건축가가 설계도를 그리듯이 하루의 시간표를 꼼꼼하게 작성한다. 중요한 업무와 미팅, 아이와 함께하는 시간, 나만을 위한 휴식 시간까지 모든 것을 시간표에 담는다. 따뜻한 커피 한 잔과 함께 시간표를 짠다. 커피 향은 나에게 집중력을 선물하고, 시간표는 나에게 만족감을 선물한다.

시간 관리는 곧 워킹맘으로서 삶의 관리다. 시간표는 단순한 기록이 아니다. 나의 하루를 주도적으로 설계하는 것이다. 시간표를 통해 우선순위를 정하고, 불필요한 시간 낭비를 줄인다. 시간표는 나의 하루를 효율적으로 만들어 주는 나침반과 같다.

함께 키워주는 자원력

아이들의 웃음소리는 외할머니의 따뜻한 손길 안에서 피어난다. 아이들은 세상 편안한 외할머니 품에서 크고 있다. 나는 아이들을 친정엄마께 맡기고 출근길에 오른다. "잘 다녀와." 엄마의 목소리에는 따스함이 묻어난다. 아이들은 외할머니 품에서 세상 모든 것을 배운다. 따뜻한 밥을 먹고, 재미있는 이야기를 듣고, 사랑 가득한 눈빛을 느끼며 성장한다.

　퇴근 후, 따뜻한 저녁 밥상이 나를 기다린다. "오늘 하루 힘들었지?" 엄마의 말씀에 나의 피로는 눈 녹듯 사라진다. 딸이 독립하지 못하고 아이 셋까지 데리고 들어왔음에도 친정엄마는 아이를 돌보는 것이 즐겁다고, 나에게 힘이 되어주고 싶다고 말씀하신다. 그런 엄마의 희생으로 나는 활발히 활동하고 있다. 엄마는 나의 든든한 지원군이자, 아이들에게는 따뜻한 울타리가 되어준다. 엄마의 사랑과 헌신에 감사하며, 친정엄마처럼 해줄 자신은 없지만 나 역시 아이들에게 그런 엄마가 되어줘야겠다고 다짐한다.

　바쁜 주말에는 남편이 아이들과 시간을 보낸다. 아이들 밥을 챙기고 밥 먹는 사진, 키즈카페와 공원에서 놀고 있는 사진을 보내준다. 나는 아이들의 사진을 보기도 하지만 걱정하지 말고 일 편안히 하라는 남편의 마음도 본다. 피곤에 지쳐 늦잠 자는 나를 깨우지 않고 조용히 아이들 아침을 챙겨주기도 하는 배려를 받고 있다. 자신도 힘들 텐데 나를 배려해주는 남편의 모습에 더 미안하고 고마운 마음이 늘 교차한다.

　교육과 방송 일로 늘 시간에 쫓기는 며느리를 대신해 시아버님께서는 봄, 여름, 가을, 겨울 끊임없이 아이들에게 따스하고 섬세한 손길로 사랑을 쏟아주신다. 계절에 맞춰 아이들을 위해 흙냄새 가득한 텃밭에서 갓 수확한 싱그러운 채소들이 아버님의 손길을 거쳐 우리 식탁에 오른다. 아이들의 작은 입에 들어갈 때마다 아버님의 사랑과 정성이 함께 전해지는 듯하다. 맑은 공기와 넓은 마당이 있는 멋진 주택을 선물해 주신 것도 모자라, 아이들 면역 식품은 물론 며느리 출근길에 따뜻한 커피까지 챙겨주시는 아버님의 마음 써주심에 늘 감사할 따름이다.

가족에게 도움을 요청하는 것은 부끄러운 일이 아니다. 오히려 지혜로운 선택이다. 주변의 도움을 통해 육아의 무게를 덜고, 나만의 시간을 확보해 재충전할 수 있다. 아이는 다른 사람들의 사랑과 관심 속에서 더욱 풍요롭게 성장한다. 우리는 모두 서로에게 기대어 살아간다. 혼자 모든 것을 감당하려 하지 말고, 주변의 도움을 받아들이자. 함께 키워주는 공동육아, 그것은 워킹맘의 큰 자본이자 자원력이다.

나 자신을 생각하기

엄마의 자기관리

엄마가 행복해야 아이도 행복하다! 이건 진리이다. 워킹맘으로서 지치지 않고 긍정적인 에너지를 유지하려면 자기관리가 필수다. 나는 점심시간에 맛있는 걸 먹고, 회사 근처 카페에 커피 마시러 가면서 햇볕도 쬔다. 퇴근 후에는 러닝으로 스트레스를 날려 버린다. 주말에는 좋아하는 책을 읽거나, 강의를 듣고, 친구와 수다를 떨면서 나만의 시간을 즐길 때도 있다. 자기관리는 나에게 주는 선물이자 아이에게 주는 최고의 육아다.

몸과 마음이 건강한 엄마는 아이에게 긍정 바이러스를 전파한다. 아이는 그 에너지를 받아 밝고 건강하게 자란다. 긍정적인 마음은 마법이다. 어려움을 극복하게 하고, 행복을 끌어당긴다. 워킹맘으로 살다 보면 힘든 순간도 많지만, 긍정적인 마음으로 보면 모든 것이 감사하고 소중하다.

나는 매일 아침 긍정 확언을 외친다. "나는 할 수 있다!", "나는 사랑받는 존재다!", "나는 행복하다!" 이런 긍정적인 말들이 나에게 힘을 준다. 작은 일에도 감사하며 하루를 보내면 삶이 더욱 풍요로워진다.

워킹맘들이여, 오늘부터 당장 자기관리와 긍정 에너지 뿜뿜! 엄마가 행복해야 아이도 행복하다!

엄마도 쉬자

엄마도 쉬어야 한다! 쉬는 건 게으름도 이기심도 아니다. 엄마의 건강과 행복을 위한 필수 투자다! 엄마가 푹 쉬고 재충전해야 아이에게 더 좋은 엄마가 될 수 있다. 엄마의 행복은 아이에게 최고의 선물이다.

잠자는 엄마를 게으르다고 생각하지 마라. 잠은 몸과 마음을 회복하는 최고의 보약이다. 하루 7~8시간 푹 자야 한다. 잠이 부족하면 집중력도 떨어지고 짜증만 늘어난다. 잠을 푹 자야 긍정적인 엄마가 될 수 있다.

대충 먹는다고 대단한 엄마가 아니다. 균형 잡힌 식단과 규칙적인 식사는 건강의 기본이다. 인스턴트 식품은 NO! 신선한 채소와 과일, 단백질 섭취가 중요하다. 건강한 엄마가 되어야 아이에게도 건강한 밥상을 차려줄 수 있다.

취미 활동? 당연히 해야 한다. 좋아하는 취미 활동으로 스트레스를 풀고 즐거움을 찾는 것은 엄마의 권리다. 독서, 영화, 음악, 그림, 악기 등 뭐든 좋다. 취미 활동은 엄마를 활기차게 하고, 아이에게도 좋은 영향을 준다. 엄마가 즐거워야 아이도 즐겁다.

친구도 만나야 한다! 친구와 수다 떨고 서로에게 힘이 되어주는 것은 엄마에게 활력소다. 육아 고민도 나누고, 서로 위로하고 격려하면서 스트레스를 날려 버리자. 친구를 만나는 엄마의 모습을 보면서 아이는 사회성을 배운다.

엄마의 쉼은 곧 엄마의 행복이고, 엄마의 행복은 가족 행복의 시작이다. '엄마가 행복해야 온 가족이 행복하다'는 말을 잊어서는 안 된다. 엄마 자신을 위한 쉬는 시간을 꼭 챙겨라. 엄마가 쉬는 시간의 중요성을 느끼게 되면 아빠의 쉬는 시간도 챙기는 센스는 자동으로 생긴다. 덕분에 좋은 아내도 된다.

아이는 부모의 몸짓, 눈빛, 음성 그대로 흡수한다. 아이는 부모의 그림자를 보며 부모의 길을 따라온다. 부모의 쉼으로 인한 행복이 아이의 쉼과 행복을 만드니 잘 쉬는 쉼 또한 교육이다.

인생관의 가치를 가르쳐 주는 단어, 안전을 가르치자

아이에게 가장 소중한 가치는 무엇일까? 돈, 명예, 성공, 인성, 성품 등도 중요하지만, 그 무엇보다 소중한 것은 바로 '안전'이다. 안전은 아이가 꿈을 펼치고 행복한 삶을 살아갈 수 있는 밑바탕이다. 마치 깊은 숲속에서 길을 잃지 않도록 나침반이 필요하듯이 아이에게는 안전이라는 울타리가 필요하다.

안전은 단순히 몸을 다치지 않게 보호하는 것 이상의 의미를 지닌다.

아이가 마음속 깊은 곳에서부터 안정감을 느끼고, 자신감을 가지고 세상을 탐험할 수 있도록 돕는 가장 중요한 가치다.

안전하지 않은 환경은 아이의 마음에 깊은 상처를 남긴다. 불안과 두려움 속에서 아이는 자신의 날개를 펼치지 못하고, 세상을 향한 호기심을 잃어버린다. 어둠 속에 갇힌 새처럼 아이는 자유롭게 날아오르지 못한다. 반면, 안전한 환경에서 아이는 무한한 가능성을 펼칠 수 있다. 자유롭게 생각하고, 새로운 것에 도전하며, 자신의 꿈을 향해 나아갈 수 있다. 따스한 햇살 아래 피어나는 꽃처럼 아이는 안전한 환경에서 아름답게 성장한다.

아이에게 안전의 중요성을 알려주자. 아이가 안전한 환경에서 자신의 꿈을 마음껏 펼칠 수 있도록 따뜻한 사랑과 관심으로 아이를 지켜주자. 안전은 아이의 행복과 미래를 위한 가장 중요한 투자다.

평생 내 아이의 안전을 지키는 안전 교육의 핵심

아이에게 안전 의식을 꽉꽉 심어주고 싶다면 부모의 말하는 방법이 정말 중요하다. 아이의 눈에 세상은 거대한 놀이터다. 닿는 것마다 신기하고 궁금한 것투성이다. 하지만 아이의 손길이 닿는 곳곳에 위험이 숨어 있다.

"안 돼", "하지 마" 등 부정적인 말들은 아이의 호기심에 가려져 닿지 않는다. 오히려 아이는 금지된 것들에 더욱 강렬하게 이끌린다. "이렇게 해보자!", "저렇게 하면 더 안전해" 등의 긍정적인 말로 아이의 마음을 돌려야 한다. 아이는 부드러운 손길에 이끌리듯 긍정적인 말에 귀 기울인다.

횡단보도 앞에서 아이는 조바심을 낸다. 빨간불이 켜졌지만, 아이의 눈에는 길 건너편의 놀이터만 보인다. "뛰어가면 안 돼!" 소리치는 대신 아이의 손을 잡고 "차가 멈추면 건너자"라고 말해야 한다. 아이는 어른의 행동을 통해 규칙을 배운다.

낯선 사람이 건네는 사탕에 아이의 눈은 호기심으로 반짝일 수 있음에 우리는 무서운 목소리로 "받으면 안 돼"라고 단호히 말하고 "낯선 사람이 주는 것은 위험할 수 있어"라고 설명을 해줘야 한다. 아이는 아직 세상의 어둠을 알지 못한다. 아이의 순수한 눈을 지키는 것은 어른의 몫이기에 설명으로 세상을 이해하게 안전을 가르쳐야 한다.

아이는 부모의 거울이다. 부모가 안전벨트를 매지 않으면 아이도 안전벨트의 중요성을 깨닫지 못한다. 부모가 횡단보도에서 신호를 무시하면 아이도 규칙을 가볍게 여기게 된다. 아이는 부모의 행동을 통해 세상을 배운다.

안전은 습관이다. 부모가 안전을 알려줄 때부터 안전한 성품과 목소리 대화법으로 알려줘야 한다. 부모의 역할이 안전해야 한다는 것을 잊지 말자. 우리의 작은 행동 하나하나가 아이의 안전 의식을 키우는 씨앗이 된다. 아이는 언젠가 혼자 세상으로 나아가야 한다. 그때, 아이의 마음속에 깊이 새겨진 안전에 대한 기억은 불빛처럼 아이의 길을 밝혀줄 것이다.

상대의 안전이 내 안전

우리는 혼자만의 섬에서 살아가는 것이 아니기에 꼭 안전을 가르쳐야 한다. 마치 섬세하게 엮인 그물처럼 우리는 서로에게 기대어 살아가고 있다. 나와 스쳐 지나가는 수많은 사람들이 서로의 안전에 영향을 주고받으며 살아간다.

아이에게 '상대의 안전이 곧 나의 안전'이라는 것을 가르쳐야 한다. 타인을 배려하고 존중하는 마음은 안전한 세상을 만드는 작은 씨앗이다. 아이가 따뜻한 마음과 배려하는 자세를 가진 사람으로 자랄 수 있도록 안전 의식이라는 씨앗에 사랑과 관심이라는 물을 주자. 아이가 안전한 사회에서 살아가도록 돕는 것은 부모가 아이에게 줄 수 있는 가장 큰 선물이다.

나를 알고 너를 안아주다, 온 가족 본질 키움

결혼 생활을 하다 보면 배우자를 보며 '도대체 왜 저럴까?' 하는 생각이 들 때가 한두 번이 아니다. 남편은 툭하면 욱하고 감정 기복이 심한 '금쪽이' 같다. 아내는 늘 잔소리하고, 감정적인 사람이 된다. 결혼은 낯선 타인과의 동거다. 익숙했던 혼자만의 공간에 낯선 숨결이 스며든다. 처음엔 모든 것이 신기하고 설렌다. 하지만 시간이 지날수록 낯선 숨결은 낯선 냄새로 변하고, 익숙했던 공간은 낯선 공간이 된다.

나라는 본질, 내면 대화로 알아차리기

행복한 육아를 하기 위해 이러한 낯선 공간에서 무작정 살아가는 것은 생각해 봐야 할 일이다. 먼저, '나'라는 사람을 알아차리는 것은 부부 관계를 이해하는 가장 중요한 열쇠다. 거울 앞에 선다. 익숙한 얼굴, 하지만 낯선 눈빛. 나는 누구인가? 무엇을 좋아하고, 무엇을 싫어하는가? 무엇에 기뻐하고, 무엇에 슬퍼하는가? 질문은 꼬리에 꼬리를 물고, 대답은 쉽게 찾아지지 않는다. 마음속 깊은 곳에서 희미한 목소리가 들려온다. "나는… 나는…" 나의 감정에 귀 기울인다. 기쁨, 슬픔, 분노, 불안. 낯선 감정들이 솟아오르고, 나는 그 감정들에 휩쓸린다.

나의 욕구를 마주한다. 인정받고 싶은 욕구, 사랑받고 싶은 욕구, 자유롭고 싶은 욕구. 욕구들은 서로 충돌하고, 나는 갈등한다. 나의 가치관을 정립한다. 정직, 성실, 배려는 나를 지탱하는 기둥이 된다. 끊임없는 질문과 답변 속에서 나는 나를 발견한다.

이러한 내면 대화를 통해 나의 본질을 탐구하고 이해할 수 있다. 나의 감정에 민감하게 반응하고, 나의 욕구를 인식하며, 나의 가치관을 정립하는 것은 배우자를 이해하고 건강한 부부 관계를 만들어가는 데 중요한 밑바탕이 된다.

너를 이해하기 위한 진솔한 대화

자신에 대한 깊이 있는 성찰 후에는 배우자와의 진솔한 대화를 통해 서로를 이해하는 시간을 가져야 한다. 각자의 내면 대화를 통해 깨달은 점과 느낀 점들을 솔직하게 나누고, 서로의 생각과 감정에 귀 기울이는 시간을 갖는 것이다.

어둠 속에서 마주 앉는다. 서로의 눈을 바라본다. 숨결이 느껴진다.

"나는…" 망설이며 입을 연다. 말들은 쏟아져 나오고, 흩어진다. "어렸을 때 … 힘들었어." 숨겨왔던 아픔, 드러난 상처. 눈물이 흐른다. 따뜻한 손길이 느껴진다. "괜찮아." 위로의 말이 마음에 스며든다. 서로의 아픔을 안아주며 우리는 함께라는 것을 이해한다.

이 과정에서 중요한 것은 서로가 만나기 전부터 생긴 아픔과 상처를 공유하고, 이를 약점으로 여기기보다는 서로의 아픔을 안아줄 수 있는 따뜻한 마음을 갖는 것이다. 부부는 서로에게 가장 든든한 버팀목이 되어줘야 한다.

나를 알아야 너도 보인다

나를 안다는 것은 나의 어둠을 들여다보는 일이다. 내 안의 불안, 두려움, 그리고 깊은 상처까지도 마주하는 것이다. 나의 그림자를 외면하지 않을 때 비로소 타인의 그림자도 이해할 수 있다.

남편의 욱하는 말투에 가슴이 쿵, 내려앉는다. 예전에는 그의 분노에 나도 함께 휩쓸렸다. 하지만 이제는 안다. 정신과에 가서 뇌파를 분석해 보았다. 그리고 가정 상담을 찾아가 부부 상담, 개인 상담을 해왔다. 그의 분노는 나를 향한 것이 아니라 내면 깊은 곳에 자리한 불안의 그림자라는 것을 알았다. 나의 이성적인 시선은 그의 감정적인 표현을 객관적으로 바라보게 한다. 서로의 다름을 알고 인정하는 것, 그것이 우리가 함께 살아가는 방법이다.

'금쪽이 남편'과 '우리 엄마 같지 않은 아내' 이해하기

배우자의 행동이 이해되지 않을 때 '다름'을 인정하는 것이 중요하다. 배우자는 나와 다른 환경에서 성장하고, 다른 경험을 쌓아왔으며, 다른 생각과 가치관을 가지고 있다. 서로의 다름을 인정하고 존중해야 한다.

남편이 '금쪽이'처럼 느껴진다면 남편의 기질과 성향을 이해하려고 노력해야 한다. 혹시 남편은 어린 시절 부모님으로부터 충분한 사랑과 관심을 받지 못했는가? 혹시 직장에서 스트레스를 많이 받고 있는가? 남편의 행동 이면에 숨겨진 감정과 욕구를 이해하려고 노력할 때 남편의 행동을 좀 더 객관적으로 바라볼 수 있다.

아내가 '우리 엄마'와는 다르게 느껴진다면 엄마와 아내의 역할이 다르다는 것을 인지해야 한다. 엄마는 나를 무조건적으로 사랑하고 감싸주는 존재이지만, 아내는 인생을 함께 살아가는 동반자이자 때로는 갈등을 겪기도 하는 '나와 다른 사람'이다. 아내의 잔소리나 감정적인 표현은 나에 대한 걱정과 관심에서 비롯된 것일 수 있다. 아내의 마음을 헤아리고 솔직하게 소통하려고 노력할 때, 아내의 행동을 이해하고 더 나은 관계를 만들어갈 수 있다.

남편은 다르다. 나도 다르다. 우리는 각자 다른 세계에서 왔다. 다른 냄새를 풍긴다. 다른 언어를 사용한다. 남편은 화를 낸다. 금쪽이 같다. 아내는 잔소리를 한다. 날 키워준 우리 엄마와 다르다. 우리는 알아야 한다. 이해해야 한다. 우리는 다르다. 그러나 함께 산다.

결혼 본질 키움, 서로의 다름을 존중하는 것

결혼은 두 사람이 만나 하나가 되는 소중한 약속이다. 하지만 살아온 환경도, 생각하는 방식도 다른 두 사람이 함께 살아가다 보면 마치 다른 언어를 사용하는 것처럼 서로를 이해하기 어려울 때가 있다. 배우자의 행동에 실망하고 '왜 나를 이해해 주지 못할까?' 속상해하기도 한다.

하지만 결혼 생활의 본질은 바로 그 '다름을 인정하고 존중하는 것'에 있다. 배우자의 타고난 기질, 성향, 강점과 약점, 가치관까지 모든 것을 있는 그대로 이해하고 받아들이는 것이다. 퍼즐 조각이 서로 다른 모양과 색깔이 모여 아름다운 그림을 완성하듯이 부부도 서로의 다름을 통해 더욱 풍성하고 조화로운 삶을 만들어갈 수 있다.

배우자의 강점을 발견하고 칭찬해줘야 한다. "당신은 참 책임감이 강해", "당신은 항상 긍정적이어서 좋아"라는 따뜻한 칭찬은 배우자의 마음을 녹이고, 더욱 발전하는 힘을 준다. 서로의 약점은 부드럽게 감싸주고, 서로에게 부족한 부분을 채워줘야 한다. "괜찮아. 내가 도와줄게", "우리 함께 노력해 보자"라고 서로 지지하고 격려하며 함께 성장하는 기쁨을 누릴 수 있다.

소통과 공감은 부부 관계의 가장 중요한 열쇠이다. 끊임없는 대화를 통해 서로의 생각과 감정을 나누고, 서로의 입장에서 공감하려고 노력해야 한다. 배우자의 말에 귀 기울이고 진심으로 이해하려는 태도를 보여줘야 한다. "오늘 하루 어땠어?", "무슨 일로 힘들어 보이네?", "내가 뭘 도와줄까?"라고 진심으로 마음을 전하는 말들은 배우자의 마음을 따뜻하게 어루만져 준다.

반면, 비난하거나 탓하는 말은 칼날처럼 날카롭게 배우자의 마음을 찌른다. "당신은 왜 항상 그래?"라는 말 대신 "나는 당신이 이럴 때 속상해"라고 자신의 감정을 솔직하게 표현해야 한다. 긍정적인 소통 방식은 부부 관계를 더욱 건강하게 만들어 준다.

결혼 생활은 혼자서 만들어가는 것이 아니다. 서로를 이해하고 존중하기 위한 끊임없는 노력이 필요하다. 배우자의 말과 행동에 관심을 가지고, 긍정적인 소통 방식을 통해 서로의 마음을 이해하려고 노력해야 한다. 서로의 다름을 인정하고 서로의 성장을 돕는 파트너가 될 때, 부부 관계는 더욱 성숙하고 행복해질 수 있다.

이처럼 부부가 서로의 다름을 존중하고 서로를 있는 그대로 받아들이는 '본질 결혼 생활'은 아이들의 '본질 키움'에도 긍정적인 영향을 준다. 부모가 서로를 존중하고 배려하는 모습을 보며 자란 아이들은 자연스럽게 타인의 다름을 인정하고 존중하는 법을 배우게 된다. 부모의 끊임없는 소통과 공감을 통해 아이들도 자신의 감정을 솔직하게 표현하고 타인의 감정에 공감하는 능력을 키울 수 있다.

부모의 '본질 결혼 생활'은 아이들에게 본질적인 자신감과 자존감을 심어주고, 건강한 사회성을 길러주는 밑거름이 된다. 아이들은 부모의 모습을 통해 세상을 배우고 관계 맺는 법을 익힌다. 부모가 서로 아끼고 사랑하는 모습을 보여줄 때 아이들은 세상에 대한 긍정적인 시각을 갖고, 타인과의 관계에서도 사랑과 존중을 실천하는 사람으로 성장할 수 있다.

결국 '본질 결혼 생활'은 부부의 행복뿐 아니라, 아이들의 건강한 성장과 행복까지 이어지는, 가정을 위한 가장 중요한 중심지이자 투자해야 할 부분이다. 부부가 서로의 다름을 존중하고 사랑으로 하나 되는 모습을 보여줄 때, 아이들은 '본질 키움'을 통해 자신의 잠재력을 마음껏 펼치며 행복하게 성장할 수 있다.

남편, 아내, 그리고 아이들이 모두의 본질을 존중하며 키워나가는 것은 행복한 가정을 만드는 가장 확실한 방법이다. 가정은 세상의 가장 작은 공동체이지만, 가장 큰 행복을 만들어낼 수 있는 곳이다. 서로의 다름을 존중하고, 사랑으로 하나 되는 가정을 만들어야 한다.

본질이 피어나다

루고, 루다, 루라. 우리 아이들의 이름을 딴 작은 묘목 세 그루를 마당에 심었다. 햇살이 가장 부드럽게 스며드는 자리를 골라 작은 뿌리가 깊이 뻗어 나가도록 조심스럽게 흙을 덮어 주었다. 매일 아침 이슬처럼 맑은 물을 주며 애지중지 돌보았다. 마치 아이들을 키우듯이 묘목들이 튼튼하게 뿌리 내리기를 간절히 바랐다. 따스한 햇살과 부드러운 바람, 촉촉한 습기와 적당한 온도, 자연은 그렇게 소리 없이 나무를 키워갔다.

시간이 흐르는 동안 아이들은 무럭무럭 자랐고, 마당의 묘목들도 어느새 푸른 잎을 가득 드리운 나무로 성장했다. 세찬 바람에도 흔들림 없이 굳건히 서 있는 나무들을 보며 가슴 깊은 곳에서 뿌듯함이 차올랐다. 마치 내 아이들이 씩씩하게 자라나는 모습을 보는 듯했다.

아이들을 키우는 일은 정원에 어린나무를 심고 가꾸는 것과 같다. 따스한 햇살과 맑은 물, 부드러운 바람처럼 아이들에게도 사랑, 관심 그리고 세상을 향한 배움이 필요하다. 섬세한 뿌리와 여린 가지를 지닌 어린나무처럼 아이들의 고유한 본질을 이해하고 그에 맞는 양육을 제공해야 한다.

부모는 아이들이 긍정적인 자아상을 형성하고, 흔들림 없이 뻗어 나가는 나무처럼 자신감을 가지고 성장할 수 있도록 끊임없이 지지하고 격려해야 한다. 거센 비바람 속에서 어린 나무를 지켜주듯이 아이들이 어려움에 직면했을 때는 든든한 버팀목이 되어줘야 한다. 햇살을 향해 가지를 뻗어 나가듯이 아이들이 스스로 문제를 해결하고 극복하며 성장할 수 있도록 도와줘야 한다.

가정 - 깊이 뿌리내린 나무처럼

가정은 아이들이 뿌리를 내리고 성장하는 든든한 터전이다. 부부는 서로 이해하고 존중하며 아이들에게 안정적인 환경을 제공해야 한다. 뿌리 깊은 나무가 흔들림 없이 서 있듯이 가족 구성원 간의 사랑과 신뢰는 아이들이 세상을 향해 나아가는 힘의 원천이 된다.

일 - 가지를 뻗어 나가는 나무처럼

부모의 일은 아이들에게 긍정적인 영향을 미칠 수 있다. 일을 통해 경제적 안정을 도모하고 자아실현을 이루는 모습은 아이들에게 삶의 지혜를 전하는 큰 나무와 같다. 또한 일과 육아의 균형을 이루는 모습은 아이들에게 책임감과 성실함을 가르치는 살아있는 교훈이 된다.

본질 피움 - 아름다운 꽃과 열매처럼

아이들을 키우는 것은 때로는 고된 폭풍우를 견뎌내는 것처럼 힘들지만 그만큼 보람 있는 일이다. 아이들이 건강하게 자라 자신의 꿈을 펼치는 모습은 부모에게 큰 기쁨을 선사한다. 꽃나무가 햇빛과 바람을 흡수해 아름다운 꽃을 피우듯이 아이들도 부모의 사랑과 관심 속에서 자신의 잠재력을 꽃피울 수 있다. 아이들의 본질을 존중하고, 그에 맞는 양육을 제공하는 것은 아이들이 행복한 삶을 살아갈 수 있도록 돕는 가장 중요한 일이다.

깊은 밤, 고요히 잠든 내 아이들의 얼굴을 바라본다. 고른 숨소리와 작은 몸짓 하나하나가 밤하늘의 별처럼 빛나고, 엄마에게는 가장 아름다운 풍경이 된다. 아이들의 눈빛에는 호기심이 반짝이고, 손길에는 따스함이 묻어난다. 넘어지고 부딪히면서도 다시 일어서는 모습은 엄마에게 깊은 감동과 용기를 준다. 엄마는 아이들을 통해 삶의 소중한 가치를 배우고 성장한다.

본질이 피어나는 순간 세상은 더욱 아름다워지고 풍요로워진다. 내 아이들의 발걸음 하나하나가 세상을 밝히는 빛이 된다. 때로는 아이들의 본질을 제대로 이해하지 못해 혼란스럽고 가슴 아플 때도 있었다. 하지만 아이들의 웃음과 눈물 속에서 엄마 또한 어릴 적 미처 키우지 못했던 부분들을 채워나가며 함께 성장하고 있음을 느낀다. 가지가 뻗어 나가고 잎이 무성해지듯이 아이들과 함께 엄마의 내면도 풍요로워진다.

내가 낳은 보석 그리고 당신이 낳은 보석들의 본질을 믿고 꿈을 향해 힘차게 나아가기를 응원한다. 세상 모든 가정, 모든 아이들이 본질을 키움으로써 자신만의 빛깔을 찾고 행복하게 빛나기를 바란다. 본질이 꽃 피는 세상, 그 안에서 우리 모두가 더욱 풍요롭고 아름답게 살아가기를 소망한다.

AI 시대의 본질 키움

자녀교육 고수 7인의 육아 솔루션

지은이 | 임소연, 신혜경, 조경아, 김보라, 안선희, 신민희, 박비주

펴낸이 | 박영발

펴낸곳 | W미디어

등록 | 제2005-000030호

1쇄 발행 | 2025년 3월 8일

주소 | 서울 양천구 목동서로 77 현대월드타워 1905호

전화 | 02-6678-0708

E-mail | wmedia@naver.com

ISBN 979-11-89172-55-8 (03370)

값 17,000원